职业院校新能源汽车创新教材

CHELIANWANG JISHU YU YINGYONG

车联网技术与应用

银石立方科技(北京)有限公司 编

人民交通出版社股份有限公司
China Communications Press Co.,Ltd.

内 容 提 要

本书从车联网的概念讲起,由浅入深、循序渐进地详细介绍了车联网的发展与技术,探讨了车联网的关键技术问题,此外还扼要阐述了车联网的应用。全书共分八章,第一章介绍车联网的概念,第二章至第四章分析车联网的组成与工作原理,第五章分析车联网的实现,第六章至第八章介绍车联网的实际应用。

本书可作为本科院校、高等、中等职业院校汽车相关专业的教材,也可以作为相关专业工程技术人员和管理人员的培训教材和参考资料。

图书在版编目(CIP)数据

车联网技术与应用 / 银石立方科技(北京)有限公司编. —北京:人民交通出版社股份有限公司,2017.3
ISBN 978-7-114-13722-8

Ⅰ.①车… Ⅱ.①银… Ⅲ.①互联网络—应用—汽车②智能技术—应用—汽车 Ⅳ.①U469-39

中国版本图书馆 CIP 数据核字(2017)第 054624 号

Chelianwang Jishu yu Yingyong

书　　名:	车联网技术与应用
著　作　者:	银石立方科技(北京)有限公司
责任编辑:	林宇峰
出版发行:	人民交通出版社股份有限公司
地　　址:	(100011)北京市朝阳区安定门外外馆斜街 3 号
网　　址:	http://www.ccpress.com.cn
销售电话:	(010)59757973
总　经　销:	人民交通出版社股份有限公司发行部
经　　销:	各地新华书店
印　　刷:	北京印匠彩色印刷有限公司
开　　本:	787×1092　1/16
印　　张:	13.25
字　　数:	258 千
版　　次:	2017 年 4 月　第 1 版
印　　次:	2021 年 5 月　第 4 次印刷
书　　号:	ISBN 978-7-114-13722-8
定　　价:	36.00 元

(有印刷、装订质量问题的图书由本公司负责调换)

编 委 会

刘　杰　中华人民共和国教育部职业教育与成人教育司
贾东清　北京交通运输职业学院
吕江毅　北京电子科技职业学院
祝良荣　浙江工业职业技术学院
邹德伟　烟台汽车工程职业学院
景平利　北京汽车技师学院
王东光　山东工程技师学院
屠剑敏　宁波技师学院
简玉麟　武汉市交通学校
梁国忠　无锡汽车工程中等专业学校
陈定定　宁波市鄞州职业高级中学
杨筱玲　南宁市第四职业技术学校
吴　幽　重庆市立信职业教育中心
汤德宝　太原市交通学校
尹振荣　阳泉市交通职业学校
高　武　北京市市政管理高级技术学校

前言 PREFACE

随着物联网和移动互联网的飞速发展,将智能汽车、物联网与移动互联网相结合的车联网技术已经成为工业界与学术界广泛关注的新兴技术。同时,车联网的广泛应用,相关职业院校也需要加大人才培养力度。为此,作者在学习国内外最新相关资料和相关研究成果的基础上,编写了本书,书中系统地介绍和讨论了车联网相关的新知识、新技术和新内容。

车联网技术的蓬勃发展为城市生活提供了更便捷的服务,也为城市管理提供了更高效的方法。因为车联网的技术在不同院校和专业发展各不相同,使得车联网的人才定位尚不明确,教材建设缺乏统一的规范也为教学带来很大的实际困难。本书邀请有多年教学和科研经验的教师进行编写,成立了编委会。编委会经过艰苦细致的工作,对专业内涵、专业规范、教学内容与课程体系进行了深入研究,对职业院校学生培养目标进行了准确定位,力争使本教材目标明确,重点突出。

本书从车联网的概念讲起,由浅入深、循序渐进地详细介绍了车联网的发展与技术,探讨了车联网的关键技术问题,此外还扼要阐述了车联网的应用。全书共分八章,第一章介绍车联网的概念,第二章至第四章分析车联网的组成与工作原理,第五章分析车联网的实现,第六章至第八章介绍车联网的实际应用。

本书对缓解本专业教材紧缺局面,逐步形成专业定位与课程设置,推动车联网科学发展,培养适应时代发展的技术人才,提高职业教育水平有一定的作用。

本书作者和团队的所有成员将不断进取,虚心学习,为车联网技术做出新的,更大的贡献。

编者
2017 年 2 月 7 日

目录
CONTENTS

第一章 车联网的概念与发展 ·· 1
  第一节 车联网的概念与应用 ·· 1
  第二节 车联网的发展现状 ·· 12
  第三节 车联网产业发展现状 ·· 20

第二章 车联网的组成及工作原理 ·· 26
  第一节 车联网的组成 ·· 26
  第二节 车联网的三要素 ·· 27
  第三节 车联网的工作原理 ·· 30
  第四节 车载终端的现状及发展趋势 ·· 34

第三章 车联网的关键技术 ·· 48
  第一节 数据采集技术 ·· 48
  第二节 识别技术 ·· 56
  第三节 车载网络技术 ·· 65
  第四节 车载通信网络 VANET ·· 70
  第五节 车联网数据处理技术 ·· 78

第四章 车联网的应用安全 ·· 83
  第一节 车联网安全风险概述 ·· 83
  第二节 车联网安全体系 ·· 86
  第三节 车联网安全平台应用 ·· 95

第五章 车联网的实现 ·· 103
  第一节 车联网应用实现 ·· 103
  第二节 车联网的服务 ·· 106
  第三节 车联网的实现方式 ·· 112

第六章 检测平台终端及车载诊断系统的应用 ···································· 126
  第一节 OBD 车载智能终端的现状 ·· 126

	第二节	OBD 车联网组成和工作过程	130
	第三节	OBD 车载智能终端的功能	132
	第四节	OBD 车载智能终端的发展趋势	135
	第五节	车载诊断系统	136
第七章	智能交通系统		150
	第一节	智能交通系统概述和分类	150
	第二节	出租车电召系统应用	154
	第三节	ETC 不停车收费系统应用	159
	第四节	智能停车系统应用	163
	第五节	交通违章自动拍摄系统应用	167
	第六节	智能公交报站系统应用	169
	第七节	路灯自动控制系统应用	174
第八章	辅助驾驶系统		179
	第一节	辅助驾驶系统分析	179
	第二节	通用 OnStar 的应用	181
	第三节	奥迪 MMI 的应用	191
参考文献			206

第一章 车联网的概念与发展

交通管理是城市规划和发展的重要组成部分。从全球来看,城市区域正在迅速扩大,城市人口也在增长。在有限的道路公共基础设施建设上,城市交通面临的挑战主要来自三个方面:能源消耗、尾气排放、安全及拥堵。面对这三个方面的挑战,未来汽车应将着力发展新能源、车联网和智能交通技术。汽车新能源技术将会从传统的以石油为能源转变为风能、太阳能、电能等;车联网的发展则能够有效缓解资源、环境的压力;智能交通能够帮助人类对资源进行有效控制,有利于实现低碳经济。

"车联网"可以通过车辆收集、处理并共享大量信息,将车与车、车与路上的行人和自行车以及车与城市网络能互相联结,从而实现更智能、更安全的驾驶。通过"车联网"技术,汽车具备高度智能的车载信息系统,并且可以与城市交通信息网络、智能电网以及社区信息网络全部联结,从而可以随时随地获得即时资讯,并正确做出与交通出行有关的决策。未来的车联网时代,还会整合车与车通信交流技术、传感技术及通信技术,进行信息沟通并感知周围环境,具备行人探测、3D 智能导航、无人驾驶、自动制动以及紧急停车等智能功能。

第一节 车联网的概念与应用

1. 车联网的概念

根据中国物联网校企联盟的定义,车联网(Internet of Vehicles,IOV)是由车辆位置、速度和路线等信息构成的巨大交互网络。通过 GPS、RFID、传感器、摄像头图像处理等装置,车辆可以完成自身环境和状态信息的采集;通过互联网技术,所有的车辆可以将自身的各种信息传输汇聚到中央处理器;通过计算机技术,这些大量车辆的信息可以被分析和处理,从而计算出不同车辆的最佳路线、及时汇报路况和安排信号灯周期。

车联网是车与车、车与路、车与人、车与传感设备等交互,实现车辆与公众网络通信的动态移动通信系统。它可以通过车与车、车与人、车与路互联互通实现信息共享,收集车辆、道路和环境的信息,如图 1-1 所示,并在信息网络平台上对多源采集的信息进行加工、计算、共享和安全发布,根据不同的功能需求对车辆进行有效的引导与监管,以及提供专业的多媒体与移动互联网应用服务。

2. 车联网与物联网、车载信息服务、智能交通的区别

1) 物联网的概念

物联网是将所有物品通过射频识别（Radio Frequency Identification，RFID）等信息传感设备与互联网连接起来，进行信息交换，实现智能化识别、定位、跟踪、监控和管理等应用。物联网是"物物相连的互联网"，是新一代信息技术的重要组成部分。物联网的概念有两层意思：第一，物联网的核心和基础仍然是互联网，它是在互联网基础上延伸和扩展的网络；第二，其用户端延伸和扩展到了所有物品，实现任何物品与物品之间的信息交换和通信。物联网通过智能感知、识别技术、普适计算和泛在网络的融合应用，

图1-1　车联网信息共享示意

被称为继计算机、互联网之后世界信息产业发展的第三次浪潮。物联网是互联网的应用拓展，与其说物联网是网络，不如说物联网是业务和应用。因此，应用创新是物联网发展的核心，以用户体验为核心的创新是物联网发展的灵魂。

概括来讲，物联网正日益成为全世界公认的第三次信息化革命，而且已经引起了各国政府和研究机构的高度重视。物联网概念是在信息技术的应用和发展过程中逐步产生的，并且仍在发展。通过构成物物之间能够远程感知和控制的巨大的无线传感器网络，来实现更透彻地感知、更广泛地传输、更全面地互联互通，物联网正是以此为主要目标而发展起来的。物联网在发展过程中不断地融入新的传感器技术、无线网络通信技术、数据分布协同处理技术（如云计算）等，它将传感器、传感器网络、互联网和各种智能化管理技术集成应用，形成连接各种设备、设施和人的集成化系统。

在国际上，物联网所依托的技术和产品远比物联网本身发展要快，而且不断被现有的应用系统所吸收。物联网的支撑技术对各个应用领域都是开放的，它主要依靠的信息技术包括信息采集与识别（如传感器和射频识别等）、数据传输和信息处理等。这些技术都是通用技术，且已在工业、农业、交通和社会管理等领域产生大量应用和众多的应用系统。此外，也发展了不少有特定应用环境的专用技术。智能交通中物联网支撑技术的应用案例很多，如城市道路信号控制系统、车载导航系统、自动驾驶系统、智能车路系统和不停车收费系统等。而且，在智能交通中逐步发展形成了可以成为物联网支撑技术的特有技术，如交通状态获取技术、智能信号控制技术、路径优化和诱导技术、专用短程通信技术和车辆识别技术等。

2）车联网与物联网的区别

车联网通过装载在车辆上的电子设备通过无线技术，实现在信息网络平台上对所有车辆的静、动态信息进行提取和有效利用。人们将根据不同的功能需求对所有车辆的运行状态进行有效的监管，同时提供综合服务。车联网将车与车相连，车与路旁的基础设施相连，实现实时信息交换，服务于人们的交通出行。

车联网是物联网的一种，是物联网在城市交通网络中的具体应用。车联网通过车辆网络动态地收集、分发和处理数据，使用无线通信方式共享信息，实现汽车与汽车、汽车与建筑物，以及汽车与其他基础设施之间的信息交换，使汽车与城市网络相互连接。它甚至可以帮助实现汽车与路上的行人和自行车、汽车与非机动车之间的"对话"。图1-2所示为车联网云平台示意图。

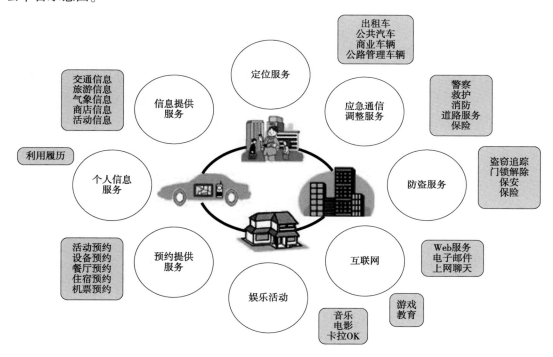

图1-2　车联网云平台

车联网技术是一种结合了全球卫星定位系统和无线通信技术的车载智能通信服务。驾驶员能通过无线信号，随时与呼叫中心进行联系，及时获得以下三大类服务：交通信息与实时导航服务、安全驾驶与车辆故障诊断服务、娱乐及通信服务。汽车在车联网的帮助下，将更加人性化。

3）车联网与车载信息服务的区别

车载信息服务（Telematics）是远距离通信的电信（Telecommunications）与信息科学（Informatics）的合成词，按字面可定义为通过内置在汽车、航空、船舶、火车等运输工具上的计算机系统、无线通信技术、卫星导航装置、交换文字、语音等信息的互联网技术而提供信息的服务系统。简单来说就是通过无线网络将车辆接入互联网，为车主提供驾驶、生活所必需的各种信息。

车载信息服务是车联网的一个重要组成部分，是车联网的主要体现载体。尤其是其用户数量到一定规模之后，可以为智能交管决策提供重要的数据依据。同时也可以作为智能交管的信息发布和收集渠道，减少对城市智能交管基础设施的依赖。在乘用车领域车载信息服务的典型应用包括安吉星、G-Book、Sync 等，而在商用车领域包括奔驰公司的 fleetboard、Volvo 公司的 Dynafleet 等，Telematics 是典型的车"连"网，Telematics 的主要服务对象是车辆驾乘人员和商用车的管理人员，Telematics 的目的是提升驾驶的安全性、燃油经济性、驾驶途中的娱乐和车队的效率提升等。而车联网的范畴更大，除了车"连"网外，还包括：车"连"车、车"连"路等。

4）车联网与智能交通的区别

智能交通系统(Intelligent Transportation System, ITS)是将先进的信息技术、数据通信传输技术、电子传感技术、控制技术及计算机技术等有效地集成运用于整个地面交通管理系统而建立的一种在大范围内、全方位发挥作用的，实时、准确、高效的综合交通运输管理系统。智能交通系统是未来交通系统的发展方向。车联网与车载信息服务、智能交通系统的区别对比见表1-1。

概念区别对比表　　　　　　　　　　　　　　　　　　　　　　　表1-1

名　称	描　述	区　别
智能交通系统	智能交通系统是指将先进的信息技术、数据通信传输技术、电子传感技术、电子控制技术以及计算机处理技术等有效地集成运用于整个交通运输管理体系，而建立起的一种在大范围内、全方位发挥作用的、实时、准确、高效的综合运输和管理系统	智能交通系统范围包含了车辆及道路上各种交通设施，强调了系统平台通过智能化方式对交通环境下的车辆及交通设施的智能化管理和控制，同时也提高交通效率
车载信息服务	车载信息服务是远距离通信的电信与信息科学的合成词，按字面可定义为通过内置在汽车、航空、船舶、火车等运输工具上的计算机系统、无线通信技术、卫星导航装置、交换文字、语音等信息的互联网技术而提供信息的服务系统。也就是说通过无线网络，随时给行车中的人们提供驾驶、生活所必需的各种信息	目前，车载信息服务的交互性主要体现在车载终端与后台系统之间的交互，提供交通出行信息化服务为主，以及远程车辆诊断、失窃车辆报警及跟踪、紧急救援等基本服务，还提供丰富的娱乐化服务
车联网	基于泛在网络的车联网是以车为中心，通过有线/无线通信技术将车与车、车与路、车与人、车与应用平台连接起来	与智能交通以及车载信息服务相比，车联网在集成了两者的主要功能的基础上，更注重了感知延伸层以车为中心的网络连接，全面感知车辆信息，扩展了更丰富的应用，使行车过程更舒适、行车效率更高

3. 车联网在城市交通中的意义

2009年,我国汽车总销量首次超越美国,跃居世界首位,我国的汽车电子市场也随之进入快速发展期。但汽车保有量的快速增长也给道路交通带来了极大压力。虽然信息技术使汽车具有对发动机、底盘和车身进行智能控制功能,拥有车载导航、娱乐系统和无线局域网络等电子产品,但并没有解决用户面临的堵车、交通事故和停车难等问题。作为物联网在汽车行业的主要应用,车联网逐渐成为汽车信息服务产业的必要组成部分,在道路交通方面发挥出重要作用,解决道路交通中的实际问题。

当今科技的进步应该归功于数字化,正是由于数字化,使得大量的信息可以简单地获取、处理、传输和共享。数字化城市与交通将促进城市与交通的一体化,交通系统中的人、货物、汽车、基础设施、环境、信息、法律法规等要素将会真正地变成一个有机体。因此,对于城市交通而言,推进车联网的发展应用有着许多重要的意义。主要体现在以下几方面。

1) 提高道路效率

车联网下的智能交通技术可使交通堵塞减少约60%,使短途运输效率提高近70%,使现有道路网的通行能力提高2~3倍。车辆在智能交通体系内行驶,停车次数可以减少30%,行车时间减少13%~45%,车辆的使用效率能够提高50%以上,如图1-3所示。

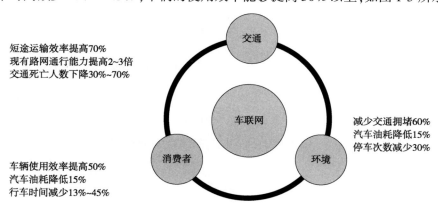

图1-3 车联网在城市交通中的意义

2) 降低汽车能耗

我国的石油消耗量仅次于美国,居全球第二,石油进口依存度达到56%。交通运输业的汽车耗油占到石油消费的40%。通过车联网和智能交通控制,可以提高汽车行驶的平均车速,从而减少燃料消耗量和尾气排放,汽车油耗可降低15%。

3) 减少交通事故

国内每年仅交通事故一项造成的伤、亡人数就达50多万人,死亡人数10多万人。车联网下的智能交通技术将大大地提高交通道路管理水平,有效减少交通事故的发生,可使车辆安全事故率比现在降低20%,每年因交通事故造成的死亡人数下降30%~70%。

智能的车联网让汽车可以与城市交通信息网络、智能电网以及社区信息网络全部连接，帮助驾驶员获得即时资讯，并作出与出行有关的明智决定；借助车联网的帮助，车辆将可以实现智能停靠，可以帮助驾驶员订票、寻找停车场，甚至车辆自己就找到充电站完成充电。车联网将引领城市交通体系向一个更安全、更环保、更高效、更舒适的方向迈进。

4. 车联网的特征

1）技术整合

作为物联网的重要分支，在汽车行业的应用是将多种先进技术有机地运用与整个交通运输管理体系而建立起的一种实时的、准确的、高效的交通运输综合管理控制系统及由此衍生的多种服务。图 1-4 所示为技术整合示意图。

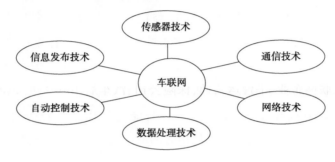

图 1-4　技术整合示意图

2）信息共享

车联网的概念是随着移动互联网的迅猛发展而衍生出来的，而互联网的本质是信息的实时快速分享与共享，所以车联网的应用设计并不是狭义的车辆与服务器之间的数据交互，而是在路上行驶的车辆之间进行信息的实时交互，这样才真正实现了车与行人、车与道路、车与车和车与城市间的数据互联互通，从而完成车辆联网的构想，如图 1-5 所示。

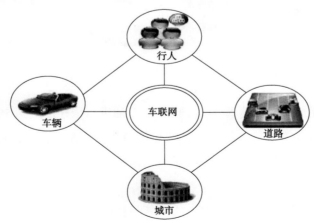

图 1-5　信息共享示意图

3）产业融合

信息通信技术已深刻影响到了生产制造的各个环节,使柔性制造、网络制造、绿色制造、智能制造日益成为生产方式变革的方向,引领了系列新的产品、服务、生产体系和产业,并颠覆了过去的技术经济范式,开创新的发展模式。由于涉及产业众多,导致车联网产业发展将使相关传统产业的生产经营模式发生改变,对于整个汽车产业链各方产生极大影响。从对汽车制造业的影响看,车联网改变了用户需求,从过去的单一关注车辆硬件条件变化为车辆内可提供的多元信息的需求,同时将以车辆为中心的发展模式变为以驾驶员为中心,关注整体的旅程,获取驾驶员生命周期价值;从业务产品供给而言,车联网将带来完善的车载系统并以此来提升汽车信息化水平及相关服务质量;从产业组织看,汽车厂商和产业链其他主体合作并拉长整体链条,提升汽车产品价值,带动汽车产业整体升级,促进经济结构转型升级。从汽车服务业看,通过车联网功能的实现以及构建新型的主体关系将扭转传统汽车服务业客户关系管理维护的模式。从图1-6所示产业融合示意图来看,无论是汽车整车厂商、系统开发商/集成商、互联网企业、平台运营商、保险公司、汽车后市场服务提供商等均在产业链中,车联网加深了产业融合程度。图1-7所示为车联网与产业融合效果图。

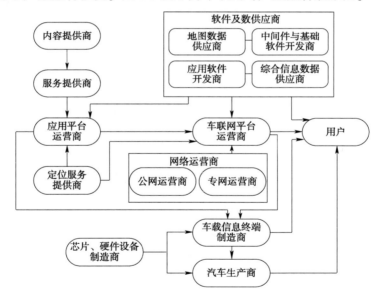

图1-6 产业融合示意图

4）可持续发展

随着移动网络的网速、质量及资费等的不断优化,移动互联网的加速普及,以及车联网服务的不断丰富,车联网市场将呈爆发式发展。车联网的兴起与智能化终端的不断普及有直接联系,且由于移动网络速度的不断提升和资费的下降,网络对车联网的发展同样起着推动作用。目前我国以车联网为主要载体之一的智慧交通已经有所发展,整车厂商开始加载车载信息终端,一些基本的车载信息服务如导航、定位、娱乐功能普及应用,同时高速公路、城市交通中感知设备的应用开始推广。市场进入成熟期后,车联网将与城市主网互联互通,智慧城市内部开始融合,向高水平的智慧城市发展。此外,车联网还会延伸至金融、紧急救援、医院、汽车维修、交通运输、IT 等诸多领域。同时,在无人驾驶发展过程中,车联网也至关重要。因为车联网增强信息技术对驾驶的辅助,提高自动化程度,是实现自动驾驶的前提。

图 1-7 车联网与产业融合效果图

5. 车联网的应用

车联网是装载在车辆上的电子标签通过无线射频等识别技术,实现在信息网络平台上对所有车辆的属性信息和动、静态信息,进行提取和有效利用,并根据不同的功能需求对所有车辆的运行状态进行有效的监管和提供综合服务。图 1-8 所示为利用车联网建立的维修系统,车主实时了解车的车况,通过信息共享,4S 店可将服务由被动变为主动。良好、方便、高效的沟通平台,实现自助化的维修模式,使得各方利益最大化。

车联网还可以可应用在紧急信息通告、实时交通路况监测(图 1-9 所示为车况分析终端)、避免交通事故发生等方面。车联网不仅可以保证交通安全,还可以为车主提供丰富的娱乐服务。车联网主要应用需求有如下方面。

1) 协助驾驶

协助驾驶是指利用车辆与路边基础设施之间收集到的传感与状态信息,例如交通事故、汽车抛锚、道路紧急情况以及潜在的危险等,通过车联网提前告知车主,建议车主做出及时、恰当的驾驶行为,这有助于提升车主的注意力,保持合适的车速及车距,提高驾驶的安全性。如果此类信息能够及时传送至车主,就能避免交通事故的发生。典型的应用是紧急突发事件的通告。同时,协助驾驶还可以运用于智能停车场管理,例如车主驾驶到一个陌生地方,可能找不到停车的位置,此时就可通过车联网搜索周边 100m 之内的停车位,给驾驶带来极大的便利。

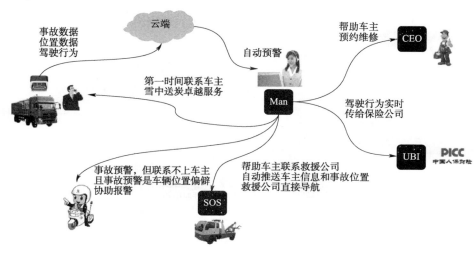

图 1-8　基于车联网的维修系统

图 1-9　车况分析终端示意图

2) 交通信息收集

交通信息收集是指收集到的车联网信息不直接影响车主的驾驶行为,而仅仅让车主掌握整个道路的相关信息,便于交通管理中心的智能管理。典型的应用是交通流量信息的分发,例如车辆周期性地广播自己的位置、行驶方向、车速、路况以及从别的汽车收集到的信息等,同时收集这些相关信息可让驾驶员对当前交通状况有一个大概的了解。

3) 汽车间的协作驾驶

汽车间的协作驾驶是指利用汽车与汽车直接通信的方式来控制汽车的协调驾驶,即制动、倒车、转弯都可以协调操作,即使道路上行驶的汽车发生了故障,也能被及时发现并告知后方的汽车制动操作;这些操作不仅要求掌握前方车辆的信息做出相应判断,而且要获得整个车队的信息做出协作的步骤。

4）辅助交通管理

辅助交通管理主要包括协助交通管理部门实现远程指挥调度、路桥电子不停车收费、超速驾车、肇事车辆逃逸追踪等。图1-10所示为道路事故处理系统,实时及全面的行车数据使事故现场在电脑上得以重现,将对交通管理、保险等传统行业带来革命性的创新模式。

5）用户通信与应用

用户通信与应用的目的是让乘客享受娱乐,即使用各种基于无线网络的业务。典型的应用是下载音乐、电影以及游戏等。例如,在堵车的情况下,车主可以将车载终端接入Internet,在线听音乐以及看电影等。

图1-10　道路事故处理系统中的模拟重现

车联网将继互联网、物联网之后,成为未来智能城市的另一个标志。"车联网"时代的智能汽车能够保持车与车之间相对固定的距离,从而实现零碰撞;还可以根据车主的目的地,通过GPS定位和车辆之间自动沟通,车与车之间临时随机进行组队或离队,从而提高交通效率。

6. 典型车联网的功能

车联网技术不单单是一个车载互联网系统,它将安全保护技术、车辆控制技术利用互联网有机结合起来,具备车况实时监测、车辆入侵警报、车友互联、云导航以及云端多媒体等功能,如图1-11所示,主要体现在以下方面。

图1-11　汽车车联网的基本功能

1）导航服务功能

导航服务功能提供全面的交通深度信息和位置信息,实时交通动态信息和驾驶预警服务,随时规划最佳导航路径方案。导航服务还可以实现无人驾驶和自动泊车的功能。如奥迪 Connect 系统具备车辆自动出库入库的短途自动驾驶功能。图 1-12 所示为无人驾驶车辆的控制面板、图 1-13 所示为自动寻找车位泊车的示意图。

图 1-12　无人驾驶车辆控制面板

图 1-13　自动寻找车位泊车示意图

2) 安全服务功能

安全服务功能给车主带来全方位的安全保障和实施护驾,被盗车辆报警、防盗追踪、事故警报、路边救援协助等服务能在关键时刻保护车主和车辆的安全。例如:对汽车与前后车辆间的距离进行判断测量,设置安全距离,当距离小于安全距离时,系统会进行自动预警,提醒驾驶员进行注意,避免过近的距离造成追尾。在某种车联网系统中,邻近的车辆之间可以传输相互的位置、方向以及车速信息,如果系统判断两车可能发生碰撞,将对相关车辆的驾驶员发出警告信号,并告知碰撞威胁可能来自于哪个方位。

3) 互动服务功能

互动服务功能,多方通话和位置共享功能能及时与好友保持联系,随时观察好友的行驶位置。同时,互动服务可以解决汽车本身的局限问题。比如一辆自动驾驶汽车,可能到了某一个位置才能够发现障碍物,难以采取避让措施。在互动服务中,车辆能够将各自周围的车况信息相互通信,可以把信息和其他的车辆分享,当这辆自动驾驶汽车临近障碍物时,根据其他车辆提供的信息,提前产生了警示,就有机会降低汽车碰撞或者事故。

4) 秘书服务功能

秘书服务功能能实时监控车况、及时为使用者的车辆提供维护提醒和违章查询,远程控制功能能为使用者提供远程开锁、热车、开空调等各种服务,便捷的查询、预订、提醒服务可以在驾车的过程中,轻松实现酒店、机票、餐厅、酒吧等各类预订服务。

5) 生活服务功能

生活服务功能让使用者自由穿梭于现实社会与互联网社会之间,随意下载感兴趣的音乐、应用软件、有声书籍等。及时的资讯定制服务,可以提供各类资讯指南,如天气、股票、财经、新闻等实时信息,让使用者在开车的过程中也能感受趣味性和娱乐性,尽享驾驶带来的乐趣。

第二节　车联网的发展现状

物联网已经成为信息网络技术发展的焦点,它加快了社会的信息化和网络化进程。车联网是物联网的一个重要应用分支,得以快速发展。

1. 车联网发展的必然状况

1) 车联网的发展来自于社会的必然

在物联网产业中,车联网的重要性正在逐渐提高,车联网的诞生以及快速发展是社会经济发展、科技进步的必然结果,在人们的日常生活中,汽车扮演的角色正变得越来越重要,汽车不仅被称为电脑、手机、电视之外的"第四终端",同时车辆数量的快速增加所带来的交通、环保等社会问题也越来越尖锐,整个社会对汽车也提出了更多要求。这些来自网络资讯、道路信息、车辆信息、行车安全、道路通畅、节能环保等方面的需求,加上物联网技术的发展催生了车联网产业的出现和发展,在未来,自动驾驶汽车、零事故交通等理念的实现也将成为可能。

2) 政府和市场的双重推动促使车联网迅速发展

车联网被认为是物联网目前最具市场潜力的应用领域之一。我国的车联网发展是从2009年开始的,但我国的智能交通行业则已经发展了十几年,为车联网行业的发展打下了一定的基础。车联网作为物联网在汽车行业的重要应用,现已被列为国家重大专项项目,首期资金投入达百亿元规模。表1-2所示为我国2010~2014年颁布的车联网相关政策。

我国政府支持车联网行业发展的部分相关政策　　　　　表1-2

时　间	颁布部门	政　策　简　介
2004年4月	国务院	国务院下发《中华人民共和国道路交通安全法实施条例》,规定用于公路营运的载客汽车、重型载货汽车、半挂牵引车应当安装、使用符合国家标准的行驶记录仪
2011年4月	交通运输部	《关于加强道路运输车辆动态监管工作的通知》,要求"两客一危"车辆均要介入联网联控系统平台
2011年11月	工信部	《物联网"十二五"发展规划》出台,明确提出物联网将在智能电网、智能交通、智能物流、金融与服务业等领域率先部署
2013年2月	国务院	正式出台《国务院关于推进物联网有序健康发展的指导意见》,将车联网应用作为物联网领域的核心应用来支持
2013年11月	发改委	下发《2014—2016年国家物联网重大应用示范工程区域试点工作的通知》
2014年2月	公安部、交通运输部	《道路运输车辆动态监督管理办法》,规定客运企业、危险品运输企业以及拥有50辆以上重型载货汽车的企业必须使用符合标准要求的卫星定位监控平台

资料来源:川财证券研究所,中国汽车产业发展报告。

2011年2月28日,交通运输部发布了《道路运输车辆卫星定位系统车载终端技术要求》,并于2011年5月8日正式实施,要求"两客一危"车辆必须安装车载终端产品。2012年7月22日,国务院《关于加强道路交通安全工作的意见》指出,重型载货汽车和半挂牵引车应在出厂前安装卫星定位装置,并接入道路货运车辆公共监管与服务平台。截至2015年年底,重型货车动态监管达到95%,同时建立货运安全监管服务平台。同时在2012年我国交通运输部出台了《2012—2020年中国智能交通发展战略》,该战略要求我国2020年要基本形成适合现代交通运输业发展要求的智能交通体系。2012年12月31日,交通运输部颁发《关于加快推进"运输过程监控管理服务示范系统工程"实施工作的通知》,2014年7月1日,交通运输部、公安部、国家安监总局联合制定的《道路运输车辆动态监督管理办法》开始实施,进一步强化了对于智能交通建设的强制性要求。各项政策的出台给予了我国车联网发展更大的支持。

3)汽车年销量与保有量稳步增长为车联网构筑庞大市场基础

根据美国汽车行业市场调查企业 IHS Automotive 发布的报告,2014年全球汽车销量约为8500万辆,预计到2019年将达到1.5亿辆。根据 Navigant Research 发布的《交通运输业:轻型汽车》,截至2014年底全球汽车保有量达12亿辆。我国已经成为全球汽车消费大国,民用汽车保有量逐年增加,为车联网市场的发展带来了巨大的市场需求。根据工信部发布的2014年汽车工业经济运行情况,2014年我国累计生产汽车2372.29万辆,同比增长7.3%,销售汽车2349.19万辆,同比增长6.9%,产销量保持世界第一;根据交通管理局发布的信息,截至2014年底,我国汽车保有量达1.54亿辆。2009~2014年我国汽车产销量(万辆)如图1-14所示。根据全球移动通信系统协会 GSMA 与市场研究公司 SBD 联合发布的《车联网预测报告》,预计到2018年全球车联网市场规模将达到390亿欧元,较2012年130亿欧元增长200%。

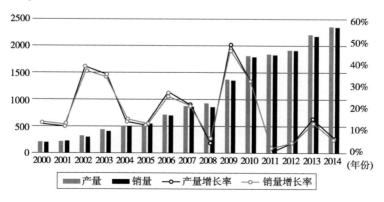

图1-14 2009~2014年我国汽车产销量(万辆)

4）推进车联网具有良好的管理基础

车辆在购买使用时，必须在车辆管理所进行登记，车辆和车主的各种指标、数据都登记在案，并且定期进行检查。这为车联网提供了大量的数据，打下了良好的管理基础。同时，党的"十七大"提出工业化与信息化融合战略，并组建了工业和信息化部，这为"两化融合"提供了重要的体制保障，而车联网是两化融合的现实结合点和突破口。车联网的建设主要涉及汽车制造业和通信业，而这两个行业的主管部门通信发展司和装备工业司同属工业和信息化部。此外，RFID等电子技术产品的研发生产厂商、IT系统集成提供商、无线频率规划管理的部门和负责车联网编码制定的标准化组织，也都由工业和信息化部主管或者主导。因此，车联网建设的主要问题都能够在一个部委领导下协调解决。

5）交通运输行业发展车联网需求迫切

一方面，交通运输行业具有广泛而迫切的行业应用需求。随着交通基础设施建设的完善，以及汽车工业的快速发展，交通运输行业在大踏步发展的同时，也带来了诸如交通拥堵、环境污染等众多社会问题。如何利用车联网实现交通运输行业资源的优化配置管理，保证交通可持续发展，是目前交通运输行业由传统行业向服务型行业转变，实现"感知交通"急需解决的问题。另一方面，交通运输行业具有坚实的信息技术基础条件。以智能交通为代表的交通信息化建设，将传感器技术、RFID技术、GPS技术、无线通信技术和视频检测识别技术等运用于整个交通运输管理体系，使得交通运输行业中无处不在利用车联网技术、网络和设备来实现交通运输的信息化和智能化。综上所述，交通运输行业是最有可能、最有条件实现车联网大规模应用的领域之一。

6）推动车联网相关产业链的发展

我国是全球最大的汽车生产国和消费国，车联网的建成不仅会给我国智能汽车业带来广阔的前景，也将会带动其他相关产业链的发展。车联网产业链涵盖汽车零部件生产厂家、芯片厂商、软件提供商、方案提供商和网络供应商等多个领域。从车联网服务和应用的对象上可以看到，尽管车联网在物理上是十分简单地将车辆与网络相连，但是车联网服务惠及的主体范围很广，参与车联网服务的主体更是十分复杂。

同时，由于中国的汽车制造业是国际化的，国内车联网市场并不是孤立的。所以，要对涉及车联网各方的利益和在国际汽车市场大环境中的产业形态进行分析。从产业的角度看，车联网是一组十分复杂的产业链群。

2. 车联网标准与协议的发展

1）车载信息服务（Telematics）标准现状

伴随着智能交通和智能汽车技术的发展和应用，车载无线接入（Wireless Access for the Vehicular Environment，WAVE）作为一个Telematics行业通信标准被提出并被列为IEEE

802.11p 标准。Telematics 系统不仅能实现车与后台（Vehicle to Infrastructure，V2I）间的通信，还可以实现车与车（Vehicle to Vehicle，V2V）、车与路（Vehicle to Road，V2R）、车与人（Vehicle to Person，V2P）之间的信息传输，这样一来，每辆汽车都成为物联网中的设备，形成了一个汽车行业的物联网。

Telematics 是以无线语音、数字通信和卫星导航定位系统为平台，通过定位系统和无限通信网，向驾驶员和乘客提供交通信息、紧急情况应对策略、远距离车辆诊断和互联网（金融交易、新闻、电子邮件等）服务的业务。

Telematics 的功能以行车安全与车辆保全为主，基本可总结为卫星定位、道路救援、汽车防窃、自动防撞、车况掌握、个性化资讯接收和多媒体娱乐资讯接收等。Telematics 的服务可分为三种基本类型，即交通信息与导航服务、安全驾驶与车辆保护服务，以及车辆维护、娱乐和通信服务。Telematics 产业链条主要包括用户、内容提供商、设备提供商、网络运营商和 Telematics 服务提供商五个部分。在国内，现阶段的最终用户主要是行业用户，如中国移动 e 物流车辆管理的用户主要是物流公司下属的车队。内容是支撑，内容提供商主要为 TSP 生产文本、图像、音频、视频或多媒体信息，内容包括实时交通信息、气象信息和个人资讯等。设备和网络服务是基础，设备提供商包括硬件和软件提供商，提供的设备有芯片、终端、地图软件、定位软件和中间件集成平台等。网络运营商包括电信运营商、卫星运营商和广电网络服务商等。值得一提的是，中国移动多媒体广播（China Mobile Multimedia Broadcasting，CMMB）凭借其全国网络覆盖的优势，形成了一种广域传输手段的新趋势，现在全国已经有 37 个城市开始发送 CMMB 信号，很多基于 CMMB 的硬件终端也已经上市，成为我国 Telematics 产业的独有特色和亮点。

在 Telematics 服务平台（Telematics Service Provider，TSP）软件方面，国外比较典型的有 ATX、Connexis 和 Wireless Car 等软件厂商。汽车厂商一般通过单一的 Telematics 服务平台如丰田的 GBook，向用户提供专用的服务，固定的供应链结构使得服务提供者很难去降低其运营成本，一个好的办法是通过开放、标准化的协议来提供服务。下一代 Telematics 协议（Next Generation Telematics Protocol，NGTP）就是这样一个标准协议，它是由 BMW 公司牵头，联合 Connexis 和 Wireless Car 开发而成的一个 Telematics 软件体系框架和开放的技术标准协议。

2）我国车联网标准现状

当前，在智能交通某个技术和应用领域，我国已经有相对较成熟的标准体系，但在车联网应用大整合、系统资源共享和技术兼容等方面，我国车联网的标准还相对缺乏，还缺少全局性的政策和行业标准。在标准和政策缺失的情况下，车联网的发展实际上处于相关企业各行其是、自行发展的阶段。而在物联网的分支中，最容易形成系统标准、最具备产业潜力的应用就是车联网。因此,"十二五"规划已明确提出,要发展宽带、融合、安全的下一代国家基础设施,推进物联网的应用,车联网的发展已经进入了国家视野。

"产业发展、标准化先行",标准化是促进一个产业健康发展的基础。因此,我国在芯片、通信协议、网络管理、协同处理和智能计算等领域开展了多年技术攻关,取得许多成果。在传感器网络接口、标识、安全、传感器网络与通信网融合、物联网体系架构等方面相关技术标准的研究取得进展,成为国际标准化组织(International Organization for Standardization, ISO)传感器网络标准工作组的主导国之一。2010年,我国主导提出的传感器网络协同信息处理国际标准获正式立项,同年,我国企业研制出全球首颗二维码解码芯片,研发了具有国际先进水平的光纤传感器。

3. 车联网发展的战略目标与市场前景

1) 车联网发展的战略目标

目前发展车联网的战略目标是:开展车联网关键技术研究,抢占技术制高点;开展车联网标准体系研究,突破国外标准壁垒;加快车联网产业培育,制订技术产业发展规划和应用推进计划;发展关键传感器件、装备、系统和服务;推进车联网信息中心建设,促进车联网与互联网、传感网融合发展;推进车联网信息服务平台建设,提升涉车信息服务水平。

车联网作为信息化工业化融合的典范和物联网的示范工程,在"十二五"规划的战略性新兴产业中占据非常重要的地位,是推动汽车制造和服务业、交通运输业等转型升级的重要动力,也是在保持国民经济持续增长的同时强化社会安全、提高交通效率和发展绿色节能的重要手段。图1-15、图1-16是我国车联网市场增长和渗透率预测情况。

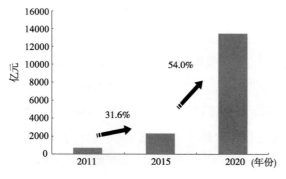

图1-15 我国车联网市场增长预测

资料来源:川财证券研究所,《物联网产业发展研究报告》。

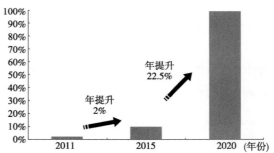

图1-16 我国车联网渗透率预测

资料来源:川财证券研究所,《物联网产业发展研究报告》。

2) 前装车载系统将逐步成为主流,车联网应用市场前景广阔

当前形势下,消费者对汽车在服务方面的消费需求和对汽车服务营销要求已经从简单纯的消费,发展到突出个性化、人性化的消费。消费思路、消费理念和消费方式已经迈上新

台阶。业内专家认为我国现在的汽车服务产业还处于整车厂主导的时代,众多整车厂商将汽车服务打造成利润的又一重要来源。而且对于整车厂来说,一个健全、合理的售后服务体系,不仅能让其从产业链的下游进一步获得利润,而且也能延长一个车型畅销的寿命。因此,无论是乘用车还是商用车,车厂都已积极地参与到车联网产业链中。车厂的参与对整个车联网产业链来说有着非常重要的作用,推动了相关设备在前装市场的发展。

民用汽车车载系统可分为前装与后装两大类,前装车载系统属于汽车原厂配置,而后装车载系统则由汽车经销商或消费者自行购置,绝大部分未经汽车原检认可。前装车载系统设备的功能、规格、性能、可靠性、稳定性必须满足汽车行业规范和标准,即所谓车规级要求。除了供应商的质量体系要达到 TS16949 标准,产品还要符合美国汽车工程师协会(SAE)、国际电工委员会(IEC)、中国国家标准等对产品的规范要求;而对于前装车载系统中的无线通信模块的 EMC 电磁兼容性能要求则有别于一般遵循的 3GPP 规范,可靠性方面的和测试方法手段等也都给出统一并明确的内容。最后,在产品的售后、返修等环节有明确并且严苛的质量保障协议。所有这些都对无线通信模块达到车规级提出新的要求和挑战。

过去前装车载系统一般出现在知名汽车厂商具有高端配置的汽车型号和款式,在市场中不具有普遍性。随着人们消费能力的增强以及对驾驶安全与舒适性要求的进一步提升,未来汽车厂商将不断扩大前装车载系统的车型覆盖范围,前装车载系统将逐渐成为市场主流。图 1-17 所示为 2009~2017 年我国前装车联网的市场规模及增速。

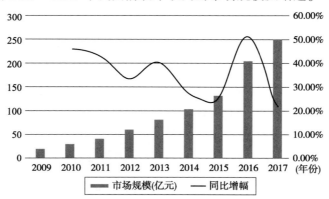

图 1-17　2009~2017 年我国前装车联网市场规模及增速

数据来源:中国顾问产业研究中心。

4. 我国典型的车联网应用

1)汽车主动安全

长安汽车与清华大学就"智能交通与主动安全"项目进行了合作。长安汽车赠予清华大学 10 辆悦翔轿车作为试验用车,用于汽车安全技术研究。2009 年,长安汽车对国内外智能交通和主动安全技术的发展现状、产业化前景和国内基础等进行了充分的调研和论证,在此基础上,制定了重点发展基于智能交通的汽车主动安全技术的战略规划。2010年长安汽车与清华大学合作开展了基于机器视觉的车道偏离和前方障碍物预警系统的研究,完成了样车开发。该样车具备车道偏离报警、自适应巡航和前撞预警功能。2010年,长安汽车在上海国际车展上展示了主动安全技术,清华大学负责其中控制系统的开发。

2)G-BOS智慧运营系统

2010年,苏州金龙推出了G-BOS智慧运营系统,着眼于汇聚成熟的客车运营管理技术、尖端的客车电子技术和3G通信技术,为国内客车产品的全新升级提供完备的解决方案。G-BOS智慧运营系统是Telematics技术和商业智能(Business Intelligence,BI)技术在客车上的综合应用。G-BOS智慧运营系统通过安装在客车上的车载终端从CAN总线和各类传感器上持续不断地采集发动机运行数据、车辆状况信息和驾驶员的操控行为,同时接收GPS卫星定位信息,记录车辆所在位置,并通过3G无线通信网络将所有信息实时传递到数据处理中心。G-BOS智慧运营系统车载终端同时还融合了行车记录仪、倒车监视器、故障报警显示台、视频播放器和短消息接收器等功能,可以实时将车辆相关信息提供给驾驶员和后方运营平台。G-BOS智慧运营系统可以说是车联网智能平台的雏形,为道路交通运输行业车联网的下一步建设和发展奠定了坚实的技术基础。

3)不停车收费系统

厦门市于1998年提出建设基于RFID技术的不停车收费(ETC)系统。最初使用有源5.8GHz不停车收费产品。然而,由于ETC系统应用的5.8GHz有源产品存在先天不足——电池消耗快,有源卡会因电池耗尽而读取信息失败,从而造成收费站车辆拥堵。通过调研,厦门不停车收费系统改用915MHz的无源产品,其可靠性和稳定性均优于有源产品。

厦门作为第一个成功将射频识别(RFID)技术应用于城市路桥不停车收费的城市,其ETC系统建设过程中的成功经验和失败教训,为我国车联网的发展提供了借鉴。

4)汽车数字化标准信源

汽车数字化标准信源全称为汽车身份特征信息和管理基础信息的数字化标准信源,俗称电子车牌。它是一种工作于UHF频段(840～845MHz或920～925MHz),具有多项应用特性的无源汽车专用射频识别(RFID)电子标签,是一个建立在汽车数字化标准信源基础上的涉车涉驾数字化信息技术服务系统。这一信息技术服务系统以汽车的身份自动识别认证功能为核心,向社会提供汽车的身份信息、路网信息和事件信息等。汽车数字化标准信源系统技术特点主要有:

(1)标签内存容量不小于216 B。

(2)具备全球唯一ID号。

(3)使用UHF频段无源免维护电子标签(寿命10年)。

(4)读写器外场工作抗干扰能力强。

(5)利用跳频技术保障无线射频通信安全可靠。

(6)实现汽车高速行驶状态下(≤180km/h)的可靠读取。

(7)实现远距离(≥20m)识读。

(8)实现汽车数字化标准信源内的信息安全控制。

(9)实现电子标签与汽车严格的唯一对应。

汽车数字化标准信源系统可以对车辆道路行驶进行有效安全监管,对道路行驶的车辆进行身份识别,满足车辆超速告警、被盗抢车辆追查、黑名单车辆布控、假牌车辆/套牌车辆打击、交通肇事逃逸追查、交通事故信息采集和无牌车辆管理等监管需求;也可以对道路车辆驾驶员进行有效监管,通过车辆驾驶人员身份识别,解决目前国内外对驾驶人员动态监管的空白状态,实现对无证驾驶、违反准驾规定驾驶机动车、驾驶员逾期年检或不年检、特种车辆驾驶人员准入等驾驶员的安全监管;还可以满足涉车涉驾社会化服务需求;从而提升我国道路涉车现代化管理技术水平。

5. 车联网发展中存在的问题

当前车联网没有构建统一的协调中心。尽管已经有了像交通信号灯警告、路桥电子不停车收费等这样的应用,但这些应用之间是相互独立的。这些应用所使用的单一信道方式要与分布式控制的要求相结合,是车联网设计的关键问题所在。很显然,媒体接入控制是车联网设计的核心所在。尽管提出了基于时分多址和空分多址等方法,但目前主要使用的是基于车联网介质访问控制子层的载波监听多路访问协议。信道带宽的频率范围为 10~20MHz。在车辆密度大的地方,很可能造成信道拥塞,然而利用多个信道就会造成多信道同步问题以及同道干扰问题。

由于车辆移动以及无线电波影响所带来的动态网络拓扑变化也是存在的问题之一。无线电波必须考虑天线的高度以及移动车辆自身金属反射对无线信道造成的不利影响;同时需要考虑车辆自适应发射功率和速率控制,以保证可靠、低延时的通信。除此之外,车联网还需考虑安全问题和隐私问题。一方面,车主需要了解可靠的交通路况信息以保证驾驶的安全。例如,某个车主在行驶的路上发送错误的信息给其他车主,告知他们该路段交通拥挤并鼓励其绕道而行,造就了对自己有利的行驶环境,但却给其他车主带来了极大的交通危险。其挑战关键在于如何对广播消息的车辆进行认证。另一方面,车主不希望车辆信息被非法泄露,以防止未被授权的跟踪,保持其隐私性。这样就很有必要在安全问题和隐私问题上寻求一个平衡度。

总体来看,未来车联网的发展瓶颈有以下几个方面。

1)网络及资费问题

需要各大运营商不断完善3G、4G等和WiFi网络,保证各地市、县区以及郊区地带能够接收到信息。

2) 商业模式

商业模式的建立需要有一定的用户规模,而没有好的商业模式就无法吸引客户。我国的车联网产业还处于发展的初期,商业模式仍不明朗,需要各方企业合作探索出能够实现可持续发展的模式。企业在选择商业模式时,也要根据自身的情况作出理性的分析和判断,从而推动我国车联网产业的发展。

3) 支付方式

目前服务商所采取的方式都是一年免费,那么免费期过了之后如何解决收费问题?另外当前车联网服务商提供的服务内容不足以让用户有黏性,但用户愿意交钱,那么这个钱如何交,交给谁。

4) 本地化服务

目前TSP所提供的主要服务内容是GPS导航、实时路况、紧急救援、防盗报警等。存在本地化瓶颈,而动态导航是需要实时交通信息做支撑,但目前全国开通的城市数量有限,并且没有高速公路、国道、省道的路况,所以暂时无法实现商业化使用。

第三节 车联网产业发展现状

我国拥有网络规模与覆盖范围全球第一的移动通信网络和丰富的带宽资源,并在RFID技术和汽车智能化等方面积累了一定的研究基础,发展车联网具有一定优势。随着应用需求的多样化,信息技术的智能化元素将向传统领域渗透,推动相关产业链各个环节的发展。未来,智能信息技术解决方案将成为汽车、交通行业的核心,汽车电子设备提供商、软件厂商和通信运营商将成为各行业发展的决定因素,云计算、移动互联网、传感器和嵌入式软件等信息技术将在应用中得到提升和突破。

1. 车联网感知技术与产业现状

随着汽车电子化水产的日益提高,作为全球最大的汽车市场,中国汽车感知技术产业将会继消费电子、通信和计算机之后受到全球业界的关注,中国汽车感知产业飞速发展已成趋势。

RFID感知技术在中国车联网领域也得到了广泛的应用,如实现不停车收费和用于物流车辆管理等。公安部已经推出一种识别率在99.9%以上的专用电子标签,可安装在汽车风窗玻璃上,以便对车辆身份和位置信息进行唯一标识。

我国正在计划加快推进无线传感器在车联网领域的应用。汽车计算平台通过与车辆传感器节点的数据交换,实现环境监测、目标发现、位置识别和控制其他设备的功能,此过程需要通过网关连接无线传感器网络和外部网络,实现两种网络协议之间的转换,从而发布、发送控制命令到传感网络内部节点,因此无线传感器网络的体系建立非常重要。

车联网的快速发展,大大促进了我国传感器产业的发展,目前一辆普通家用轿车上大约会安装几十到近百只传感器,豪华轿车则多达200余只,种类达几十种,两者所用传感器约占整个汽车传感器市场的1/3。

随着车联网的快速发展,环保、安全、智能是未来的汽车传感器的发展方向,这给传感器产品带来了更高的质量要求。汽车电子化越发达,自动化程度越高,对传感器的依赖性就越大,因此国内外都将车用传感器技术列为重点发展的项目。汽车传感器的应用将不再局限于发动机管理系统,而是越来越多地与环境保护、安全和智能联系在一起。

2. 车联网通信技术与产业现状

汽车通信系统是车联网的信息传输渠道,车辆的移动特点也决定了车联网通信应以无线通信为主。在车联网无线通信解决方案中,通信网络带宽是车联网通信面临的一个技术难题。目前的3G网络带宽并不能满足未来图像和流媒体的传输需求,而4G网络和DSRC的自主网技术等也还没有完全突破。

当车联网感知系统采集上来的信息被汇聚到数据中心后,需要对其进行存储、交互和分析。但国内在云计算和海量数据处理方面,还未掌握核心技术,而且在全面获取系统精准的信息基础上,针对不同应用进行智能化处理,更是一项世界性的难题,需要开展大量工作来研究智能化应用的数学模型。

2011年启明信息与TD-SCDMA第三代移动通信国际标准的核心专利拥有者(大唐电信)合作,在汽车移动通信领域全面拓展车联网市场。双方通过共建实验室,充分利用大唐电信在通信接入、通信终端、通信应用与服务等领域的技术优势和技术积累,结合启明信息在汽车电子产品化、工程化和市场方面的优势,共同开发以我国自主知识产权为核心的高可靠性、高集成度、超低功耗的智能化汽车通信电子产品,将汽车与移动通信网络有机地结合,开发适用于未来汽车电子应用的通信模块产品,为智慧车联网提供技术和产业支持,服务于我国乃至世界汽车行业。

蓝牙也是车联网无线通信的一个技术手段,具有低成本、容易推广的特点。现在已有超过1/3的车辆具有蓝牙功能。如果用蓝牙实现车联网技术,可以借助原有的蓝牙功能模块,通过导入一些软件将这些模块连接到手机上,再连接到远程的服务中心来获取内容和服务。这些软件可以在汽车出厂之前配置,也可以在汽车销售之后让用户去下载配置。

信息通信系统是我国汽车市场增长速度最快的领域,汽车信息通信系统在我国有巨大的市场发展潜力。现在很多运营商都在推出车联网服务平台,面向高端的客户群体,提供各式各样的无线通信服务,产业链很长。3G 网络为车联网提供了完备的网络基础。

3. 车联网导航技术与产业现状

1) 全球卫星定位导航(GPS)技术与产业概况

近年来,车载导航系统已被广泛使用,车联网的发展带来的汽车导航业的巨大市场潜力又一次引起各方的广泛关注。卫星导航是车联网的一个支撑基础,如果没有卫星导航的存在,车联网这个概念就难以成立。

随着我国私家车保有量的稳定增长和智能手机销售量的激增,与之共同发展的我国 GPS 导航市场也保持了高速的增长。据统计,2012 年我国 GPS 导航产品的出货量达到了 20302.92 万台(包括车载前装 GPS、车载后装 GPS、便携式 GPS、GPS 手机、GPS 测绘仪器等)。未来几年,随着我国汽车保有量的提升和 GPS 设备的进一步普及,我国 GPS 导航市场将迎来更广阔的发展空间。

从图 1-18 中可以看出:2014 年第 3 季度,中国前装车载导航市场出货量为 63.6 万台,环比增长 4.3%,同比增长 43.0%。

图 1-18　2012Q1～2014Q3 中国前装车载导航市场出货量

数据说明:根据专家访谈、厂家深访,易观智库在前装车载导航监测样本中加入比亚迪、吉利、长城等国产汽车品牌车型,因此,对 2013Q2～2014Q2 中国前装车载导航数据进行调整。

来源:EnfoDesk·易观智库。

另外,随着智慧物流的发展,国内中长途运输的载货车对车载导航系统的需求也越来越大,该系统既能满足交通导航的需要,同时也能为驾驶员在长距离运输过程中的娱乐和信息沟通提供便利。面对如此庞大的市场,国内的多家厂商已经推出了自己的产品,而国外厂商也在为其产品的本土化进行大量的准备工作。

车载导航系统在市场上发展,不仅需要有很好的硬件支持,也需要有很好的软件与其相配合,导航内容应包含道路状况、商店分布和交通规则等。在我国要把这些资料搜集全是非常困难的,因此要想在我国市场上取得成功,拥有准确、全面的资料是关键。全面准确的导航内容是车载导航系统的价值所在。但公共信息资源能不能真正地开放和共享、共享到什么程度,还需要不断地完善和探索。从服务的角度上来讲,还涉及智能交通系统(Intelligent Transport System,ITS)当中的几个部分的内容,包括信息服务系统、交通管理系统、车辆控制系统、车辆信息管理系统、电子收费系统和紧急救援系统等。

2)中国北斗导航技术与产业概况

北斗卫星导航系统是我国自行研制开发的区域性有源三维卫星定位与通信系统,是继美国的全球定位系统(GPS)和俄罗斯的格洛纳斯之后第三个成熟的卫星导航系统。

北斗系统为促进卫星导航产业链的形成,完善国家卫星导航应用产业支撑、推广和保障体系奠定了坚实的基础,并极大地推动了卫星导航在国民经济社会各行业中的广泛应用。今后,我国定位服务设备生产商,都将会提供对 GPS 和北斗系统的支持,这样不仅可以提高定位的精确度,还可以利用北斗系统特有的短报文服务功能改善车联网的实用性。

建设自主卫星导航系统是国家战略,交通运输行业要力争成为北斗系统民用推广的排头兵,以实际行动全力支持国家导航战略发展。目前,我国正在积极推动各项政策举措,促进北斗卫星导航系统在智能交通、路况信息管理、道路堵塞治理、车辆监控和车辆自主导航等方面的广泛应用。

车联网作为北斗卫星导航产业的重要部分,将率先应用于交通运输重点营运车辆监控管理。特别是当前北斗导航系统正处于应用初期,率先在道路运输行业推广应用,有利于迅速实现规模效益,有效降低使用成本,为北斗导航系统应用推广工作奠定良好的基础。

4. 车载信息服务产业现状

2015 年,乘用车累计销售 2114.63 万辆,同比增长 7.30%,国内汽车市场仍保持了高速增长的态势,销量稳居世界第一,图 1-19 所示为月度市场份额。汽车市场的发展不断地对车联网服务提出更高要求,推动汽车导航服务的全面升级,成为我国车载信息服务产业发展的市场基础。

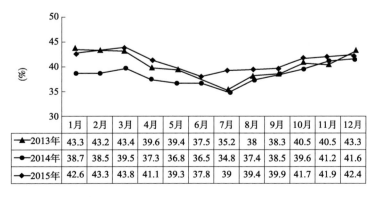

图 1-19　月度市场份额

随着新技术的发展,汽车将不再是孤立的单元,而是成为活动的网络节点。车载信息系统在车内可以构成独立的网络,同时它也是世界网络的一个节点,因此可以提供许多相应的服务。车载信息服务(Telematics)产业是以汽车为载体、能高效提升汽车生活品质、为车主出行提供综合信息和安全保障的新型服务业。车载信息服务(Telematics)将汽车带入了"智能信息化时代",为整个汽车产业链注入了新的活力,创造了全新的价值。车载信息服务(Telematics)是未来汽车产业链发展的方向和趋势。

车联网全球市场情况预测如图1-20所示。

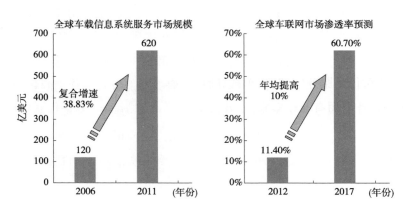

图1-20　车联网全球市场情况及预测

资料来源:川财政券研究所,诺达咨询,ABI Research。

从计算机领域看,汽车车载信息系统是一个移动的计算平台。从服务对象来看,车载信息服务系统涵盖人、车、社会的和谐统一。车载信息系统被划分4个层面,从高到低依次是客户层、服务层、通信层和车载层。服务层注重人、社会、车的统一,它把这三方面的服务提供给最终用户。服务层是一个服务解决方案的提供层,各运营商面对不同的用户需求把各种车载产品和数据服务网络进行有机结合,向用户提供有特色的、个性化的服务。通信层是把车载和服务结合起来的纽带,无线通信技术将会为车载通信带来更多的变化。车载层是所谓的各种车载导航、车载监控终端,它分为两种:一种具备通信功能;另一种则不具备通信功能,包括车载监控以及在我国逐渐起步的自主导航。未来,车载监控、自主导航必定要与国外的Telematics技术统一起来,为用户提供更加丰富多彩的服务。在国外,车载信息系统很少被单独提出来,多数人都把它理解为车载多媒体。近几年,车载信息系统被纳入Telematics概念之内。Telematics最早来源于美国,在国际上逐渐产生影响,它的商业模式由三部分组成,包括供应商、服务商、消费者。TSP(Telematics Service Provider)在Telematics产业链居于核心地位,向上联系着车厂/最终用户,如整车、物流、客运等,向下衔接着内容提供商、车载设备制造商和网络运营商,如电子地图商、电视台、门户网站等,如图1-21所示。

图 1-21　Telematics 产业链构成

随着车载信息服务的广泛开展及产业链内厂商的推动,全球车载信息服务产业正稳步进入较为合理的增长阶段。但在目前,国内车载信息服务还正处于起步阶段,尚未形成完整的产业链,部分车载信息服务领域,如车载导航,已经形成了市场规模。目前,国内从事车载信息服务的相关业务公司有 300 多家,随着汽车销量的持续增加,车载信息服务系统的前装机市场持续增长。如图 1-22 所示,2013 年,我国前装车机产量达 178.5 万台,产业规模达 120.1 亿元,分别同比增长 44.8%、42.7%;我国后装车机产量达到 961 万台,产业规模达到 372.9 亿元,分别同比增长 20.8%、12.4%,如图 1-23 所示。我国新车前装机装配率持续增长,2013 年达到 10.78%,但相比其他国家(2009 年新车装配率:日本市场为 66.6%,欧洲市场为 15.6%,北美市场为 14.1%),未来存在很大的发展空间。

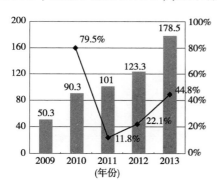

图 1-22　2009～2013 前装车机产量及增长情况

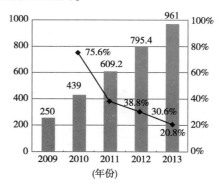

图 1-23　2009～2013 后装车机产量及增长情况

第二章　车联网的组成及工作原理

第一节　车联网的组成

车联网系统架构可分为感知层、网络层和应用层三个层次,如图 2-1 所示。

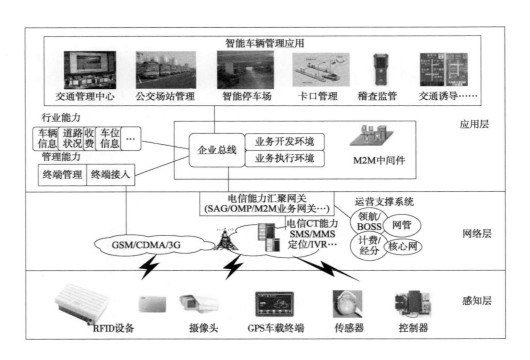

图 2-1　车联网系统架构

感知层负责信息采集与发布,信息的采集主要利用汽车配备的车载信息系统通过 CAN 总线网络技术采集车内各电控单元与车内各传感器的实时数据(图 2-2),这些信息能够反映车辆行驶状态、车辆位置、车辆安全与车辆识别;信息的发布是指来自路侧设备或数据中心的交通信息在车载信息系统上的发布,包括路况、事故、天气等信息。

网络层通过 DSRC(dedicated short range communications,专用短程通信)、3G/4G、WiFi、

GPS、WIMAX、以太网等现代网络通信的技术实现车联网信息的可靠传输如图 2-3 所示。

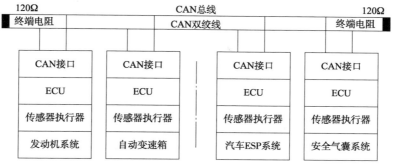

图 2-2　总线整车布局图

应用层可分为两个子层,下子层是应用程序层,主要功能是进行数据处理,车辆网的各种具体的服务也在这一子层进行定义与实现,现在一般认为采用中间件技术实现车辆网的各种服务是较好的选择;上子层是人机交互界面,定义与用户交互的方式和内容。应用层使用的设备主要是一些提供网络服务的服务器和用户使用的车载信息系统等。

图 2-3　车联网通信图示

第二节　车联网的三要素

车联网就是实现车与一切事物之间的互联互通。要实现这些互联,其必包含三大要素:车载终端、路侧单元,传输网络及车联网云平台,也就是人们常说的端、管、云,如图 2-4 所示。

一、端

端在车联网中指的是泛在通信终端,包括具备车内通信、车间通信、车路通信、车网通信能力的车载终端和具备车路通信、路网通信能力的道路基础设施。端是记录、传输和保存信息的载体。

1. 车载终端

车载终端是集成了多种传感器,用于采集与获取车辆信息,感知行车状态及环境,并能与人和车进行交互,具有卫星定位及无线通信功能的电子设备。车载终端用于采集与获取车辆信息、车辆运行信息、行车状态及环境信息,实现车内通信、车车通信、车路通信和车网互联，可以提供声音和视觉方面最直接的用户体验，如图形界面、告警提示及音视频播放。根据应用的车辆属性不同，有不同的终端类型。

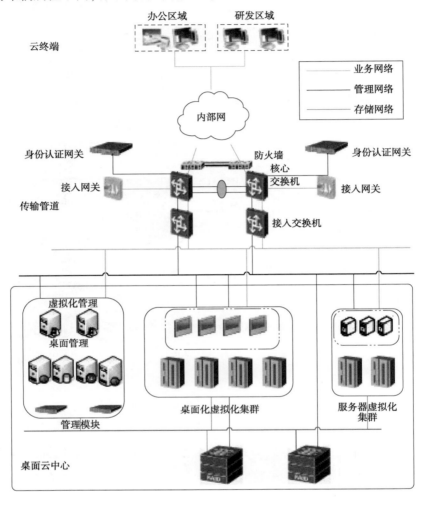

图 2-4　车联网的三要素

车载终端中集成了移动通信模块、无线通信模块、卫星定位模块、多媒体播放模块、传感器及音视频数据采集模块、数据存储模块及中央处理单元，在中央处理单元的统一调度、协同处理下工作。

移动通信模块负责车辆接入互联网及车与家之间的通信，主要应用于远程数据传输、无线上网及语音通话等方面。中央处理单元通过发送指令控制移动通信模块拨号，建立链接之后可访问互联网，并进行数据的传输。

无线通信模块负责车与车、车与路、车与行人之间的通信，主要应用于车辆识别、驾驶员识别、路网与车辆之间的信息交互。中央处理单元把卫星定位模块、传感器及音视频采集模块采集的信息经过加工处理后，生成相应的信息，并通过无线通信模块发送给邻近车辆。

卫星定位模块通过卫星获取车辆当前的经度、纬度、海拔、速度及方向等位置信息。多媒体播放模块主要用于收音机、电视、CD、DVD等音视频的播放。

数据采集模块通过车辆上安装的各种传感器实时采集车辆运行信息及状态信息，包括音频、视频的采集，以及通过各类传感器进行车内数据的采集，如车辆的发动机信息、车身信息等。

数据存储模块主要用于车辆行车状态的记录及地图等数据的保存。

2. 道路基础设施

道路基础设施指安装在路侧，采用无线通信技术，可连接互联网，能与车载终端和云端进行通信，实现车辆身份识别、特定目标检测及图像抓拍、广播实时交通信息及电子扣分等功能的电子装置。例如用于ETC(Electronic Toll Collection)不停车收费系统的读卡装置。

道路基础设施负责将其覆盖区域的交通运行情况上传，以及从云端获取实时交通信息并广播给车辆。道路基础设施从所连接的车载终端上获取车辆信息、位置信息及行车信息，并上传到云端，由云端交通控制中心系统进行分析处理，从而形成实时交通信息，并将结果返回给道路基础设施，再由道路基础设施通过无线通信的方式发送到其覆盖区域的车载终端。

道路基础设施可以由专门的装置完成路侧单元的功能，也可以借助智能路灯、公交电子站牌及智能信号灯等装置来实现。

通过以上分析可知：终端设备是整个车联网系统的载体，负责发送车辆的各项信息，同时接收来自数据支持平台的数据信息，并根据各种指令对车辆做出相应的控制，配合无线通信网络完成整个车联网系统的功能。车载终端设备主要由无线发送与接收单元、信息融合与处理单元、加速度传感器、温度传感器、图像传感器、CAN总线、GPS模块、车速里程计、液晶显示屏、可扩展接口以及语音呼叫的等多种传感器和外部设备构成。

二、管

管即管道，指的是能实现融合通信及接入互联网的能力。管道主要用于解决车与车、车与路、车与云、车与家及车与行人等之间的互联互通，实现车辆自组网、移动通信网、无线局域网及多种异构网络之间的通信，管道是车联网的保障。

无线通信网络是车载终端与数据支持平台信息交互的通道，其将车辆的位置、求救、图像、服务请求等信息准确实时地传回数据支持平台，将平台的应答、服务、控制等信息准确及时地传给车载终端。无线通信网络采用CDMA/GPRS/3G多种通信方式结合的形式，可根据车辆以及当地网络的实际情况进行选择，从而能够最快速、最经济、最准确的传递信息。

三、云

云指的是云平台,云平台即允许开发者将写好的应用程序放在"云"里运行或使用"云"提供的服务的一种平台。车联网的云平台主要用于终端的接入和车辆的运行状态管理、交通状况管理、交通事件处理、车辆收费管理、交通信息管理、交通管制信息的发布、应用程序的发布等车联网的应用,以及数据存储、大数据分析与处理等,为驾驶员提供包括云导航、路况信息、停车管理等云服务。

云平台负责监听车载终端、道路基础设施等客户端发来的连接请求,并提供高效、稳定的数据处理、协议解析、消息转发等服务。云平台与客户端的交互通过请求和返回两种方式进行通信。云平台通过对不同的客户端及不同的系统之间的数据转发和数据格式转换,实现业务管理系统、服务支撑系统、呼叫中心系统、车辆管理系统、收费系统等不同系统之间的业务接入访问及实现对 APP、WAP、SMS、MMS、CallCenter 等系统的支持。

分散、庞大、突发拥堵的车辆交通体系与分布式模型十分接近,通过采用分布式模型对其进行处理将具有先天的优势,因此,在基础系统上采用以云计算为核心,计算机集群与分布式系统为特色的未来车联网的中央信息处理平台,适应未来计算机与互联网技术的发展趋势。

第三节 车联网的工作原理

车联网是在道路交通的基础上,以车辆为中心,进行道路的利用率、道路交通安全的综合研究,作为主要的研究对象,车辆是移动的,移动的车辆通过多种无线通信方式实现车辆与一切事物相联,当存在多种无线通信方式时,不同的天线之间必然产生电磁波干扰,要求车联网具备高抗干扰能力和稳定性。因此,车联网具有移动性、无线性、及时性及稳定性等特点。

车载终端、道路基础设施通过无线通信方式构成一种车载自组织网络 VANET(Vehicle Ad-Hoc Network),通过无线通信链路传输数据,实现车辆间(V2V)通信,车路通信(V2I)以及车与行人之间的通信(V2P),通过道路基础设施与网络的连接实现道路基础设施与云端之间的双向通信,通过接入 2G/3G/LTE 移动通信网络,从而使车辆具备访问互联网的能力,实现车与云端间的双向通信(V2C)。车联网工作原理如图 2-5 所示。

如图 2-5 所示,车载终端利用总线技术,通过 ECU 读取各个单元的传感器数据,并进行控制,从而实现车内通信,通过卫星定位模块和各种传感器读取车辆运行环境及位置等信息,通过无线通信模块和邻近的车辆、道路基础设施建立车载自组网,实现车与车(V2V)之间的通信、车辆与道路基础设施(V2I)之间的通信,通过移动通信模块接入互联网,实现车辆与云端及家的互联互通。道路基础设施通过移动通信模块接入互联网,向云端提供所覆盖区域的交通状况,并从云端获取交通信息,通过无线通信模块和其覆盖区域的车辆组建车载自组网,并将交通信息发送给网内的车辆。云端实时向车载终端或道路基础设施推送交通信息和与车辆有关的服务信息,并根据车辆和道路基础设施的请求,推送相应的信息。

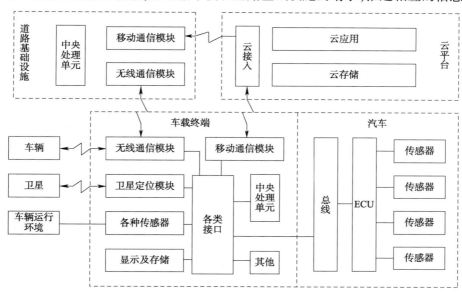

图 2-5　车联网工作原理

一、V2V 车与车通信原理

实现车与车(V2V)之间通信的前提是参与通信的车辆必须安装车载终端,车载终端须内置无线通信模块和各种传感器,且车辆与车辆之间能组建车载自组网。

如图 2-6 所示,当车辆 A、B、C 在车道上行驶时,三辆车的车载终端已自动运行,车辆 A 快速地和其通信范围内、同一方向行驶的后面车辆 B、C 之间建立车载自组网。

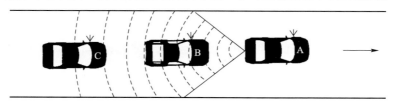

图 2-6　V2V 车与车通信示意图

车辆 A 通过内置在车载终端上的超声波、雷达、激光、红外线及摄像头等多种传感器不间断地监测前方的道路状况,并对周边车辆的路径进行预测,当车辆 A 监测到有危险临近,如前方有障碍物、前方路面异常、前方车辆紧急制动等危险情况时,车辆 A 从正常行驶的车辆变为危险车辆,需要先减速并对其车后的其他车辆进行提醒。虽然车辆 C 被车辆 B 阻挡,驾驶员无法看到车辆 A 紧急制动,但车辆 A 上的车载终端会将速度、位置及状态等信息封装成一个信息包并通过车载自组织网络实时广播给其后面的车辆 B、C,车辆 B、C 的车载终端接收到信息包后进行解包处理,根据信息包的内容通过声音等方式及时提醒驾驶员,则车辆 B、C 可根据前车的反馈信息及时地调整车辆的车速,从而帮助驾驶员消除视线盲区,提前感知道路状况,及时采取应对措施规避风险,提高行车安全。

二、V2I 车与路通信原理

道路基础设施内置了无线通信模块和移动通信模块。通过无线通信模块与车辆上的车载终端构成一种 VANET 车载自组织网络,从而实现车辆的接入。通过移动通信模块接入互联网,实现道路基础设施与云端交通控制中心的互联互通。

当车辆在行驶过程中,道路基础设施通过移动通信模块从云端实时获取天气信息、实时交通、交通信号信息、弯道速度提醒、超速提醒,以及其他车辆的行驶状况等信息,并通过车载自组织网络向其覆盖区域的车辆广播,车辆上的车载终端接收到广播信息后进行解包处理。例如,收到天气信息、交通信号信息、弯道速度提醒、超速提醒,以及其他车辆的行驶状况等信息时,以声音的方式通知驾驶员减速缓行,注意道路交通安全,避免由于天气及速度等原因引起的交通安全风险。例如,收到实时交通信息后,结合车载导航软件,动态规划行车路径,避开拥堵路段。

同时,道路基础设施收集所接入车辆的行驶方向、速度、位置等信息,并将汇集的路况数据实时传输到云端交通信息中心,由交通信息中心进行分析、加工、处理,形成实时交通信息,再返回给道路基础设施。

车路通信的另外一个典型应用场景为 ETC 不停车收费系统,其工作原理如下。

用户先要预交通行费或设立付费账户,将交费或账户信息存入车载终端,并完成车载终端的安装。道路基础设施通过网络接到云端收费管理系统,收费管理系统根据收费标准和账户信息的变化不定期给道路基础设施推送收费标准和账户异常信息。

当车辆进入收费站时,按规定车速进入不停车收费通道,道路基础设施通过无线通信方式与车载终端进行通信,道路基础设施读取车载终端中的车辆信息和车型信息,计算通行费用,如果车主的专用账户正常,则道路基础设施自动从账户中记录本次通行费用,并控制收费通道的电子栏杆,实现车辆的放行。

每次收费操作完成后,道路基础设施将收费操作的相关信息通过网络传输到收费管理系统。收费管理系统对预交费车辆的费用信息进行分析汇总,并生成相应的报告。对于设立付费账户的车辆,收费管理系统将费用信息汇总后生成转账清单向金融机构请求支付。

图 2-7 所示,当安装有车载终端的车辆在车道上行驶时,车辆与道路基础设施之间建立车载自组网,此时道路基础设施可获取所覆盖区域的道路交通状况,车辆可从道路基础设施获取交通信息、天气信息等。如在收费闸口,道路基础设施可识别通过的车辆,实现不停车收费。

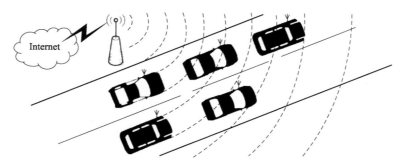

图 2-7　V2I 车与路通信示意图

三、V2C 车与云通信原理

先要根据车载终端所使用的无线通信模块确定车载终端所采取的通信制式,根据终端的通信制式在电信运营商开通相应的资费卡,并将资费卡装入车载终端,保证车载终端的联网能力。车辆起动后,车载终端进行拨号联网,通过接入电信运营商的移动通信网络,车辆就具备了访问互联网的能力,就可以实现数据传输及访问互联网。

在车辆行驶过程中,车载终端实时获取车辆信息,通过传感器获取车辆的运行状态信息,通过 ECU 采集车辆信息,通过卫星定位模块采集车辆位置信息,将车辆信息、位置信息及状态信息进行封包并通过移动通信网络实时发送到云端通信接入系统,通信接入系统对接收到的数据包进行相应的解析,把解析后的数据交与应用服务系统进行处理,应用服务系统通过处理收到的数据进行实时分析、整理并保存到数据库,从而形成车辆的运行情况、行驶轨迹、油耗数据、驾驶员的驾驶行为、维修计划等内容。当驾驶员或车队管理者需要查看车辆运行情况时,可根据服务提供商提供的客户端软件,如 Web、手机 APP,以直观的方式将车辆的运行情况、车辆技术状况、驾驶操作情况等信息展现出来。

车辆行驶过程中如果驾驶员需要请求服务,驾驶员可通过语音或手动操作车载终端的方式,向服务中心发起服务,此时,车载终端将车辆的位置信息及状态信息进行封包并发送给云端,云端的通信接入系统对接收到的数据包进行相应的解析,把解析后的数据交与应用服务系统进行处理,应用服务系统处理收到的数据并查找数据库,得到驾驶员所需的信息。如果要与呼叫中心服务人员交互,则发送数据到服务人员工作终端,由服务人员进行处理;否则,应用服务系统将驾驶员所需要的信息发送给通信接入系统,通信接入系统对以上信息进行封包并发送给车载终端,车载终端接到数据包后进行相应的解析,根据解析后的数据进行任务响应并呈现给驾驶员。

如图 2-8 所示,当车辆上安装了车载终端时,车辆与云端实现互联互通,驾驶员可通过车载终端向云端的服务中心获取出行有关的人工服务,也可通过云端获取与出行有关的自动服务。云端服务中心可实时监控车辆的行驶情况,并能实时调度车辆。相关人员可通过手机应用软件或通过电脑查看车辆的当前位置。

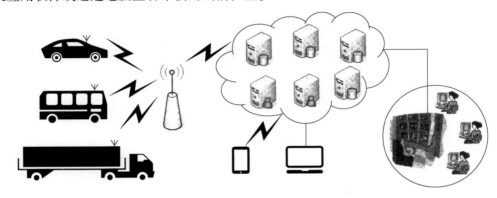

图 2-8　V2C 车与云通信示意图

第四节　车载终端的现状及发展趋势

车载终端作为车联网的入口,是用户使用车联网服务的载体,用户了解车联网,基本是通过终端开始的。尤其是车载导航,其显示屏成为除电视屏幕、手机屏幕、电脑屏幕之外的第四屏,随着汽车与互联网的紧密融合,消费者对于汽车的要求将不再是单纯的交通工具,如何做好车载终端,关乎着未来的车联网发展。

苹果推出的 CarPlay、谷歌推出的 Android Auto、百度推出的 CarLife 及阿里巴巴推出的 YunOS,这些科技巨头之所以不约而同地推出各自的解决方案,其目的很明确,就是在车载终端上形成自己的标准,而特斯拉 Model S 车内中控台及仪表板配备的超大尺寸液晶显示屏将这种想象空间无限放大,由于车载终端目前还没有真正实现大规模的联网,因此,车载终端这个第四屏已经成为企业争夺的地盘。

一、复杂多样的终端

车载终端按功能可分为以下五大类。

第一类,基于卫星定位技术,具备移动通信能力,可实现车网互联以及汽车定位功能的终端,包括定位终端、汽车追踪器、电子狗等。

第二类，基于卫星定位技术，具备移动通信能力，可实现车网互联以及可采集车辆发动机等相关数据的终端，包括 OBD、T-Box 以及 HUD。

第三类，基于卫星定位技术，具备高清数字显示屏，可实现导航影音娱乐功能以及车内通信功能，可以人机交互的信息终端，包括车载导航终端、PND、后视镜导航。

第四类，车载单元，具备专用短程通信功能，可以实现车载自组网功能的设备。

第五类，基于卫星定位技术，可实现车网互联、车车通信、车路通信、车内通信以及可采集车辆相关数据，可以人机交互的车联网终端。

由此可见，终端的形态复杂多样，琳琅满目，但以上所罗列的终端未必都是车联网终端，因为车联网终端有一个统一的特点，就是可以实现车车、车路及车人之间的通信，并具备访问互联网的功能，所以无论是何种产品形态，总之车联网终端都要实现车与车、路、行人及云端之间的互联互通。

1. 车载导航终端

车载导航终端是安装在车辆中控台上面，集成了卫星定位系统、收音机、蓝牙及视频处理模块，能为驾驶员和乘车人员提供导航、通信、无线上网、位置共享、即时交流、影音播放、车辆检测、可视化倒车等功能的车载主机。车载导航又分车载 DVD 导航及无碟机导航。车载 DVD 导航支持 CD 及 DVD 播放功能。随着技术的不断发展和消费需求的变化，车载导航发展经历了三个不同的阶段。

1）第一阶段

第一阶段（1996 年之前），这个阶段由于汽车电子技术发展的制约，参与研发的厂商比较少，且集中在发达国家和地区，如欧美和日本。这个阶段具有代表性的是日本的电子企业，如先锋、索尼、松下、阿尔派、三菱、建伍等电气公司，终端价格高昂，因此，汽车厂商只为其少数高端车型所配备，终端在整个汽车市场的占比非常少。

这个阶段的车载导航终端在最初的时候只能报告驾驶员所在位置、预期到达的目的地及车辆行驶方向是否正确。随着技术的不断发展，车载导航终端逐渐实现了智能化，可以通过车载导航终端显示地图或声音，从而为驾驶员提供最优的行车路线指导。

其原理如下：先通过车载导航终端的 GPS 天线及 GPS 接收模块接收来自地球上空的 GPS 卫星所传递的数据，以此来测定车辆当前所处的位置，终端将 GPS 卫星所确定的位置坐标与存储在 CD-ROM/DVD 中的电子地图数据进行匹配，从而确定车辆在电子地图中的准确位置，然后车载导航软件根据驾驶员的目的地，通过电子地图自动计算出最合适的行车路线，并将行车信息及行车规则通过车载导航显示屏传递给驾驶员，在车辆行驶过程中提醒驾驶员按照车载导航软件所规划的路线行驶，一旦车辆偏离路线，车载导航软件会重新计算并规划路径信息。在整个行驶过程中，驾驶员只要按照车载导航系统的语音提示就能准确、快捷地到达目的地。

2）第二阶段

第二个阶段（1996～2004年）的车载导航终端比第一代更加智能，除了具备第一代的车载导航功能之外，增加了更多的如 VCD/DVD、电视等多媒体的播放功能。在导航方面，除了具备电子地图显示和电子语音提醒功能外，还增加了前方转向提示信息，也就是对于一些重要、复杂的交通路口，能提前在屏幕上显示路口的放大地图，并用醒目的提示信息指引正确的行驶方向。

这个阶段导航电子地图形成了一定的标准，主要有欧盟的 GDF、日本的 KIWI 及美国的 NAVTEQ。这些标准用于明确如何存储详细的道路、道路附属物及交通信息，用于描述和传递与路网和道路相关的信息，并规定了在导航应用时获取数据的方法和如何定义各类特征要素、属性数据和相互关系。标准的制定解决了电子地图数据的存储格式，从而满足了嵌入式应用快速、精确和高效的要求，同时为车载导航及智能交通系统的建设提供了基础。加上这些国家和地区对地图数据采取开放政策，大大促进了导航市场的发展。

这个阶段电子地图的存储方式发生了很大的变化，SD 卡成为主流。车载导航市场上，欧美、日本等发达国家和地区的企业依然占主导地位，终端价格相对第一阶段大幅下降，汽车厂商也开始为其不同车型的车辆配备终端，车载导航逐渐普及。

3）第三阶段

第三个阶段（2004～2010年）的车载导航终端除了具备 VCD/DVD、电视等多媒体播放、导航之外，还增加了可视化倒车、轨迹倒车及蓝牙电话等多个功能，导航终端越来越智能化，已经发展成为车载多媒体导航影音终端，而车载操作系统主要以 QNX 和 WINCE 为主。

随着导航系统越来越人性化，导航系统中的语音提示内容越来越多，录制的语音文件非常庞大。在这种情况下，采用语音合成技术可减少语音文件的存储量，因为语音合成技术可以把提示的文本生成声音信号与驾驶员交流，并可适应动态提示的需要。因此，语音合成技术在这个阶段全面应用于导航终端。

这个阶段车载导航的功能更加丰富，除了传统的导航之外，有的企业还推出了实景导航及三维地图导航，并且有的企业还推出了本地化的语音识别功能。通过辨别操作者的声音信号以确定其语义，并根据相关的指令自动控制终端的操作，在终端上装有语音识别系统，能大大降低驾驶员对显示屏的扫视时间和扫视频率，有助于提高驾驶安全性。在这个阶段，我国的企业全面进入车载导航领域。虽然之前国内企业也涉足车载电子领域，但更多的是以汽车音响为主，厂商提供的也是车载 VCD/DVD 播放机，并没有进入导航领域。随着车载导航的不断发展，国家基础地理信息中心也开始参照 GDF 制定了适合我国国情的国家导航电子地图标准，在导航用空间数据库数据模型，数据收集、处理和维护方法等方面都出台了相应的规范。国家标准的出台大大促进了我国车载导航产业的发展。随即涌现了一大批从事导航电子地图的企业，如畅想、城际通、灵图、四维图新、高德、凯立德等企业。导航和电子地图企业的蓬勃发展促进了国内导航产业的全面发展。

国内车载厂商也开始通过在车载DVD上外挂导航盒及PND的产品形态，进军车载导航领域。在这个阶段初期，车载导航市场中依然是欧美、日本等发达国家和地区的企业占主导地位，车载导航的市场主要还是汽车厂商通过出厂时为其不同车型的车辆配备导航系统，汽车厂商全面占据车载导航的话语权，这也是业界所描述的前装市场。由于当时导航、影音类娱乐设备并未成为汽车的主要卖点之一，汽车厂商为了成本控制，并未重视车载导航的发展，这种现象一直持续到2007年。2007年以后，由于城市的快速发展、道路状况日益复杂、国内汽车产业的蓬勃发展及汽车的普及，加速了对道路导航的需求，因此给后装汽车市场留下了增长的空间。国产车载导航软/硬件的研发成功，使得由汽车厂商主导的前装车载导航市场及部分日本企业主导的汽车后装市场发生彻底改变。一方面，外置的便携式导航不具备整体性和便捷性，而国外的车载导航终端价格非常高且外形与原车不适配、协调性差、安装困难；另一方面，国外的导航不符合我国消费者的操作习惯，因此，我国的导航产品逐渐通过"专车专用"的车载导航产品进入后装市场，使国内车载导航行业的发展全面提速。

专车专用车载导航就是在指定的车型上安装与使用的车载导航终端，"专车"就是针对某种车型而研发出来以供安装使用的导航终端，只能使用在该车型中而不能通用到其他车型中，所以称为"专用"。由于是专车专用，因此终端贴合原车风格，匹配原车总线，安装简单无损，功能实用。随着专车专用导航终端在技术上的不断发展，无论是在操作习惯、实用性及性价比方面，都大大超出了前装导航产品，迅速得到市场的认可。和前两个阶段所不同的是，后装市场车载导航终端的销量以压倒性的优势全面领先前装市场。因此，专车专用成为车载导航行业发展精准的切入点和转折点，使车载导航行业得到了蓬勃的发展，并奠定了车载导航产品发展的里程碑。"专车专用"这个我国企业提出的概念越来越受到世界各国，尤其是俄罗斯、中东、南美等地区及国家的青睐。

4) 第四阶段

第四个阶段(2010年至今)，车载导航终端发展的第四个阶段就是车联网阶段，终端厂商除了在终端上逐渐使用Android操作系统之外，也开始与ADAS、OBD、胎压传感器、行车记录仪等多种外部设备连接。因此，这个阶段的终端已不是传统意义上的终端，而是一个车载信息平台。终端除了能为驾驶员带来舒适的娱乐体验之外，还能为驾驶员带来安全、便捷的操作体验。例如路畅集团推出的"百变T800"品牌就标配ADAS和行车记录仪，如图2-9所示，支持3600 3D全景功能，支持一键通语音导航等车联网功能。"百变T800"终端通过安装在车辆的摄像头等多种传感器，在汽车行驶过程中随时感应周围的环境，根据行车速度、前车的远近、前车的大小等多个因素判定与前车的距离及所需耗费的时间,并在终端屏幕上通过不同的颜色展现,绿色代表在安全距离以内,红色表示需要注意保持车距,以免发生追尾。例如,驾驶员在没打转向灯的情况下偏离了原来的行驶轨迹,终端屏幕会用红色的线条清晰地标注出来,便于及时纠正。通过将行车信息清晰直观地呈现并辅以语音提醒,预先让驾驶员察觉到可能发生的危险,有效地增加汽车驾驶的舒适性和安全性。终端整合了 GPU 处理芯片,从而支持 OpenGL 的图形处理,画面的拼接效果更完美。由于支持 3600 3D 全景功能,通过手指滑动屏幕,可以有效进行立体三维图片的翻转,可以从各个方向观察汽车周边,对于汽车的停靠位置能够做到清晰的呈现,提高了停车的方便性与安全性。

图 2-9　百变 T800 之 ADAS 示意图

在车联网时代,车载终端不仅具备导航和娱乐功能,还具备实时通话、在线诊断车辆、在线享受音乐、在线购物、在线商旅、在线报险、紧急救援、互联网广播电台、位置共享、即时社交、停车场当前停车位查询等服务。更重要的是,终端开始支持 ADAS 和 3600 全景功能。

在导航方面,车联网时代的导航可一键接通服务中心电话,由服务中心查找目的地,解放了驾驶员的双手。"好友指路"功能也避免了由于对地点的描述不清或地图上信息点不足而无法规划路径的缺陷。动态规划功能根据实时交通信息实现"疏堵式"导航,自动避开堵车路段。地图的增量更新功能,告别了以往地图升级需要取卡复制数据的麻烦,通过增量更新,服务商向终端发布导航电子地图变化信息,根据用户的情况生成满足用户需要的增量更新数据,并发送给终端,终端接收增量更新数据后进行终端地图的更新。

车联网终端目前有多种联网方式:第一种是直接通过内置在终端中的无线通信模块实现联网功能;第二种是依托外挂的可通信的盒子或上网卡实现联网功能;第三种就是依托手机 WiFi 热点实现联网功能;第四种是通过手机映射,实现联网方式。与前面三种所不同的是,第四种联网方式将手机的全部功能映射在终端的屏幕进行操作,这种方式也有不同的互联方案,分别为 MirrorLink、Miracast、APPLink、CarPlay、Android Auto 及 CarLife 等方案。由于自带通信功能的车联网终端内置无线通信模块,这势必增加终端硬件成本及用户使用时的通信成本。手机映射方案可在更大程度上利用用户现有的手机实现联网,这样既可以降低车联网终端本身的成本和服务成本,又可以实现车联网的一些功能,并能将用户不在线的时间吸引到互联网上来,通过互联网为用户提供不同的增值服务。

MirrorLink 是由一些国际性知名手机厂商和汽车制造商联合发起并建立的一种"车联网"标准,旨在规范智能手机和车载系统的有效连接,并形成良好的用户体验。采用此标准,手机通过 USB、蓝牙或 WiFi 和车载导航终端互联时,手机端通过 APP 软件将操作界面传输到车载屏幕上,可实现对特定应用软件的手机和车机的双向控制,使用户在汽车行驶过程中不用看着手机屏幕、触摸手机屏幕或操作手机按键,只需用车载上的物理按键或语音命令来控制手机,包括接听/拨打电话、听手机音乐、用手机导航等。MirrorLink 在 2012 年一度被很多车载导航厂商所关注,只是到后来因为 Android 终端市场的低迷、支持的手机类型较少及其他一些原因,MirrorLink 逐渐淡出了业界的视线。

Miracast 是 WiFi Alliance 于 2012 年 9 月宣布启动的 WiFi CERTIFIEDMiracast 认证项目。Miracast 设备提供简化发现和设置功能,用户可以迅速在设备间传输视频。该技术与认证项目由 WiFi 联盟中的移动与消费性电子设备制造商及芯片厂商共同制定。由于 Google 与微软对 Miracast 的力挺,加上在传输速率方面 Miracast 比 MirrorLink 更胜一筹,Miracast 的前景十分看好。

APPLink 是福特公司 SYNC 系统中的一个应用程序,可以实现 SYNC 车载信息系统与手机 APP 互联的功能,允许驾驶员使用智能手机上的应用对汽车内部进行控制。APPLink 主要根据消费者的手机来确定使用的平台,支持苹果 iOS 和 Android 系统。

CarPlay 是苹果公司发布的车载系统,可实现用户的 iOS 设备与仪表板系统无缝结合。只要将用户的 iPhone 连接到启用了 CarPlay 的汽车,就可支持"电话"、"音乐"、"地图"、"信息"和第三方音频应用程序,并可通过 Siri、汽车触摸屏进行控制,为 Carplay 提供了操作系统的支持。CarPlay 仅支持拥有 Lightning 接口的 iPhone 手机。另外,虽然 iPad 已经支持这一接口,但是苹果并未将 iPad 列为 CarPlay 支持的硬件设备。

Android Auto 是 Google 推出的专为汽车设计的解决方案,其适用设备主要面向使用 Android 系统的手机,手机通过 USB 线连接到车载设备。Android Auto 旨在取代汽车制造商的原生车载系统,从来执行 Android 应用与服务,并访问与存取 Android 手机的内容。目前能够与 Android 设备整合的几项功能有:语音操作、Google Now 个人智慧助理、Google 卫星定位与语音导航及透过 GooglePlay 或 Pandora、Spotify 等音乐应用存取音乐。鉴于谷歌公司新的全球策略,任何支持 Android Auto 的设备都会力求保持同样的 HMI 风格,对于各大车厂来说这无疑是个好消息。目前 Android Auto 是通过 USB 与车机连接的,由于 Google 对 Miracast 的力挺,未来是否支持 WiFi 或 Mirocast 的方式来连接,在技术上都不是问题。

CarLife 是百度推出的车联网产品,也是国内第一款跨平台的车联网解决方案。CarLife 可以非常好地支持 Android 和 iOS 智能操作系统。在车机端,无论是 Linux、QNX 还是 Android,CarLife 都可以完美适配。在用户端,CarLife 能够覆盖 95% 以上的智能手机用户。CarLife 目前最重要的三大功能是地图导航、电话、音乐。CarLife 以百度地图为核心,能为用户提供准确的路线规划、地点查询、路程估算,帮助用户查找目的地,避开拥堵,还能随时随地更新地图数据。

2. PND 便携式导航终端/平板

PND(Portable Navigation Devices,便携式导航设备)是能为驾驶员和乘车人员提供导航、通信、无线上网、位置共享、即时交流、影音播放等功能的一款便携式电子设备(图 2-10)。PND 是手持及车载两用导航设备,是导航和丰富的附加功能的结合体,不仅附加有生活、旅游信息,又有娱乐、商务扩展功能。

图 2-10　便携式导航设备

PND 是在车载导航发展的第三阶段初期出现的。在当时的情况下,国外的车载导航设备价格高昂,且与原车适配性差,因此 PND 设备应运而生。在全球市场,由于日本在车载导航系统的开发与销售方面起步最早,因此,日本车载导航的发展与其汽车工业的发展基本同步,所以在日本市场,车载导航终端的普及程度很高,这一现象也影响了 PND 便携式导航这种消费类电子导航产品的市场发展空间。在欧洲和北美地区,PND 的发展非常迅速,由于这两个地区消费类电子导航产品与车载导航产品出现的时间较为接近,而欧美庞大的汽车保有量为电子导航产品提供了足够的市场空间。在国内,PND 导航产品其高性价比得到了大规模的应用。

PND 产品从最初的纯导航发展到后来的多媒体功能,随着技术的不断发展,PND 上又增加了蓝牙、FM 调频发射、倒车可视、游戏、数字移动电视(CMMB)、无线通信、WiFi、TMC 等功能。随着智能手机的不断发展,全球 PND 市场开始萎缩,PND 被智能手机代替基本没有悬念。

3. 后视镜导航

后视镜导航是便携式导航与后视镜的结合,能为驾驶员和乘车人员提供导航、通信、无线上网、位置共享、即时交流、影音播放、行车记录、可视化倒车等功能(图2-11)。后视镜导航的产品有两类:一种安装时用支架卡在原车后视镜上;另一种利用专用支架替换原车后视镜。

图2-11 后视镜导航

由于车载导航市场竞争加剧,运营成本高,利润低,产品同质化严重,为追求差异化路线,产生了后视镜导航的产品形态。相对于车载导航产品,后视镜导航产品成本低、利润较高。对产品制造商而言,后视镜导航产品模具数量少,模具简单,研发生产人员所产生的人工成本及产品的运营成本相对较低。目前后视镜导航产品大部分采用Android操作系统,且带有联网功能,因此功能人性化、方便升级、可扩展性强。后视镜导航基本都内置行车记录仪,也符合当下消费者的需求。后视镜导航产品安装简单方便、通用性好,不改变原车线路,能保持原车完整性。由于后视镜导航的通用性好,所以其产品形态适合各种车型,对经销商、代理商而言,经营后视镜导航产品无须针对某个车型备货,不会因为车型的销量问题而导致库存积压,这样减少了库存,大大降低了专车专用车型繁多、需要大量库存的风险。

4. 定位终端

汽车定位终端是安装在汽车内部隐蔽处,集成了卫星定位技术和无线通信技术,能实时查看车辆位置和状态、监控车辆、远程监听、电子围栏、防盗报警、远程控制车辆等功能的电子设备。

在乘用车市场,定位终端主要应用于车辆的防盗。服务提供商针对乘用车的服务主要包括即时查询车辆位置、车辆的跟踪定位、网上查车、一键求助、远程断油断电、防劫紧急报警、远程监听、自主/远程遥控设防/撤防、车门非法打开报警、非法起动报警、车门未关提示、遥控开关车门、遥控紧急报警、中控锁自动化(制动锁门、熄火开锁)、车载全免提通话等。

在商用车(出租车、公交车、长途客运车、危险品运输车、物流、工程机械等)市场,定位终端主要应用于道路交通管理,规范道路运输经营行为;另一方面,对于企业而言,通过对车辆的实时在线调度,提高了车辆的利用率,减少了车辆的空驶率,降低了企业的运营成本。

5. 车辆追踪器

车辆追踪器是放在汽车内部隐蔽处，集成了卫星定位技术和无线通信技术，能实时查看车辆位置和状态、监控车辆、远程监听、电子围栏、移动报警等功能的电子设备（图2-12）。和汽车定位终端不同，车辆追踪器通过自带电池给终端供电。

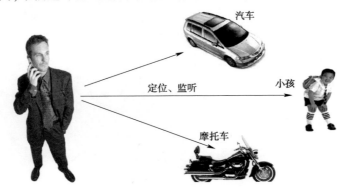

图 2-12　车辆追踪器

6. 车载远程诊断系统（OBD）

OBD（On-Board Diagnostic）是具备对车辆进行故障诊断、异常监控、车况数据上传、油耗分析、里程统计等功能的一款车载设备。

早期的 OBD 与车联网没有任何关系，主要用来监控尾气排放和诊断车辆故障。OBD 通过各种与排放有关的部件信息连接到电控单元（ECU），ECU 具备检测和分析与排放相关故障的功能。当出现排放故障时，ECU 记录故障信息和相关代码，并通过故障灯发出警告，告知驾驶员。ECU 通过标准数据接口保证对故障信息的访问和处理。维修人员通过标准的诊断仪器以故障码的形式读取相关信息。根据故障码的提示，能迅速、准确地确定故障的性质和部位。

移动互联网的快速发展和 UBI 车险的出现，促使 OBD 产品登上车联网这一舞台。

目前 OBD 有三种产品形态：一种是基于保险车联网的 OBD 终端，这种终端目前都是内置 2G/3G/LTE 的无线通信模块；第二种产品形态是通过蓝牙的方式与手机 APP 连接，从而实现对车辆的故障诊断等功能；第三种是基于串行通信的 OBD 终端，这种终端主要作为一个传感器或外部设备与车载导航终端、后视镜导航终端、HUD 等产品连接，实现车辆的故障诊断、油耗分析等功能。

目前国内汽车厂商也推出了类似于 OBD 车载远程诊断系统的相关产品，称作 T-Bo，和 OBD 车载远程诊断系统所不同的是 T-Box 实现了与 CAN 总线的高度集成，用户可对车辆进行远程控制，如远程起动车辆、远程打开空调等。

7. 平视显示器（HUD）

HUD（Head Up Display）是一种已经成熟应用于飞机的显示技术（图2-13）。

第二章 车联网的组成及工作原理

图 2-13 平视显示器成像原理

HUD 是利用光学反射的原理,将重要的飞行相关信息投射在一片玻璃上。这片玻璃位于座舱前端,高度大致与飞行员的眼睛水平,投射的文字和影像调整在焦距无限远处,飞行员不需要低头查看仪表的显示与资料,始终保持抬头的姿态,降低抬头与低头之间忽略外界环境的快速变化及眼睛焦距需要不断调整产生的延迟与不适。HUD 的方便性,可避免飞行员注意力中断及丧失对状态意识的掌握,大大提高了飞行安全性。

目前汽车后市场也以类似的原理推出了相应的车载设备(图 2-14)。通过外接 TPMS(胎压胎温监测)、OBD 等多种传感器,可实现对车辆进行实时故障诊断、胎压监测等功能。通过直接投影显示到汽车前风窗玻璃的原理,降低了车辆高速行驶中驾驶员低头查看中控屏幕而引发事故的风险。

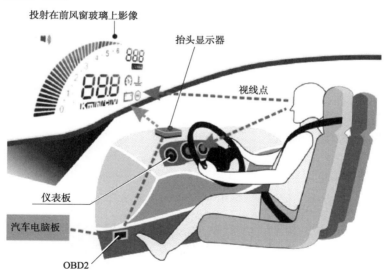

图 2-14 HUD 在汽车上的应用

目前市场上的 HUD 有两种产品形态:一种是内置 2G/3G/LTE 的无线通信模块和卫星定位模块,可实现联网功能;另一种产品形态没有内置通信模块和卫星定位模块,只有显示功能。

8. 驾驶安全预警仪

驾驶安全预警仪又称电子狗，是一种集成了雷达探测器、卫星定位模块、中央处理器和智能测速预警系统的车载装置（图2-15）。电子狗有固定测速和移动测速两种工作方式。固定测速通过卫星定位接收模块获取车辆当前的位置信息，与储存在设备中的固定测速电子眼位置数据进行对比，从而提前提醒驾驶员前方有测速电子眼。移动测速通过设备中的雷达探测器进行探测，当设备接收到雷达信号后，马上报警，提前提醒车主前方有电子眼或测速雷达等测速设备，防止因为超速等违规而被罚款和扣分。

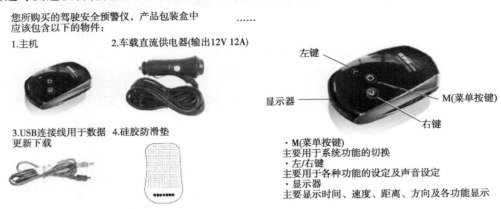

图2-15 驾驶安全预警仪

驾驶安全预警仪（电子狗）按是否具备无线通信功能分为普通驾驶安全预警仪（普通电子狗）和云驾驶安全预警仪（云电子狗）等。云驾驶安全预警仪内置无线通信模块，可与云端进行联网。通过移动通信网络可实时更新固定测速电子眼的位置数据，并可实现电子眼的分享、车辆的定位、行车轨迹查询，并且驾驶员可采集缺漏的固定测速数据，并自动上传至云端等。

二、各类终端的技术现状

对于不带导航功能的终端，如汽车卫星定位终端、OBD、车辆追踪器、HUD、驾驶安全预警仪，其产品核心是单片机+传感器，采用ST及NXP的芯片作为MCU，采用uC/OS及linux作为嵌入式操作系统。

对于导航终端，如车载导航终端、后视镜导航及PND，其产品相对于不带导航功能的终端更具复杂性，除了具备基本的核心CPU之外，还用MCU作为其他外部设备的控制设备。

车载导航终端分为两类：一类是汽车厂商预装的，也就是前装市场的终端，这类终端的车载操作系统以QNX和Wince为主，少部分自主品牌的车型采用Android；另一类是第三方的车载导航产品，也就是后装市场，这类终端的操作系统以Wince和Android为主。后视镜导航和 PND 以 Android 操作系统为主、以 Wince 为辅,如图 2-16 所示。

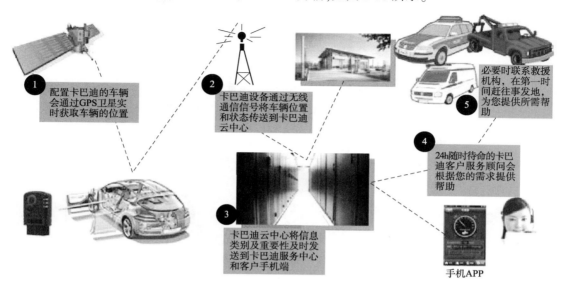

图 2-16　车载导航终端卡巴迪

苹果和谷歌陆续进入车联网行业。国内在车联网终端方面,百度起初推出了 CarNet,之后又推出了 CarLife;腾讯也先推出路宝盒子,之后又推出腾讯车联开放平台(Tencent Automotive Services),发布了车联 ROM、车联 APP 及通过微信、QQ 连接汽车的 MyCar 服务;阿里巴巴推出了 YunOS 操作系统。

三、车联网终端的技术发展趋势

互联网企业进入车联网势不可挡,但是入驻汽车中控难度较大,因为很难绕过 QNX 这道关。QNX 是汽车行业最大的操作系统供应商。据不完全资料显示,QNX 在车用市场占有率达到 75%,目前全球有超过 230 种车型使用 QNX 系统,包括哈曼贝克、德尔福、大陆、通用电装、爱信等知名汽车电子平台都是在 QNX 系统上搭建的。几乎全球所有的主要汽车品牌包括讴歌、阿尔法—罗密欧、奥迪、宝马、别克、凯迪拉克、雪佛兰、克莱斯勒、戴姆勒、道奇、菲亚特、福特、通用汽车、本田、悍马、现代、英菲尼迪、捷豹、吉普、蓝旗亚、马自达、马赛地、宝马迷你、三菱、尼桑、欧宝、庞迪克、保时捷、萨博、土星、双龙、丰田和大众汽车等目前都采用了基于 QNX 技术的系统。苹果的 CarPlay 车载系统实际上也是基于黑莓 QNX 平台上的,谷歌的车载 Android 系统未来也很可能将会依托 QNX 运行。据说福特目前也正在考虑放弃与微软的合作而选择黑莓 QNX 作为其同步平台,从这一数据不难看出 QNX 在汽车领域的影响力。由于汽车本身的安全因素要求操作系统的稳定性非常高,因此,在汽车前装市场,汽车厂商推翻现有的方案直接用 iOS 或者 Android 的可能性非常小。那么面对车联网市场,苹果和谷歌想要攻下汽车这个堡垒,最好的办法,就是和 QNX 合作。QNX 负责中控调度硬件设备,iOS 和 Android 接管应用层,如导航、音乐、网络,尤其是娱乐和信息方面的一些应用。车联网终端如图 2-17 所示。

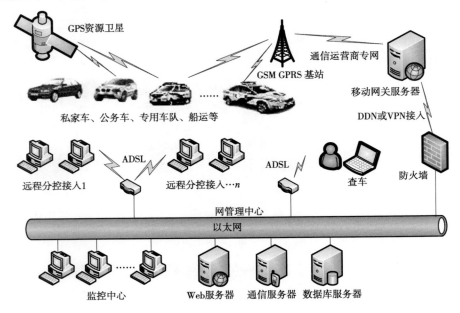

图 2-17　车联网终端

从目前国内汽车后市场的格局看,虽然 WinCE 在汽车后市场的车载操作系统里占绝对优势,但 WinCE 也只适合作为单机的操作系统,显然不适合车联网时代的发展。目前在移动端的操作系统中,iOS 和 Android 走在最前面,iOS 不好整合,最好的选择就是车机版的 Android 操作系统。车联网企业只有定制出真正的适合车机的操作系统,才能握住车联网的主导权。虽然车联网服务提供商是产业的核心,其前提是有标准化的终端,终端操作系统不统一,服务的落地就缺乏相应的载体。

Android 已经成为一款标准的"物联网"操作系统。各种移动芯片、传感器都可以很好地兼容 Android,开发者现在可以对 Android 进行定制,使之应用于任何设备。随着 Android 的不断发展,无论是有屏的导航终端还是无屏的其他终端,未来更多的终端将采用 Android 操作系统。尤其对于无屏的终端,实现远程升级功能比较复杂,Android 系统功能强大、联网方便且便于升级。对于企业而言,原来只能靠嵌入式软件工程师可以实现的功能,现在手机应用软件开发人员也可对终端进行开发,大大降低了开发成本。

在车联网时代,终端将不再是功能单一的车载设备,而是实现汽车主动安全的一个信息平台。终端将外挂多种传感器,如摄像头、OBD、胎压传感器、雷达预警等,从而给驾驶员带来更多的安全、便捷的体验。

在主动安全方面,近几年 ADAS 逐步被国内市场所接受,尤其是环视泊车辅助系统,也就是 360°泊车系统,通过多摄像头可采集车辆四周的图像,并以虚拟俯视图的形式在终端屏幕上显示,视角会根据行车轨迹而动态移动,提供车辆四周 360°的画面,扫除倒车的盲点。经过一段时间的发展,这些技术已得到消费者的认可,相信未来会有更大的市场空间,未来的车联网终端将逐步集成这些技术。

综上所述,未来车联网终端的发展一定会集中在主动安全和行车便捷方面,而车联网终端必须具备高性能、高集成度和低功耗等特点。

第三章　车联网的关键技术

车联网是一个庞大的系统,包括端(车载终端、道路基础设施)、管(传输网络)、云(车联网云平台)。车联网的用户需求多样,业务逻辑复杂,且涉及不同的技术领域。因此,要实现真正的车联网,就要在车联网的相关技术方面深入研究,彻底解决端、管、云三要素的关键技术,方可实现真正的车联网,实现真正的车路协同,从而实现智能交通及无人驾驶的目的。下面将以车联网的三要素为中心阐述实现车联网需要掌握的关键技术。

第一节　数据采集技术

数据是车联网得以存在的基础,数据采集也是较为复杂的一门技术,涉及多方面的技术领域,因此,数据采集技术是车联网的关键技术之一。车联网的数据采集分为两大部分:一部分是针对整车数据的采集;另一部分是针对车外数据的采集。

一、整车数据的采集

整车数据的采集主要指对汽车电子系统数据的采集。汽车电子包括动力系统、底盘系统、车身安全系统及车载信息系统四大部分。这四大部分统一由 ECU(Electronic Control Unit)即电子控制单元控制及调度,因此,车内数据的采集,必须从 ECU 采集这四大系统所有的传感器数据及开关信号。从 ECU 采集数据,就涉及汽车的总线技术,如 CAN 总线、Lin、Most 及大众车系用于检测系统的 K-Line 总线。例如,通过 OBD 接口,从 CAN 线或 K 线读取车辆的故障码,对车辆进行诊断,并获取车辆的冷却液温度数据、排放数据、油耗数据、里程数据及驾驶员急加速、急减速等驾驶行为数据,通过对这些数据的加工处理,为驾驶员提供安全的驾乘环境。对于车门未关提醒,可从低速 CAN 总线或 LIN 总线获取落锁信号,通过分析这些数据,及时地给驾驶员发送车门未关提醒。通过检测 ACC 的状态,可以判断车辆是否非法开启,从而实现车辆远程防盗功能。车载终端可通过胎压传感器采集车辆的胎压数据,对胎压的检测有利于驾驶员的行车安全。数据采集技术是车联网的末梢神经,是车联网最关键的技术。它是在汽车内的重要部位上装置很多不同用途的车用传感器(图3-1),专门监测该部位的工作状况,及时以电信号方式向车用微机进行传输,向驾驶员提供关于车的实时状况信息,以供分析判断车的状况。

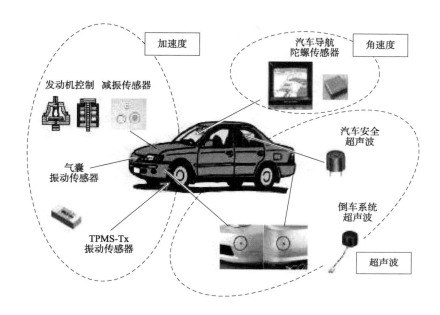

图 3-1　车用传感器

二、车外数据的采集

车外数据的采集主要包括对车辆的位置、行车状态、道路状态、前方及两侧后方侧车辆状态等数据的采集(图 3-2)。

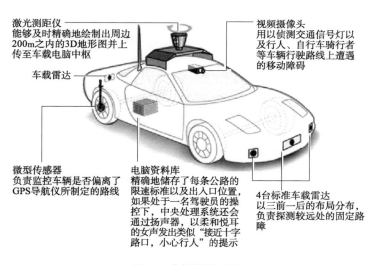

图 3-2　车外数据的采集

位置服务是车联网服务内容的重要组成部分,位置几乎贯穿于车联网服务的每个场景。通过车载终端上的卫星定位模块,可以采集车辆的位置信息及状态,如经纬度信息、方向、速度等,这些数据可作为车辆远程防盗、一键通导航、路边紧急救援、获取天气信息与路况信息等的判断依据。位置也是车队管理的主要参数,如车辆调度、车辆监控、车辆跟踪、超速报警及电子围栏等功能,都离不开位置数据。同时,实时路况也是通过对海量的车辆实时位置信息进行加工而形成的服务内容。

1. 测速技术

1)雷达测速

交通事故中有一部分是由于机动车超速引起的。公安交管部门为了有效控制机动车超速行驶,降低交通事故的发生率,投入大量资金用于安装配置雷达测速系统。

雷达测速系统分为移动式和固定式两种,一般由测速、拍摄和图像数据处理三部分组成。测速部分基本上是采用多普勒雷达(即基于多普勒效应制成的雷达)进行测速,拍摄部分采用高速相机并配以光补偿装置,图像数据处理由相应配套软件完成。其工作原理如下。

雷达发射一个固定频率的脉冲波扫描,遇到活动目标,回波的频率与发射波的频率出现频率差,称为多普勒频率。根据多普勒频率的大小,可依据特定的关系,计算出目标对雷达的径向相对运动速度,即

$$f_d = \frac{2}{c} k f_0 v \cos\theta$$

式中:f_d——测量到的运动目标引起的多普勒频率,Hz;

c——电磁波在空气中的传播速度,约为 $3 \times 10^5 \text{km/s}$;

k——单位换算系数,$k = 10^3/3.6$;

f_0——雷达的发射频率,MHz;

v——目标运动速度,km/h;

θ——雷达波束与车辆行驶方向的夹角。

雷达测到目标车辆速度的同时触发相机拍照得到清晰的图片,经过图像数据处理,把相应的信息如超速路段、限定速度值、目标车速和超速百分比等合成到图片中,作为超速处罚的依据。雷达测超速车辆原理如图3-3所示,现场测速效果如图3-4所示。

2)激光测速

激光测速应用于交通管理方面,用于各种汽车速度的测量,以判断是否超速,多采用脉冲测速法。脉冲激光测速系统的工作原理是建立在激光测距的基础之上的,通过对被测物体进行两次或多次有特定时间间隔的激光测距,取得在该时段内被测物体的移动距离,从而得到该被测物体的平均移动速度(图3-5)。

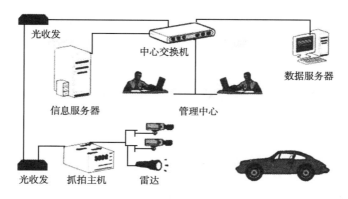

图 3-3 雷达测超速车辆原理图

图 3-4 雷达测速现场效果图

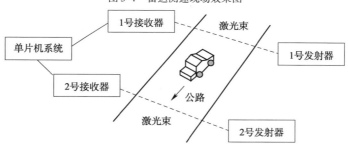

图 3-5 激光测速的工作原理

脉冲法的激光测速系统比相位法简单,更易于操作。但是不管脉冲法还是相位法,激光测速系统对于测量角度要求都非常高,测速系统应该正对运动物体,测量偏差角度应该小于10°,这样才能保证准确测量。激光测速仪现场效果如图3-6 所示。

激光测速系统由光学系统、硬件电路和软件处理三部分组成。其中,光学系统部分由光学准直部分和分光系统组成;硬件电路部分由发射模块(包括脉冲驱动电路)、接收模块(包括信号放

图 3-6 激光测速仪现场效果图

大、整形滤波电路、计数电路等)和计算机接口电路组成;软件处理部分由CPLD脉冲驱动、计数程序和单片机串口程序,以及与上位机进行通信处理的部分组成。

3)雷达测速与激光测速比较

车辆超速违章最易受到的挑战就是如何确认违规车辆。例如,在多车道公路上两车以上并行时,雷达测得超速现象却无法明确认定那一部车辆违规。原因在于雷达测速不同于激光测速,雷达测速的原理是应用多普勒效应,即移动物体对所接收的电磁波有频移的效应,雷达测速仪是根据接收到的反射波频移量计算得出被测物体的运动速度的。雷达测速主要特点是雷达波束较激光光束(射线)的照射面大,因此雷达测速易于捕捉目标,但是测速的准确率不高,如果碰到几条车道上同时有几辆车平行驶来,雷达很难测到哪一辆是超速车辆。雷达波发射锥角度为10°~20°,而激光波发射锥角度(激光发射部分发散角)只有不到0.1°,因此以激光测速可以明确认定受测目标,激光狭窄光束使得两车被同时侦测到的机会等于零。

雷达与激光测速的最远测速距离均在1000m左右,可以随设备发射功率加强而增长。但测距远对测速来说并不具实际效益,因为测到的车辆距离越远,抓拍超速车辆图片的代价就越大,主要涉及照相取证设备,对摄像机镜头和闪光灯设备要求太高。雷达测速仪需经常以固定频率的音叉加以校正,而激光测速仪则无此要求。另一重要差别在于测速的时间,雷达测速需要2~3s,而使用激光只需要约0.3s。

当然,激光测速仪也有缺点,即无法于移动状态下使用,如装于警车上或由坐在行进车辆上乘员持用,均无法正常工作。相较于激光测速,雷达测速的缺点是反应慢和波束宽。但也有着操作简便、安装方便、取证图片清晰(特别是晚上,成熟的闪光灯技术加近距离抓拍,夜间抓拍的图片也很好)、监控范围广和功能强大等优点。

2. 地感地磁检测

1)地感线圈检测

环形线圈检测器是目前国内外使用最广泛的车辆检测器,它由三部分组成:埋设在路面下的环形线圈传感器、信号检测处理单元(包括检测信号放大单元、数据处理单元和通信接口)和馈线。环形线圈检测器原理流程图如图3-7所示。

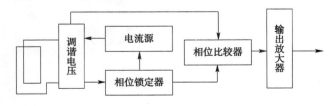

图3-7 环形线圈检测器原理流程图

该检测器的工作原理是检测单元同环形线圈与馈线线路组成一个调谐电路。当电流通过环形线圈时,在其周围形成一个电磁场。正常情况下,在机动车辆没处于环形线圈所在位置的时候,耦合电路振荡频率保持恒定,单片机在单位时间段测得的脉冲个数基本不变。当机动车辆经过环形线圈所在位置时,在金属车体中感应出涡流电流,涡流电流又产生与环路相耦但方向相反的电磁场,即互感。

由此导致耦合电路振荡频率的变化,使得单片机在单位时间段测得的脉冲个数也相应变化。因此,只要检测到此变化的信号,就可检测出是否有车辆通过。

从环形线圈的工作原理可知,不论车辆通过检测器还是停在检测器上,都能使检测器工作,所以这种检测器既可以检测交通量,又可以检测占有率、大致的车速等多种交通参数。环形线圈的尺寸随需要而定,常用的是 $2m \times 2m$ 的线圈约三匝(圈),每车道埋设一个,计数精度可达到 ±2%,排队长度测量可精确到 ±4% ~ ±6%。测出流量和占有率之后,借助于预定的平均有效长度即可估计出密度与平均速度。有些情况下,为了较准确地直接测量速度,采用每车道连续埋设两个环形线圈的方案,间距约6m。双线圈测量方式的精确度较好,速度测量值可精确到 ±4% ~ ±6%,但检测器投资及施工费用较高,计算量也较大。

环形线圈检测器可测参数较多,其感应灵敏度可调,使用的适应性较强,安装不太复杂,所以在国内外得到广泛的应用。缺点是线圈跟随路面变形(沉降、裂缝、搓移等),因此其使用效果及寿命受路面质量的影响很大,路面质量较差时,一般寿命仅2年。另外,环境的变化和环形线圈的正常老化对检测器的工作性有较大的影响,可使检测器材谐振回路失谐而不能判断车辆存在产生的频率变化。因此,人工调谐的环形线圈检测器要定期进行手工调整,以便保持仪器的精度。自调谐检测器可自动进行调整,精度较高,现在已被普遍采用。

2)地磁检测

地磁检测器是把一个高磁导率铁芯和线圈装在一个保护套内,里面填满非导电的防水材料,形成一根磁棒。在路上垂直于交通流的方向开一个 0.2 ~ 0.6m 的孔,把磁棒埋在路面下;当车辆驶过这个线圈时,通过线圈的磁通量发生变化,在线圈中产生一个电动势;这个电动势经过放大器放大后推动继电器,发出一个车辆通过的信息。这种检测器只能检测以定车速通过的车辆,所以是通过型检测器,不适用于需要检测车辆存在的地方。这种检测器具有安装容易、不易损坏、价格便宜等优点。缺点是对慢速车辆不能检测,有时会出现误检,且材料容易老化,灵敏度会逐年衰减。图3-8所示为地磁检测示意图。

3.测距技术

1)激光测距

要实现对前方车距进行实时监测,可在车的前部安装高灵敏度的前视雷达,将行驶于车前方的车辆或障碍物的距离等信息,送入汽车电子控制器,经控制器处理后,给出相应的指令信息和控制动作。常用的前视雷达有毫米波雷达和激光雷达。

激光雷达的基本原理与毫米波雷达的工作原理相似，也是测量发射信号与从物体表面反射回波信号的时间差，所不同的是毫米波雷达发射电磁波，而激光雷达发射光波。激光雷达按其技术途径可分为脉冲式激光雷达和相位式激光雷达。脉冲式激光雷达即激光雷达向目标发射激光脉冲信号，信号碰到目标后就被反射回来，因此只要准确记录激光的往返时间，用光速乘以往

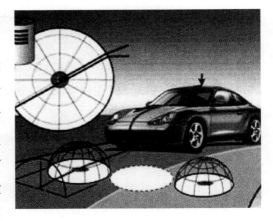

图 3-8　地磁检测示意图

返时间的 50%，就得到要测量物体之间的距离。相位式激光雷达采用连续调制的激光光束照射被测目标，通过测量光束往返中产生的相位变化，换算出被测量目标的距离。

激光光束的调制方式有两种：一是调频方式（Frequency Modulated Continuous Wave，FM-CW），二是调幅方式（Amplitude Modulated Continuous Wave，AMCW）。相位式汽车激光雷达产品一般工作于 AMCW 方式。与毫米波雷达相比，激光雷达具有体积小、波束窄、无电磁干扰、距离和位置探测准确度高等特点。尽管激光雷达在雨天、有灰尘和烟雾的环境下，性能会有所下降，但是近几年发展起来的 1.54 tum 近红外激光雷达具有人眼安全和较高的大气透过率的特点，使激光雷达的性价比又有了进一步的提高，因而激光雷达作为汽车前视雷达将有望得到广泛的应用。

激光测距仪采用半导体激光器，体积小、质量轻、耗电省。输出脉冲峰值功率仅几十瓦，激光发射频率高。可用于地面固定目标和运动目标的测量，它在 500m 远处的光束直径可达 15m，从而满足高速公路单向路面宽度的要求。相对激光雷达来说，其具有结构简单、成本低的优点，使实际大量装车使用成为可能。激光测距仪原理如图 3-9 所示。

测距时，MCU 发出指令到发射控制电路，从而驱动激光二极管发光，激光发射光学系统连续发出 10 个激光光波脉冲，同时计时器开始计时；接着系统进入等待激光反射回波状态，激光接收光学系统接收到回波后，雪崩光电二极管产生电压信号，再经过接收放大器放大后，进入 MCU 产生中断，使计时器停止计时。

由激光发射器对准目标发射 10 个激光脉冲，然后由接收系统接收从目标反射回来的回波脉冲，通过测定脉冲在待测距离上往返时间 t，可得待测目标的距离 S 为

$$S = \frac{ct}{2}$$

式中：c——光速。

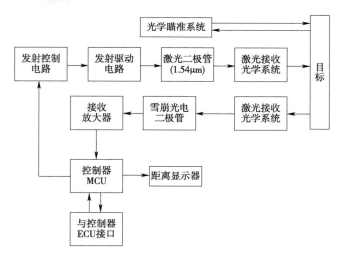

图 3-9　激光测距仪原理图

由于时间 t 十分短暂,所以必须用能产生标准固定频率的时标振荡器和电子计数器来记录。如果时标振荡器振荡频率为 f,激光脉冲往返的时间 t 内包含的时标脉冲个数为 n,则待测距离 S 为

$$S = \frac{cn}{2f}$$

式中,c 和 f 为已知量,只要测出脉冲个数 n 便可方便地求出待测距离 S。

2）超声波测距

广义的超声波是指频率在 20kHz 以上的一种机械波。超声波具有束射特性、吸收特性、能量传递特性和声压特性,可以应用于前后车距的测量。这里只介绍与测距相关的束射特性和吸收特性。图 3-10 所示为超声波测距示意图。

束射特性:由于超声波的波长短,超声波射线和光线一样能够反射、折射和聚焦,而且遵守几何光学定律。也就是说,超声波射线从一种物质表面反射时,入射角等于反射角,当射线透过一种物质进入另一种密度不同的物质时就会产生折射,两种物质的密度差别越大,则折射角也越大。

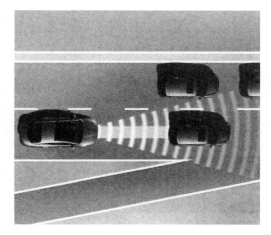

图 3-10　超声波测距示意图

吸收特性:声波在各种物质中传播时,随着传播距离的增加,强度会渐渐减弱,这是因为物质要吸收掉它的能量。对于同一物质,声波的频率越高,吸收越强。对于频率一定的声波,在气体中传播时吸收最厉害,在液体中传播时吸收比较弱,在固体中传播时吸收最小。

由此可知,吸收特性限制了超声波的传送距离。

超声波测距是一种非接触式的检测方式。测距时,超声波发射器不断发射超声波,遇到障碍物后反射回来,超声波接收器接收到回波信号后,能将其转变为电信号,测出从发射超声波至接收到反射波的时间差,即可求出距离 S 为

$$S = \frac{vt}{2}$$

式中:S——所测距离,m;

v——超声波声速,m/s;

t——发射超声波起至接收到反射波的时间差,s。

由于声速受温度影响较大,应给与补偿。补偿硬件部分由温度传感器和 A/D 转换组成,温度传感器输出与温度成正比的电压,经 A/D 转换成数字量送入 MCU 由软件作补偿处理。声速的温度近似补偿公式为

$$y = 331.5 + 0.6T$$

式中:T——环境摄氏温度,℃;

y——超声波补偿后的空气中的传播速度,m/s。

随着科技的不断发展,主动安全技术在规避危险方面的成效越来越明显,已经被消费者所认可,而辅助驾驶与无人驾驶技术又是汽车发展的方向之一,因此,要做到主动安全、开展无人驾驶,就需要采集大量的数据。通过雷达、摄像头、加速度传感器、卫星定位模块等对车辆运行前方及车辆两侧后方的道路情况进行采集,可实现车队跟驰、并线提醒、路面异常提醒及防碰撞报警等主动安全提醒。通过对各种传感器数据及整车数据的采集,有助于实现辅助驾驶与无人驾驶技术。而不停车收费系统也离不开对车辆数据的采集,路边收费装置只有通过采集车辆的信息,才能确定车辆通行的费率、确定车辆是否冲卡等,才能实现不停车自动收费。

总之,数据采集对于车联网而言非常关键,而数据采集也是车联网的一大难题,出于安全考虑,汽车厂商的整车数据并不完全对外开放,因此,要做好车联网,应该先确定采集哪些数据、用哪种技术采集、采集这些数据是否会引起车辆的安全,只有解决了这些问题,才能为实现车联网打好基础。

第二节 识别技术

一、语音识别

安全是汽车发展的永恒话题,也是车联网发展的主要目标之一。数据显示,驾驶员的注

意力不集中是交通事故的主因,开车打电话、操作设备都会影响驾驶员的注意力,因此,为了提高驾驶员在行车过程中的安全性,就要彻底解放驾驶员的双手和双眼,让驾驶员集中注意力。而提高注意力的解决办法就是驾驶员在行车过程中使用语音控制设备,因此,语音识别在车联网的应用显得尤为重要。

汽车厂商福特在2007年就推出了SYNC车载多媒体交互系统,目前SYNC支持20多种语言,并支持国内各地的方言,新一代SYNC AppLink系统支持应用程序开发者直接调用汽车音响系统的功能,用户的手机和车载终端连接后,就可以通过语音控制多媒体播放、打电话、导航及对空调进行控制。

目前苹果公司已经联合通用雪佛兰、本田、奔驰和沃尔沃等12家全球知名汽车厂商开发智能车载系统CarPlay。把iPhone连接到启用了CarPlay的汽车上,iPhone上的功能就会投射到车载终端的屏幕上,驾驶员在开车的时候无须动手就可以利用Siri语音控制功能对车载终端进行控制。例如,使用语音控制iPhone的导航、电话、阅读短信和音乐播放等功能。谷歌公司推出的AndroidAuto深度整合了前沿的语音技术,利用智能手机等终端让驾驶员通过语音方式控制车内转向盘的按钮和仪表板,使用语音操控导航、电话、阅读短信和音乐播放等功能。

在国内,语音识别领域的龙头企业科大讯飞推出了可以提供语音合成、语音识别、语音搜索、语音听写等智能语音交互能力的讯飞语音云平台,以及本地端语音识别发动机。目前讯飞输入法和灵犀语音助手已经在手机端有了广泛的应用。讯飞的车载语音解决方案支持用户通过自然语言进行导航指令操作、全国POI的识别和搜索、语音打电话、发短信、语音搜索消息等功能。

语音识别技术是一门交叉学科,也是信息技术领域的尖端科技,作为一种新的输入方式,语音识别的发展有很多瓶颈,如无法标准化的输入设备、语义理解及噪声的处理都影响到语音识别的精确度。在车内使用语音识别难度更大,一方面,由于车内有噪声、回声的影响,所以识别精确度比较低,尤其是在车辆行驶速度较快的情况下,这种情况更为恶劣;另一方面,如果在本地端使用语音识别,车载终端的处理器速度和存储能力有限,如果通过云平台进行识别,当车辆行驶在高速公道路上时,网络覆盖问题会导致车载终端无法联网,也就无法使用云端的识别。

毫无疑问,语音识别是解放驾驶员双手、双眼,增强行车安全的最好方法,也是车联网行业最关键的技术之一,目前语音识别技术在车内的使用尚存在诸多瓶颈,语音识别技术能在车内流畅地使用,还需要不断地探索解决。

二、视频图像识别

视频图像识别是交通信息采集中应用较为广泛的技术之一,从功能应用上来分,大致包括车辆身份识别(物理车牌识别)、车辆行为识别和交通信息识别等。

1. 车牌识别

车牌识别技术通过视频或图像抓拍的方式对物理车牌进行识别,从而实现对车辆身份的识别。车牌识别技术集中了先进的光电、计算机、图像处理、模式识别和远程数据访问等技术,实现对监控路面过往的每一辆机动车的特征图像和车辆全景图像进行连续全天候实时记录,计算机根据所拍摄的图像进行牌照自动识别。

基于计算机的车牌识别系统利用通过某一路段的汽车前视或后视图像,完成车牌目标的自动定位与识别。车牌识别系统原理流程如图 3-11 所示。

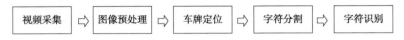

图 3-11　车牌识别系统原理流程图

车牌识别的工作原理为,车辆通过检测区域时,检测装置将车辆的通过信号传送到图像采集设备。图 3-12 所示为车辆检测模块频谱响应曲线。图像采集设备采集车辆图像,并将图像传送到计算机,再由计算机对车牌进行自动定位和识别,并将识别结果送至监控中心或收费处等应用场所。图 3-13 所示为车牌识别效果图。

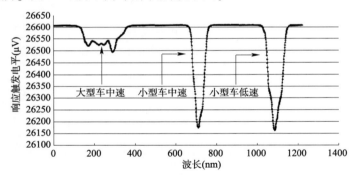

图 3-12　车辆检测模块频谱响应曲线

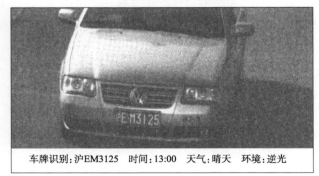

图 3-13　车牌识别效果图

系统的核心部分为视频采集、图像预处理、车牌检测定位、字符分割和字符识别等,所有这些工作均在一台配置较高的计算机上完成。下面简述各部分的主要功能。

（1）视频采集。采用视频卡捕获汽车视频图像。这部分的任务主要是判断有无来车，若有则截获一帧图像作为后续定位识别之用，否则持续进行监视。

（2）图像预处理。首先将输入的彩色图像进行灰度化，随后在灰度图像上利用滤波算子进行滤波预处理，并生成一个门限，将滤波后的图像转化为二值图像，并消除二值图像中的噪声。

（3）车牌检测定位。在预处理得到的二值图像中进行区域搜索，寻找出具有车牌特征的候选区域，根据实际车牌的特征找出真正的车牌区域，然后交给后续模块进行处理。

（4）字符分割。在得到的车牌图像中进行字符的分割和归一化，然后将分割出的字符输入到后续的识别模块进行识别。

（5）字符识别。对分割出来的每个字符进行识别，并进行语法分析，判断识别的结果是否正确，并将结果反馈到前面的模块。

2. 车辆行为识别

车辆交通行为识别的主要功能是从连续的视频图像中检测出运动的车辆目标，同时对提取出的运动车辆进行分类、跟踪和识别，在理想状态下，能对其行为进行理解和描述，达到异常检测和行为识别的目的。交通行为识别系统原理图如图3-14所示。这是一个多学科交叉综合的课题，涉及图像处理、计算机视觉、模式识别和人工智能等诸多领域，是一个非常具有挑战性的困难问题。近年来，随着城市交通的发展，智能交通监控系统由于其具备智能、高效、自动化的特点，面临着广泛的应用需求，加上集成电路和计算机技术的迅速发展，车辆交通行为识别所要求的硬件设备成本大大降低，这使它获得了同样广泛的研究与应用。

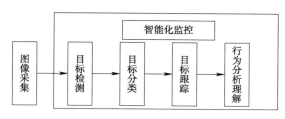

图3-14 交通行为识别系统原理图

交通行为识别遇到的首个问题是如何从获取的图像序列中提取出感兴趣的部分（运动前景），即运动目标检测，如移动（车辆）的人、车辆等。从20世纪末至今，关于目标检测已经出现了一批较成熟的算法，分为静态场景下的目标检测和动态场景下的目标检测。在静态场景下，最常用是背景差分法，但背景差分法不能有效地去除运动目标的阴影，而且背景的有效构建和实时更新是个难点。在动态场景中，其他物体的运动干扰、光线变化和背景闪烁等外在因素容易造成相邻帧图像间至少有一部分像素的灰度值发生变化。而且，在实际情况中，如果目标和摄像机同时运动，那么目标会由于自身的运动或摄像机视角的改变而发生形变。以上这些情况使得准确检测出运动目标变得非常困难和复杂，因此，寻求一种检测效果好、检测速度快的算法并非易事。

交通行为识别的另外一个关键问题是如何实现对目标的稳定跟踪，即如何从包含运动目标的视频帧序列中识别和定位运动目标，从而获得如位置、速度、加速度、方向等运动参数，甚至目标的运动轨迹，这是更高一级的目标行为理解分析的基础。

但是，基于计算机视觉的目标跟踪当前正处于探索和不断改进的阶段，如何对运动目标进行稳定、鲁棒的跟踪是计算机视觉领域的重点、难点问题。在跟踪的过程中，运动目标的轮廓变化、背景中的干扰、光照变化、目标遮挡、摄像机移动造成的视角转变、目标发生旋转等，给目标跟踪带来了巨大困难。以往的目标跟踪算法多是以线性系统和噪声满足高斯分布为前提的，如利用卡尔曼滤波进行跟踪。而实际上，当前存在的跟踪系统大多数都是非线性的，甚至是强非线性的，故原有的目标跟踪算法不能很好地解决非线性和非高斯问题。虽然近年来出现了解决非线性非高斯问题的粒子滤波，但算法复杂度大，不利于实时应用。因此，寻找一个能解决非线性系统问题的、具有实时性和稳定性的跟踪算法已迫在眉睫。

由于目前的交通视频监控系统大多价格低廉，处于非自动化和非智能化的状态，多数还是模拟式监控系统，少数数字监控系统提供的功能也很简单，仅仅是多画面显示或录像存储到硬盘等，因此不能达到实际使用需求。随着交通城市化演进带来的应用需求的增加，以及计算机视觉、图像处理、人工智能、模式识别等学科领域的发展所提供的技术支撑的增强，视频监控系统的智能化越来越得到国内外学术界和相关工业部门的关注，并被提上了日程。该系统的核心技术朝着如下方向发展：不仅能对进入交通监控场景的运动目标实时检测、识别和跟踪，而且能够对运动目标当前的行为状态进行实时智能化分析，以此达到自动判断目标合法性和行为异常性的目的。智能交通视频监控系统主要有以下两方面的应用。

（1）交通监视：在一个复杂繁忙环境中对人和车辆等运动目标进行实时的观察、检测、识别和跟踪，正确地分析它们的行为，并能准确地描述，有效地进行异常行为检测。

（2）交通事件检测：包括交通状况检测、拥塞控制，以及车辆换道、避障、逆行、超速、慢速和停车等交通事件检测。

综上所述，理想的基于视频行为识别的智能交通视频监控系统具有重大的应用价值，它给交通系统带来变革，使其智能化、自动化，从而可以减少人力、物力、财力。因此，研究其中的关键技术（涉及目标检测、识别、跟踪和行为分析理解等）具有重要的现实意义。

3. 交通检测

基于视频图像处理的交通检测技术是近年来逐步发展起来的一种新型的车辆检测方法,它具有无线、可一次检测多参数和检测较大范围的特点,使用灵活,将有很好的应用前景。

视频交通检测系统通常由电子摄像机、图像处理机和显示器等部分组成。电子摄像机对道路的一定区域范围进行摄像,所得图像经传输线路送入图像处理机,图像处理机对图像信号进行模数转换和格式转换等,再由微处理器处理图像背景,实时识别车辆的存在,判别车型,由此进一步推导其他交通控制参数,在显示器端以图表形式显示交通流信息数据。图像处理机还可以根据需要给监控系统的主控机、报警器等设备提供信号,监控中心可根据这些信号确定控制方式,向执行机构发出控制命令。

在图像处理系统中,背景处理是一个复杂而棘手的问题,图像处理程序必须考虑到对多种干扰因素补偿,如不同路面对光的反射、阴影等。

由于图像处理是在摄像机摄取的图像的基础上实现识别和检测的,因此,视频检测不仅具有多点布设、无线检测的能力,而且还能获得车流密度、排队规模,以及常规检测器很难测到的停车次数和车辆尺寸等重要交通参数。另外,检测系统装卸方便,不需要破坏路面,不影响交通,在很多场合可以代替现有的环形线圈检测器。

视频交通检测系统在现代交通控制系统中占有很重要的地位,是未来智能运输系统发展的基础。目前的问题是,图像处理的实时性较差,而且车辆的检测精度受整个系统软、硬件的限制。但是,随着图像信号处理技术的进步和微电子技术的发展,视频车辆检测技术将得到不断地提高和更加广泛地应用。

4. 相关标准

2012年8月,国家质量监督检验检疫总局、国家标准化管理委员会批准发布了《机动车号牌自动识别系统》国家标准,该标准于2013年1月1日开始实施。

该标准针对以摄像机等图像采集设备为基础的各类机动车号牌自动识别系统,规定了机动车号牌自动识别系统的技术要求、试验方法、数据存储和压缩的内容及要求,不适用于单车道公路收费系统。

该标准的主要技术指标包括车辆图像捕获率、车辆图像抓拍有效率、号牌识别正确率和号牌颜色识别正确率等。

车辆图像捕获率为某段时间内有效抓拍机动车图片数量(不计重复图片)与这段时间内实际通过的机动车数量的比值。白天,视频方式不小于95%,非视频外部触发(包括线圈、激光和微波等)不小于99%;夜间,视频方式不小于85%,非视频外部触发(包括线圈、激光和微波等)不小于99%。

车辆图像抓拍有效率为某段时间内实际抓拍的重复车辆图像的数量与这段时间内实际通过的机动车数量的比值。白天,视频方式不小于80%,非视频外部触发(包括线圈、激光和微波等)不小于95%;夜间,视频方式不小于70%,非视频外部触发(包括线圈、激光和微波等)不小于95%。

号牌识别正确率为某段时间内机动车号牌识别正确的总数与实际通过的号牌有效的机动车数量的比值。白天,100~120像素不小于85%,120像素以上不小于90%:夜间,100~120像素不小于75%,120像素以上不小于85%。

号牌颜色识别正确率为某段时间内号牌颜色识别正确的总数与实际通过的号牌有效的机动车数量的比值。号牌颜色识别正确率白天不小于80%,夜间不小于75%。

三、射频识别技术

射频识别技术(RFID)是一种自动识别技术。它利用射频方式进行非接触式双向通信交换数据,以达到识别目的。和传统的磁卡、IC卡相比,射频卡最大的优点就在于非接触,因此完成识别工作时不需要人工干预,适合于实现系统的自动化且不易损坏,可识别高速运动物体并可同时识别多个射频卡,操作快捷方便。射频卡不怕油渍、灰尘污染等恶劣的环境,用于交通的多为长距离的射频卡,识别距离可达几十米,通过与网络通信技术相结合可用在自动收费或识别车辆身份等场合。

射频识别作为物联网最基本的关键技术,首先被广泛研究.并进入到车联网领域。2008年8月,国家发展和改革委员会在启动的信息运用试点工作中将无线射频识别技术应用列为重点,并且发出了《国家发展改革委办公厅关于组织开展信息化试点工作的通知》,提到"选择有条件的行业开展自主创新RFID技术的应用试点工程建设,培育我国RFID产业,有效发挥信息化在交通运输、物品流通领域的节能、降耗作用,提高国民经济运行质量和效率"。目前,国内多个省市已经应用RFID技术,建立高速公路ETC标识站,实现车辆自动识别和自动缴费功能。此外,还被广泛应用于交通运输控制管理、停车场管理、车辆防盗和驾驶员身份识别等。

1. 工作原理

射频识别系统的基本工作原理是读写器加电工作后发出定向查询的射频信号,当应答器(电子标签)进入读写器的有效查询范围内,将自身存储的电子信息发送给读写器,由应答器发送的应答信号经读写器接收处理后获得应答器所存储的电子信息。应答器中所存储的电子信息代表了待识别物体的标识信息,应答器相当于待识别物体的身份认证。这样,射频识别系统实现了非接触物体的识别目的,应答器与读写器之间的数据传输是通过空气介质以无线电波的形式进行的。射频识别系统工作原理如图3-15所示。

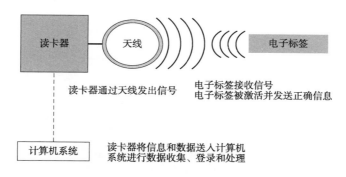

图 3-15 射频识别系统工作原理图

2. 系统组成

基于射频识别技术的车辆信息识别监测系统一般由机动车射频信息卡、采集器和监控中心管理系统三部分组成。

(1)车辆射频信息卡是一种有源或无源的远距离射频卡,由车辆管理部门一车一卡统一发放。无论机动车辆处于何种状态,射频信息卡均会自动应答采集器指令,便于公安干警或其他执法人员随时随地地对该车辆进行检测,改变停车检查的现状。

(2)车辆信息采集器分为手持采集器和固定采集器。采集器带有射频卡信息无线收发器、报警器、显示器和GPRS通信模块等功能部件,可通过GPRS通信模块向监控中心实时上报或下载机动车信息。

手持采集器内存储有丢失和可疑车辆信息,并可下载更新。执法人员可用手持采集器或随车采集器对车辆进行检查。采集器在车前方0~25m范围内激发机动车射频信息卡,机动车辆信息立即显示在屏幕上,发现可疑车辆自动报警,交警可对照采集到的车辆信息,确认车辆的合法性。机动车射频信息卡可与汽车防盗器连接,实现盗抢车辆自动报警。

在城市道路出口或随机设立的临时检测卡口安装固定采集器,可对车辆进行快速检查。采集器通过对比已下载存储的嫌疑车辆信息库,快速发现可疑车辆并自动报警。在城市道路交叉口安装固定采集器,可以快速监测道口交通状况,如各时段交通流量、方向、车辆类型,并可与电子警察配合,准确无误地查处违章车辆。将多个路口采集的信息综合整理,可分析一定时段、一定区域内的车流量分布,以及跟踪追查肇事逃逸车辆的运动轨迹,可为刑侦工作提供侦破线索及依据。

(3)监控中心管理系统用于监控和管理道路交通,为道路、车辆和驾驶员之间提供通信。监控中心管理系统将对道路系统中的交通状况、交通事故、气象状况与交通环境进行实时监控,并根据收集到的信息进行交通控制,如控制信号灯、发布诱导信息、道路管制、事故处理与救援等。

图3-16所示为远距离RFID和视频采集路面监控系统。

图 3-16　远距离 RFID 和视频采集路面监控系统

3. 相关标准

目前 RFID 技术存在三个标准体系：ISO 标准体系、EPC Global 标准体系和 Ubiquitous ID 标准体系。ISO/IEC 18000、EPC Global、日本 UID 三个空中接口协议正在完善中。

1）ISO 标准体系

国际标准化组织（International Organization for Standardization, ISO）和其他国际标准化机构，如国际电工委员会（International Electrotechinal Commisston, IEC）、国际电信联盟（International Telecommunication Union, 1TU）等，是 RFID 国际标准的主要制定机构。大部分 RFID 标准都是由 ISO（或与 IEC 联合组成）的技术委员会（Technical Committee, TC）或分技术委员会（Sub-Committee, SC）制定的。ISO 标准体系主要分为技术标准（如射频识别技术、IC 卡标准等）、数据内容与编码标准（如编码格式、语法标准等）、性能与一致性标准（如测试规范等）和应用标准（如船运标签、产品包装标准等）四大类。

2）EPC Global 标准体系

EPC Global 标准体系主要由 EPC 编码、EPC 标签及读写器、EPC 中间件、ONS 服务器和 EPCIS 服务器等部分构成。EPC Global 是由美国统一代码协会（Uniform Code Council, UCC）和国际物品编码协会（EAN）于 2003 年 9 月共同成立的非营利性组织，旗下有沃尔玛集团、英国 Tesco 等 100 多家欧美的零售流通企业，同时有 IBM、微软、飞利浦和 Auto-ID Lab 等公司提供技术研究支持。

与 ISO 通用性 RFID 标准相比，EPC Global 标准体系是面向物流供应链领域的，可以看成是一个应用标准。EPC Global 的目标是解决供应链的透明性和追踪性。透明性和追踪性是指供应链各环节中所有合作伙伴都能够了解单件物品的相关信息，如位置、生产日期等信息。为此 EPC Global 制定了 EPC 编码标准，它可以实现对所有物品提供单件唯一标识，还制定了空中接口协议、读写器协议等。这些协议与 ISO 标准体系类似，在空中接口协议方面，EPC Global 的策略尽量与 ISO 兼容，如 CIGen2 UHF RFID 标准递交 ISO 成为 ISO 18000-6C 标准。

3) Ubiquitous ID 体系

Ubiquitous ID 体系主要由泛在识别码(ucode)、信息系统服务器、泛在通信器和 ucode 解析服务器等四部分构成。ucode 是赋予现实世界中任何物理对象的唯一的识别码。Ubiquitous ID 中心由日本政府的经济产业省牵头,主要由日本厂商组成,目前有 300 多家日本电子厂商、信息企业和印刷公司等参与。该识别中心实际上就是日本有关电子标签的标准化组织。

这三个标准相互之间并不兼容,主要差别在通信方式、防冲突协议和数据格式这三个方面,在技术上差距其实并不大。

我国的 RFID 标准正在起步,在物流网与电子标签标准的制定方面,我国与相关国际机构处于同一起点。但是在国内 RFID 标准的制定方面,一直存在多组织重复运作的问题,正是由于这个原因已经开始多年的国内 RFID 标准至今没有大的突破。2007 年 4 月,信息产业部《关于发布 800/900MHz 频段射频识别(RFID)技术应用试行规定的通知》出台,划定 840~845MHz 和 920~925MHz 为 800/900MHz 频段 RFID 技术的具体使用频率。此举被视为在 RFID 国家标准制定过程中的一大步。然而,这并不能完全改变我国 RFID 国家标准体系尚未建立的事实,我国 RFID 产业的发展仍然急需既有自主知识产权,又与国际标准接轨的 RFID 标准体系来保驾护航。

我国必须坚持标准原创的战略并注意吸收融合现有技术标准的优势,只有多部委配合协调,并充分调动政府、产业和非政府组织等多方力量,统筹部署,才能形成国家标准化战略,从而保证在未来的市场竞争环境中,在全球市场上占据优势。

第三节 车载网络技术

车联网包括车内网和车外网,是 DSRC、WiFi、2G/3G 蜂窝通信、LTE、WLAN 等不同的无线接入技术并存的泛在网络,而不同的无线网络各自具有不同的特征,如何将多种无线接入技术进行协同及融合是未来无线网络发展的必然趋势,也是车联网领域需要研究的主要课题。车内网就是通过 LIN、CAN、MOST 等总线技术及各种通信技术,将车内的多个传感器及电子设备连接起来而组成的一张汽车局域网。

一、DSRC

专用短程通信(Dedicated Short Range Communication,DSRC)是一种短距离无线通信技术,它具有传输速率高、延迟短等特点,支持点对点、点对多点的通信。相对于传统的广域移动通信系统而言,它可以实现小范围内数据、音频和视频信号的实时、准确和可靠的双向传输,从而将车辆与车辆、车辆与道路有机地联系在一起,因此成为ITS中重要的无线通信平台,为ITS提供高效的无线通信服务。DSRC典型的应用包括电子不停车收费系统(Electronic Toll Col-lection,ETC)和车辆的公共安全。

1. 技术概述

1)结构体系

专用短程通信体系架构如图3-17所示,DSRC系统主要由车载单元(OnBoard Units,OBU)和路侧单元(Road Side Units,RSU)两部分组成。OBU是安装或放置于车辆上的嵌入式处理单元,在整体结构中相当于移动终端。车载单元采用电子标签技术,电子标签内存储包车主、车型和车辆物理参数等固定信息,根据业务的需要,还可存储其他信息,如ETC应用还可存储支付账户、余额、交易记录和出入口编号等信息。RSU是安装在道路的指定地点(如车道旁边、车道上方等)固定的通信设备。它保持着与不同OBU的实时高效的通信,实现信息的交互,其有效的覆盖区域为3~30m。RSU的主要参数包括频率、发射功率和通信接口等。

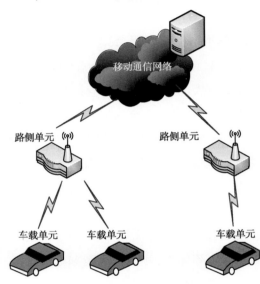

图3-17 专用短程通信体系架构

2)通信协议

DSRC的通信协议参照开放系统互联参考模型OSI通信协议的第一、二、七层架构,包括物理层、数据链路层和应用层。物理层是底层协议,主要提供帧传输控制服务和信道的激活/失效服务,收发定时及同步功能,并指示物理层状态。DSRC物理层采用的是正交频分复用(Orthogonal Frequency Division Multiplexing,OFDM)技术,这是由于OFDM技术具有光谱效率高、抑制多径衰落和接收机设计简单等优点。数据链路层负责信息的可靠传输,提供差错和流量控制,使之对上层提供一条无差错的链路。它规定了通信帧的结构和封装形式,提供实现相应功能的程序和程序单元。数据链路层的主要模块是媒介访问控制子层(Medium Access Control,MAC)。在信号流的处理上,MAC层负责传输的可靠性和实现相应的控制操作。应用层在数据链路层提供服务的基础上提供特定的应用服务,诸如实现通信初始化、释放程序、广播服务支持和远程应用相关操作等。

3)技术优势

DSRC技术应用于车车通信的环境,其优势可以从和其他无线通信技术的比较中得出,见表3-1。

DSRC 技术与其他无线通信方式的比较　　　　表 3-1

指标	DSRC	WiFi	蜂窝网络	WiMax
时延	<50ms	秒级	秒级	—
移动性	>60m/h	<100m	<10km	<15km
通信距离	<1km	<100m	<10km	<15km
传输速率	3~27Mbit/s	6~54Mbit/s	<2Mbit/s	1~32Mbit/s
通信带宽	10MHz	20MHz	<3MHz	<10MHz
工作频段	5.86~5.925GHz	2.4GHz、0.2GHz	800MHz、1.9GHz	2.5GHz
IEEE 标准	802.11p(Wave)	802.11a/b/g/n	—	802.16e

由表 3-1 可以看出专用短程通信技术在性能上优于 WiFi、蜂窝网络等无线通信技术；与 WiMax 技术相比，性能相当接近，但是在实现的复杂度和成本上，DSRC 远近比 WiMax 有优势。

2. 标准化

在 DSRC 的标准化方面，国际上已形成以 CEN/TC 278、ASTM/IEEE 和 ISO/TC 204 为核心的 DSRC 标准化体系。其中，ISO/TC 204 国际标准组织主要研究应用层的协议和资源管理，制定中长距离通信标准。

欧洲 CEN/TC 278 DSRC 标准的主要特点是采用 5.8GHz 被动式微波通信，中等通信速率（500kbit/s 上行，250kbit/s 下行），调制方式为 ASK 和 BPSK。

美国的 ASTM 和 IEEE 标准，频率均为 5.9GHz。在 ASTM 标准的基础上，发展了 IEEE 802.11p 协议组，包括 1609~1609.4 标准。IEEE 802.11p 标准在车载环境下，达到 3~27Mbit/s 的传输速率，大大改善了高速移动环境下的传输效果。

鉴于国际 DSRC 标准发展趋势，1998 年 5 月，我国 ISO/TC 204 技术委员会向交通部无线电管理委员会提出将 5.8GHz 频段分配给智能交通运输系统的短程通信（包括 ETC 收费系统）。

3. 关键应用

1) 车路通信

车路通信中的 DSRC 应用主要面向非安全性应用，以 ETC 系统为代表。车辆经过特定的 ETC 车道，通过 OBU 与 RSU 的通信，在不停车和收费人员不采取任何操作的情况下，能自动完成收费过程。除此之外，还可以用在电子地图的下载和交通调度等。RSU 接入后备网络后，与当地的交通信息网或互联网相连，通过 OBU 与 RSU 的通信获得电子地图和路况信息等，从而可以选择最优路线、缓解交通拥堵等。

2) 车车通信

基于车车通信的 DSRC 应用主要用于车辆的公共安全方面。将 DSRC 技术应用于交通安全领域,能够提高交通的安全系数。其作用是减少交通事故,降低直接和非直接的经济损失,以及减少地面交通网络的拥塞。当前面的车辆检测到障碍物或车祸等情况时,它将向后发送碰撞警告信息,提醒后面的车辆存在潜在的危险。

二、ZigBee

ZigBee 是一种新兴的短距离、低复杂度、低功耗、低数据速率、低成本的无线网络技术(图3-18)。ZigBee 的物理层采用直接序列展频(Direct Sequence SpreadSpectrum,DSSS)技术,媒体存取控制层沿用无线局域网(Wireless Local AreaNetwork,WLAN)中 802.11 系列标准的 CSMA/CA 方式,以提高系统兼容性,从而适用于近距离无线连接。除了安全灵活,网络容量多达 65000 个设备以外,ZigBee 最大的优势在于成本低和使用功耗低,在低功耗待机模式下,两节普通 5 号电池可使用 6~24 个月,此外其延时极短,典型搜索设备时延为 30ms,安全性高,ZigBee 提供了数据完整性检查和鉴权功能,采用 AES-128 加密算法,各个应用可灵活确定其安全属性。ZigBee 的主要应用领域包括工业控制、消费性电子设备、汽车自动化等。

图 3-18　ZigBee

ZigBee 通信具备以下的特点。

(1)低功耗:由于 ZigBee 的传输速率低,发射功率仅为 1mW,而且采用了休眠模式,功耗低,因此 ZigBee 设备非常省电。

(2)成本低:ZigBee 模块的初始成本低,并且 ZigBee 协议是免专利费的。

(3)时延短:通信时延和从休眠状态激活的时延都非常短,典型的搜索设备时延为 30ms,休眠激活的时延是 15ms,活动设备信道接入的时延为 15ms。

(4)网络容量大:一个星型结构的 ZigBee 网络最多可以容纳 254 个从设备和一个主设备,而且网络组成灵活,采用网型结构最多可扩展至 65000 个节点网络。

(5)可靠:采取了碰撞避免策略,同时为需要固定带宽的通信业务预留了专用时隙,避开了发送数据的竞争和冲突。MAC 层采用了完全确认的数据传输模式,每个发送的数据包都必须等待接收方的确认信息,如果传输过程中出现问题可以进行重发。

(6)安全:ZigBee 提供了基于循环冗余校验(Cyclic Redundancy Check,CRC)的数据包完整性检查功能,支持鉴权和认证,采用了 AES-128 的加密算法,各个应用可以灵活确定其安全属性。

三、蜂窝网络

蜂窝网络是指将服务区划分为若干个彼此相邻的小区,在每个小区设立一个基站的网络结构。由于每个小区呈正六边形,又彼此邻接,从整体上看,形状酷似蜂窝,所以人们称它为"蜂窝"网。用若干蜂窝状小区覆盖整个服务区的大、中容量移动电话系统就称为蜂窝移动电话系统,简称蜂窝移动电话。

通用分组无线服务(General Packet Radio Service,GPRS)技术是在 GSM 蜂窝通信网络上发展起来的一种分组交换数据业务,按需动态分配信道资源。GPRS 频谱利用率较高,并将数据传输速率提高到 100kbit/s 以上,特别适合远程监测、交通监控等领域的中、低速率突发通信需求。由于采用了 TCP/IP 协议,并且容易与现有互联网技术及其应用平台整合,所以可以将各种 IP 技术与服务同移动通信技术相结合,为用户提供各种高速高质的移动车载数据通信业务。随着对 3G(CDMA2000、WCDMA 和 TD-SCDMA)通信模块进一步的研发、集成与应用,为了提供这种服务,无线网络必须能够支持不同的数据传输速率,即在室内、室外和行车环境中能够分别支持至少 2Mbit/s、384kbit/s 和 144kbit/s 的传输速率。

四、WiFi

无线保真(Wireless Fidelity,WiFi)是无线局域网(WLAN)的一种,符合 IEEE 802.11b 标准,它是利用无线接入手段的新型局域网解决方案。WiFi 的主要特点有传输速率高、可靠性高、建网速度快、便捷、可移动性好、网络结构弹性化、组网灵活和组网价格较低等。IEEE 802.11b 采用的工作频段为 2.4GHz 的带业务监测(In-Service Monitoring,ISM)自由频段,采用直接序列扩频(Direct Sequence Spread Spectrum,DSSS)技术理论上可以达到 11Mbit/s 速率。典型通信距离为 5.5Mbit/s 时为 30~45m,2Mbit/s 时为 45~75m,1Mbit/s 时为 75~100m。

IEEE 802.11g 使用了与 IEEE 802.11b 相同的 2.4GHz 的 ISM 自由频段。它采用了两种调制方式,即 IEEE 802.11a 所采用的 OFDM 和 IEEE 802.11b 所采用的 CC.K,使 1EEE 802.11g 不但达到了 1EEE 802.11a 的 54Mbit/s 的传输速率,同时也实现了与现在广泛存在的采用 IEEE 802.11b 标准的设备的兼容。IEEE 802.11g 已经被大多数无线网络产品制造商选作下一代无线网络产品的标准。

第四节　车载通信网络 VANET

车外网就是通过无线通信技术实现车与车通信、车与路通信的车载自组网 VANET(Vehicle AdHoc NETworks)及车与云端互联互通的移动互联网(图 3-19)。

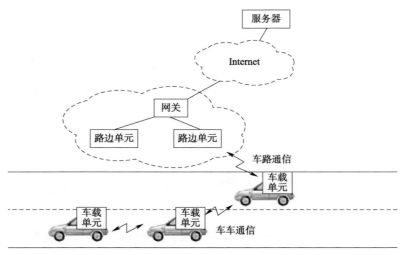

图 3-19　车载自组网 VANET

车载自组网 VANET 是从移动自组织网络 MANET(Mobile AdhocNETworks)发展而来的,是 MANET 在车联网领域的一种应用,也是一种特殊的移动自组织网络。Ad hoc 网络是一种特殊的无线移动网络,采用点对点的模式,具有无中心、自组织、多跳路由及动态拓扑的特点,非常适合在车联网中应用。例如,当车辆连接到具备访问 Internet 功能的路边基础设施后,车辆可通过进行网络互联与共享。

随着交通基础设施和车辆间通信(Inter-Vehicle Communication,IVC)联系的日益密切,VANET 受到世界各国研究机构和科研人员的密切关注,大量研究致力于通过各种途径改进 VANET 的性能。最早关于车辆间通信的研究始于 20 世纪 80 年代初的日本,随后,欧美国家也相继启动了相关科研项目。1999 年,美国联邦通信委员会分配 75MHz 的频谱用于车辆环境下的专用短程通信,并发展成为车载无线接入系统,为行车环境下的无线接入提供便利。2005 年,欧洲成立了车辆间通信联盟(Car 2 Car Communication Consortium),采用无线局域网技术,目标是为车车通信系统建立一个公开的欧洲标准,使不同制造商的汽车能够相互通信。国际计算机组织(Association for Computing Machinery,ACM)专门成立了 VANET 会议组,其目标是研究 VANET 技术并关注其最新的发展状况。国内关于 VANET 的研究起步较晚,已有一些高校和科研机构开始从事 VANET 研究,研究成果主要集中在对路由协议、MAC 协议的研究和改进,其他方面(如传输控制协议和网络安全等)的研究还很少。

一、VANET 网络结构与特点

1. 网络模型

VANET 的基本思想是在一定通信范围内，车辆间可以相互交换各自的车速、位置等信息，也可以交换车载传感器感知的数据，并自动连接建立一个移动的网络。整个 VANET 分为 IVC 与 RVC 两部分。IVC 一般通过在车辆上安装无线通信设备，使车辆能够通过多跳的方式实现相互连接，如 DSRC。VANET 除了可以单独组网实现局部的通信外，还能使车辆通过道路基础设施(如路边设备)或移动基站接入互联网，以便获取更加丰富的信息资源。此外，现在大部分车辆上安装了卫星导航设备，能够提供精确的定位和时钟信息，卫星导航与 VANET 相结合也产生了更多的应用。图 3-20 所示为 VANET 网络示意图。

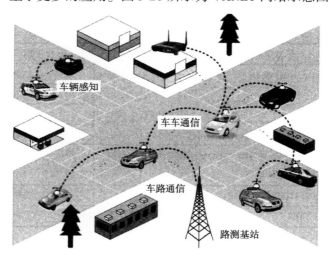

图 3-20　VANET 网络示意图

2. 主要特点

VANET 是一种特殊的 ad hoc 网络，它不仅具有一般 ad hoc 网络的特点，还具有自身独有的属性，如地理范围受限制、高动态性、可预测的移动性、网络密度动态性和需存储足够能量等。

(1)车辆具有高速移动的特性，节点的高速移动必然导致网络拓扑变化快、路径寿命短的问题，这就需要有高效的路由算法支持。

(2)基于交通安全的应用要求很高的实时性和可靠性，而无线信道质量比较不稳定，且受环境影响较大，因此需要对原有无线通信协议(如 IEEE 802.11、IEEE 802.16、3G 等)的物理层和 MAC 层标准进行改进，以提高服务质量。

(3)由于 VANET 使用广播和组播较多，频繁的拓扑变化必然导致频繁的广播路径信息，这常常会带来网络的严重阻塞，采用分簇的方式可以减少泛洪对网络的影响。

（4）节点的运动轨迹具有规律性，结合卫星导航系统和电子地图进行路径规划，将简化 VANET 的路由策略。

（5）VANET 的网络管理涉及面较广，包括移动性管理、地址管理和服务管理等，需要相应的机制来解决节点定位和地址自动配置等问题。

二、体系结构

根据 VANET 的特点，参照 OSI/RM 模型，得出的 VANET 的体系结构见表 3-2。

VANET 体系结构　　　　　　　　　　表 3-2

VANET 体系结构	OSI/RM 结构
应用、安全等高层	应用层
	表示层
	会话层
	传输层
网络层（路由协议）基于拓扑：ADOV、DSR；基于位置：GPSR、GSR；基于分级：CL-DSR	网络层
据链路层 IEEE 802.11 DCF、CMV	数据链路层
物理层 OFDM、3G TDD	物理层

其中，物理层完成无线信号编码、译码、发送和接收等工作，空中接口应尽量使用空闲的免费频段，并能适应高速移动的环境；数据链路层控制对共享无线信道的访问，为上层提供快速、可靠的报文传输支持；网络层是 VANET 的研究重点，且由于 VANET 的网络拓扑变化频繁，且由节点协作完成多跳路由而不由专用的路由设备完成，故必须设计专用、高效的多跳无线网络路由协议。上层应用协议提供面向用户的车载应用服务，可以承载多种应用形式。

三、物理层

VANET 的独特性质决定了其对物理层的特殊要求：①适用于高速移动，并能在高速移动时提供实时、可靠的接入；②分布式网络结构，支持多跳链接；③与 MAC 层协议相匹配；④最好使用免费频段。因此，需要对现有技术进行多方面改进。首先，需要适应高速、动态变化的网络拓扑；其次，要适用于分布式网络结构，基站控制的无线资源管理机制应变为节点自行管理、协同合作的机制；最后，要克服更为恶劣的多径效应和时隙同步等问题。

目前的研究主要是对 IEEE 802.11 和 3G TDD 物理层技术进行改进，以适用于以上要求。美国联邦通信委员会对 IEEE 802.11 标准进行扩展，以适用于 VANET，这一扩展标准称为 IEEE 802.11p，其被授权工作在 5.9GHz 免费频段上，由 7 个 10MHz 的信道组成，采用正交频分多路复用(Orthogonal Frequency Division Multiplexing,OFDM)技术,其频谱分配如图3-21所示。其中,178信道是控制信道(Control Channel,CCH),它只用于安全通信,其余信道都是用于车载安全和非安全方面的服务信道(Service Channel,SCH)。带宽的减少使其物理层的参数是 IEEE 802.11a 的2倍,同时也减少了多普勒效应。此外,2倍的警戒间隔减少了多路径传输引起的码间干扰,严格的频谱控制缓解了通信拥塞,提高了广播性能。欧盟汽车工业委员会使用3G TDD 空中接口,为车辆间通信免费发放 2010～2020MHz 频段。3G TDD 最初是为集中式网络设计的,CarTALK 2000 对其进行了改进,使其适用于分布式网络,并提出了信道建立和控制的新方法。此外,对 IEEE 802.16 适当改进也可以作为 VANET 的宽带无线接入物理层方案。

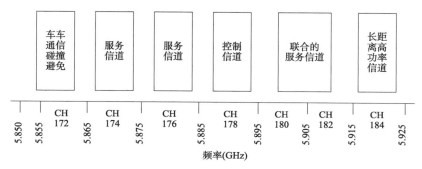

图 3-21　IEEE 802.11p 频谱分配

四、MAC 层

MAC 层向网络中的节点提供物理寻址和信道接入控制,为上层提供快速、可靠的报文传输支持。特别在无线网络中,MAC 协议能否有效地利用无线信道的有限带宽,将对无线网络的性能起着决定性作用。对于 VANET,MAC 层除了考虑接入公平性、隐藏终端、暴露终端等 ad hoc 网络的普遍问题外,还需要考虑移动自适应拓扑变化、不同类别应用优先级、低传输延时和可靠传输等特殊因素。

早期关于 VANET 的 MAC 层协议研究主要是对传统 ad hoc 网络 MAC 协议的改进,以使其适用于高速移动的 VANET。例如,IEEE 802.11 DCF 协议基于 CSMA/CA,以较小的 RTS/CTS 分组的交互,分配较大的无线资源,从而提高无线资源的利用率。但 IEEE 802.11 DCF 不能很好地支持实时业务;ad hocMAC 协议通过 TDMA 机制为每个终端预留时隙,为 VANET 提供了较好的 QoS 保证,但 ad hoc MAC 协议不能有效地利用信道,且通信范围内的节点数目受限制;定向天线 MAC(directional MAC,D-MAC)协议是基于 IEEE 802.11 提出的,每个终端通过 GPS 知道自己和相邻终端的地理位置,定向天线有利于减少传输干扰和冲突,但其复杂性和昂贵的设施给实现带来了困难。

近几年,关于 VANET 的 MAC 层协议的研究较多,且提出了一些专门为车载环境下的无线接入设计的 MAC 层新协议,大大改进了 VANET 无线接入控制的性能,提高了通信可靠性,降低了传输延时。下面简要介绍几种近年来提出的 VANET 的 MAC 层新协议。

1. Secure VANET MAC 协议

Secure VANET MAC 协议是一种 VANET 环境下的安全 MAC 协议,该协议考虑了 VANET 中信息传输的安全性和优先级,因此,安全警告信息可以比一般信息具有较高的优先级和安全保障。该协议结合了信息安全的一些重要概念,如公钥基础设施(Public Key Infrastrucrure,PKI)和证书颁发机构(Certificate Authority,CA)等,保证了信息的有效性、完整性和不可抵赖性,并提供了信息认证和匿名服务。经验证,该协议在保证服务质量的同时能提供更为安全的信息服务,即使节点很多,具有高优先级的安全警告信息也能保持较高的传输效率。

2. A-ADHOC MAC 协议

自适应 ad hoc(A-ADHOC)MAC 协议对 ad hoc MAC 协议进行了进一步的改进。A-ADHOC 协议的基础是 RR-ALOHA 协议,这是一种新的分布式预留协议,能动态建立可靠的单跳广播信道。该协议通过帧周期性的广播帧信息(Frame Information,FI),使所有的邻节点都知道每一个时隙的信道使用状况,从而使 RR-AIJOHA 协议能够在 VANET 中正确运行。经验证,A-ADHOCMAC 协议在提供健壮网络的同时,能够比传统 ad hoc 协议减少 50% 的响应时间。

3. CMV 协议

感知 MAC(Cognitive MAC for VANET,CMV)协议与感知无线电和宽带传输技术结合,对不同时间周期使用不同的频谱接入技术。对于较长时隙的频谱接入,使用感知无线电技术进行并发传输;对于较短时隙的频谱接入,使用宽带频谱池。因此,不同要求的信息将根据需求通过不同的接入机制进行传输。这样,CMV 协议既保障了资源共享,又极大地提高了频谱利用率。经验证,CMV 协议将网络吞吐量较传统 ad hoc 协议提高了 72%。

4. 改进的 IEEE 802.11 DCF 协议

在国内,也有一些针对 VANET 的 MAC 协议研究。武汉理工大学对 IEEE802.11 DCF 协议进行了建模分析和研究,得出在节点通信载荷较大的情况下,现有的二进制退避算法存在产生节点接入信道不平衡的弊端,因此提出一种基于节点使用信道时间份额评估的自适应调节退避算法。该算法通过估算节点在网络通信中已占用的时间份额,评估节点对网络的占用比,根据该占用比调节 IVC 网络车辆节点的竞争接入窗口值的大小,以此使每个节点获取公平接入网络的机会。经验证,该算法在对节点吞吐量影响较小的情况下,提高了通信网络中车辆节点通信的公平性。

五、路由协议

路由协议是 VANET 的研究中不可缺少的一个环节,特别是由于其网络拓扑的频繁变化和节点的快速移动,路由技术成为 VANET 面临的重大挑战之一。ad hoc 网络中的多跳路由是由普通节点协作完成的,而不是由专用路由设备完成的。因此,必须设计专用、高效的多跳无线网络路由协议。常用的 VANET 路由协议分类如图 3-22 所示。

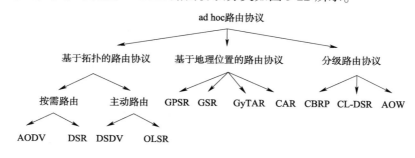

图 3-22　VANET 路由协议分类

1. 基于拓扑的路由协议

早期的 VANET 基本都沿用了传统 ad hoc 网络的路由协议,这些协议都基于网络拓扑结构,网络中的节点通过周期性的交互路由信息得到所有其他节点的路由,如节点序列距离矢量协议(Destination-Sequenced Distance-Vector,DSDV)、动态路由协议(Dynamic Source Routing,DSR)、按需距离矢量路由协议(Ad hoc on Demand Distance Vector Routing,AODV)等。按照路由发现策略的不同,可以将其分为按需路由协议和主动路由协议。DSDV 协议是主动路由协议,该协议能迅速为节点建立路由并发送数据,在任何情况下都能避免产生路由环路,但当加入网络的节点越来越多,路由表容量、开销和带宽也相应增加。DSR 协议是一种基于源路由的按需路由协议,其工作过程主要包括路由发现和路由维护,它采用路由缓冲技术,减少路由发现的代价,但不适合大规模高动态网络。AODV 协议对 DSDV 算法进行了改进,同时从按需路由算法 DSR 中借鉴了路由发现和路由维护的思想,具有思路简单、无环路、路由获取迅速等优点,但其周期性地广播报文,需要消耗一定的电池能量和网络带宽。这一类协议的致命缺陷在于,路由建立控制开销大造成延时过大,因而不适用于与安全相关的 VANET 应用,例如,寻找、维护邻居节点的 Hello 信息平均时间间隔是 1s,而交通安全领域要求的反应时间是 100ms。

2. 基于地理位置的路由协议

随着定位技术的发展,车辆可以利用专用定位系统(如 GPS)方便地获取自己的地理位置信息,利用这些位置信息可以改善 VANET 的路由性能。这类协议不需要建立路由表或存储路径,每个节点仅需要获知邻居节点和目的节点的位置信息,进而决定自己的下一条节点，这一类路由协议能更好地适应网络大小和拓扑结构的变化，因此更适合 VANET。

国内外关于此类协议的研究成果较多，最典型的是贪婪周边无状态路由转发（Greedy Perimeter Stateless Routing，GPSR）算法及其各种改进算法。GPSR 协议最早由 Brad 和 Kung 于 2000 年提出，它是一种将贪婪转发与周边转发相结合的基于位置信息的路由算法。在该协议中，每个节点需要在一定周期内向一跳范围内的节点广播自己的位置信息，这样每个节点就知道自己和所有一跳范围内邻居节点的位置。但是在城市场景下，由于环境相对比较复杂，直接应用 GPSR 协议的效果并不十分理想。因此，许多学者都对 GPSR 协议提出了改进方案，如通过对 GPSR 协议的改进使其更适用于大规模城市环境下的车辆间通信。国内也有一些研究成果：北京邮电大学提出了一种基于地理和交通信息的 VANET 的路由算法，该算法具有更高的数据包投递率和更低的时延网；哈尔滨工程大学对 GPSR 平面图算法提出了改进方法，使 GPSR 协议在定位错误的情况下性能有所提升。

地理源路由（Geographic Source Routing，GSR）算法能够处理节点的高速度特性和城市特有的拓扑结构，是基于位置的由城市地图支持的地理源路由协议，路由计算选择 Dij kstra 最短路径算法，以获得性能的提高；GyTAR（The Greedy Traffic Aware Routing）协议在 GSR 协议的基础上，结合考虑了车辆的方向、速度和行驶环境，由于这些因素都会对 VANET 的路由带来影响，因此 GyTAR 协议将其纳入路由策略中；CAR（Connectivity-Aware Routing）协议也是一种基于位置的路由协议，其特别之处在于具有路由缓存功能，并能进行道路感知，在低密度车辆环境下性能良好。

3. 分级路由协议

VANET 的体系结构可以是平面式的，也可以是分级式的。在平面式结构中，所有节点的功能和地位相等，不存在瓶颈节点，网络比较健壮，并且节点的覆盖范围比较小，相对比较安全。但是，在车辆较多，特别是在高速移动的情况下，存在处理能力弱、控制开销大、路由经常出现中断等缺点。在分级结构中，网络被划分成若干个簇，每个簇由一个簇首和多个普通节点组成。簇首之间的通信需要借助网关节点完成，簇首和网关形成了高一级的网络，称为虚拟骨干网。分级结构的最大优点是网络的可扩充性好，网络的规模不受限制，并且容易实现移动性管理和网络的局部同步。典型的几种分级路由协议有分簇路由协议（Cluster Based Routing Protocol，CBRP）、基于簇标签的可靠动态网络源路由协议（Reliable Dynamic Source Routing Based Cluster Label，CL-DSR）、自适应加权分簇算法（Automatic On-demand Weighted clustering algorithm，AOW）。

CBRP 协议的目标是实现一个分布式、高效的可扩展路由协议，采用分簇路由机制减少按需路由发现的洪泛分组，并且采用本地修复机制增加分组投递率、减少路由发现时延和路由发现开销，并且使用路由缩短机制，基于节点的两跳拓扑信息优化路由。CL-DSR 协议以

DSR 协议为基础,通过引入分簇算法,利用簇标签对网络中节点进行分组,形成骨干路由,改进路由发现、维护过程,从而提高路由可靠性和投递率的一种 ad hoc 网络路由协议。AOW 算法是一种需求驱动的加权分簇算法(Weighted Clustering Algorithm,WCA)算法。AOW 算法利用加权的思想综合考虑了节点的移动性、节点度、传输功率和剩余能量 4 个因素进行分簇,相对其他分簇算法更加灵活、合理。

六、VANET 的应用

VANET 可以承载多种应用形式,根据不同的通信需求,可将 VANET 的应用分为三个类别:一般信息服务、交通安全信息服务和车辆行驶辅助控制。VANET 应用分类见表 3-3。

VANET 应用分类表　　　　　　　　　　　　　　　表 3-3

类　型	描　述	通　信　信　息
一般信息服务	信息延时或丢失不会影响车辆安全,也不会使应用失效	交通信息查询(如天气预报、道路状况、交通通行量),小区广播(如广告、娱乐套餐)
车辆安全信息服务	信息延时可能影响车辆安全,或使得应用无效	关于潜在危险的安全警报信息(如异常车辆或道路障碍等信息)
车辆行驶辅助控制	发出操作警告或控制车辆行驶以保证安全、高效的操作	广播车辆运动状态以避免车辆冲突

第一类应用为一般信息服务,不涉及车辆安全(如交通信息查询、小区广播等),因此能容忍一定的传播延时。车辆装载有卫星导航设备和无线收发器,可向接触车辆获取其他车辆信息,以此定位其他车辆并监视交通通行状况等。或者,车辆不装载卫星导航设备,而是在车辆相遇时选择性的交换信息,以更好地感知道路通行状况。

第二类应用为车辆安全信息服务,涉及车辆安全(如意外警告、道路障碍识别等),因此必须保证低延时和高可靠性。VANET 可作为道路交通系统的一部分,通过 VANET 及时地传播紧急警报信息,鉴定车辆位置和运动状态异常的原因,如交通事故、机械故障等,这项工作的重点是向"异常车辆"附近运行的车辆提供预警。CarTALK 2000 项目建议将这种预警功能作为驾驶辅助系统的一部分,并提出预警信息可以通过多跳广播,向临近车辆发送以提供预警功能。第一类和第二类应用提供的信息服务,只能用于提供辅助信息,都不能用于车辆行驶控制。

第三类应用为车辆行驶辅助控制,它对车辆的运动状态进行管理和控制,对数据延时或丢失非常敏感。车辆使用 GPS 和数字地图来定位交叉路口,在交叉路口前 50m 处,车辆会广播其位置、方向和速度,使其他车辆采取相应避让措施。高速公路上多发的连环追尾事故主要是受驾驶员视线距离和反应时间的影响,而通过 VANET 可以有效地降低这类事故的发生，如可通过记录前方车辆运动状态，计算前方发生紧急事故时能自动制动的有效车间距离，并提醒后方车辆。

车载自组网广泛应用于车与车之间的通信，解决行车安全，如车队跟驰、并线提醒、路面异常提醒及防碰撞报警等应用。应用于车与路边基础设施之间的通信，提供信息广播服务，如交叉路口安全警告、获取天气及实时交通信息、公交电子站牌等应用，还用于不停车收费系统中对车辆信息等内容的采集。

美国的 VII/IntelliDrive 项目，欧洲的 SAFESPOT、CVIS、PreVENT、COOPERS 项目，日本政府推出的 Smartway（智能道路）计划，这些项目都是通过车载自组网实现车与路边基础设施的通信，从而实现不停车交费、车辆与道路之间的高度协同，实现车辆的自动驾驶。

车联网的关键在于"联"，如果没有车载自组网，就无法实现车联网，虽然现在部分车辆可以访问互联网，但无法实现车辆之间、车路之间的联网，也无法做到车路协同，无法避免车辆的防碰撞提醒，更谈不上智能交通。目前，车载自组网在实际运行的过程中存在很多瓶颈，如大量的车辆接入时所引起的网络负荷问题、车辆高速移动的过程中通信问题、车辆反向行驶过程中的链路保持问题，这些问题都需要技术人员不断地去研究突破。

第五节　车联网数据处理技术

车联网数据处理技术的研究重点包括四个方面：①云计算技术；②多源数据预处理技术；③数据加密与隐私保护技术；④大数据存储技术。

一、云计算技术

云计算和车联网都是当代科技迅猛发展的高新技术产物。一方面云计算需要从概念构想走向应用实践，另一方面车联网的大量交通数据需要强大的支撑平台对其进行处理分析，因此，云计算和车联网的结合可以实现优势互补，具有十分重要的应用价值。云计算与车联网相结合需要解决的关键技术主要有基于云计算的交通数据处理、基于云计算的交通信息应用和基于云计算的交通信息安全等。基于云计算的车联网信息服务体系示意图如图 3-23 所示。

1. 基于云计算的交通数据处理

为保证高可用性、高可靠性和经济性，云计算一般采用分布式存储的方式存储数据，并采用冗余存储的方式（即为同一份数据存储多个副本）进一步保证存储数据的可靠性。大部分云计算都采用由 Hadoop 团队开发的 HDFS 数据存储技术。交通数据具有数据信息量大、数据波动严重、信息实时处理性高、数据共享性高、可用性和稳定性高等特点，这对交通数据的存储、处理和管理提出很高的要求。交通云的数据存储技术的重点主要集中在超大规模的数据存储、数据加密、安全性保证和提高 I/O 速率等方面。如何设计出适合交通云数据存储的技术是个亟待解决的课题。

图 3-23　基于云计算的车联网信息服务体系示意图

云计算强大的计算能力能对庞大、复杂而又无序的交通数据进行分析处理,然而非云计算技术人员并不能很好地利用这些资源,因此,建立一个完善的云计算平台是目前广泛研究的技术难点之一。而基于云计算平台的交通数据建模和索引、交通数据的分布式处理和融合、交通流动态预测也将是未来交通云研究的重点方面。

云计算对大量的交通数据进行处理分析并向用户提供服务必须以可靠、高效的数据管理技术为基础。云系统的数据管理一般采用数据库领域中列存储的数据管理模式,将数据表按列划分后存储。当前应用比较广泛的是谷歌提出的 BigTable 数据管理技术。BigTable 采用列存储的方式,能极大地提高数据读取效率,但也存在一些缺点,如表内的数据格式单一、数据难以切割存储等。结合 BigTable 技术创新地提出新的云计算数据管理技术是云计算研究的重点之一。此外,如何提高对规模巨大的交通信息数据进行更新的速率,也是云计算数据管理技术必须解决的问题。

2. 基于云计算的交通信息应用

云计算提供的服务按照其应用模式可分为基础设施即服务(IaaS)、平台即服务(PaaS)和软件即服务(SaaS)。IaaS 提供给用户的服务是对所有设施的利用,包括处理、存储、网络及其他基本的计算资源,用户能够部署和运行任意软件,包括操作系统和应用程序。PaaS 提供给用户的服务是能够将用户自己开发的应用程序部署到供应商的云计算基础设施上去。SaaS 提供给用户的服务是让用户能通过网络设备访问供应商提供的应用程序和软件等。云计算 SPI 模型如图 3-24 所示。

交通云领域中已经提出了地理信息服务、信息发布服务、出行诱导服务等 SaaS 服务。这些云服务尚出于起步阶段,在应用过程中存在或多或少的一些问题,且只涉及云服务的 SaaS 服务层。从长远来看,构建的交通云中 IaaS、PaaS 和 SaaS 的应用缺一不可。如何提供基层的 IaaS 服务和如何为交通管理者提供研发新的交通管理软件平台的 PaaS 服务将是当前交通云研究的热点问题。此外,如何建立起完整的三级云计算服务体系并将这些服务付诸实际应用将是交通云技术研究的重难点之一。

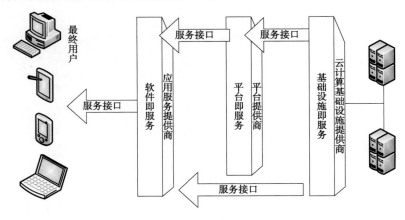

图 3-24　云计算 SPI 模型

3. 基于云计算的交通信息安全

云计算由于其用户和信息资源的高度集中,带来的安全事件后果与风险也较传统应用高出很多。交通信息的安全性直接关系到整个交通网络的命脉,信息安全一旦出现了问题,其后果将不堪设想。交通云的信息安全主要有交通数据存储安全问题、交通云平台可用性安全问题和云平台遭受攻击的安全问题等。解决交通云安全的主要方法是将交通云构建成混合云:将交通数据中心搭建成私有云,并将基础架构虚拟化,通过虚拟架构查看、监控、管理虚拟资源,实现远程控制;将面向公众的交通信息服务平台构建成公共云,向公众提供各种交通信息服务,并在私有云和公共云之间设置防火墙,有效地防止数据中心与外界相连(图 3-25)。更深一步的有关交通云信息安全的措施则需进一步研究。

二、多源数据预处理技术

从采集源传来的数据可能由于传输设备故障、路面交通状况的异常而造成信息不全或存在错误的数据,所以需要对这些数据进行预处理。车联网中会有多种不同类型感知设备的感知数据,对应于同一交通参数的信息,通过对多源异构数据进行预处理,可以减小后续数据处理的复杂度和数据处理量,通过多源异构数据之间的相互校验、相互补充,可以增加多源异构数据预处理后参数的可信度。

综上所述,在防止错误数据方面,首先要通过预处理检索、定位出奇异数据,分析该数据的正确性,若为错误数据则剔除该数据,然后根据历史同期数据统计分布规律,差值补充上合理数据;在防止数据的丢失方面,首先要通过预处理得到所缺少的数据项,然后根据历史同期数据的统计分布规律,差值补齐。

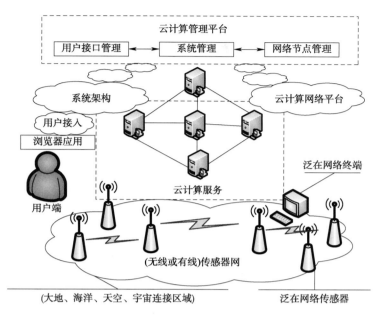

图 3-25　云计算的交通信息安全

这一领域的研究重点是如何通过制定多源异构数据的格式标准,对多源数据进行校验优化,选择分集,从而实现数据的预处理。

三、数据加密与隐私保护技术

作为一种多网融合的网络,车联网安全涉及各个网络的不同层次的安全(图 3-26)。在这些独立的网络中已实际应用了多种安全技术,特别是移动通信网和互联网,但由于资源的局限性,对车联网中的感知网络安全研究的难度较大。

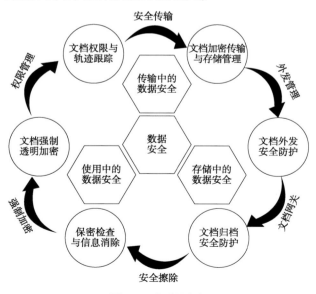

图 3-26　车联网安全

这一领域的研究重点包括对分布式节点安全模块、信息共享机制、用户身份认证、权限管理和数据安全传输协议等的研究,以实现对采集到的多源数据进行加密和保护隐私。

四、大数据存储技术

大数据存储如图3-27所示。

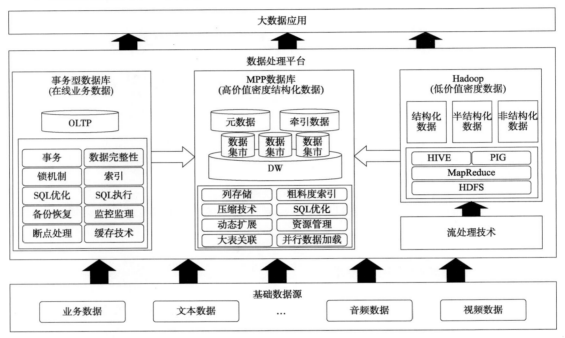

图3-27 大数据存储

信息存储方式包括本地存储/海存储和云端存储。原始感知数据和预处理阶段数据通过本地存储/海存储方式提供给各类感知平台,用于现场情况处理。而无异常情况下的日常感知数据通过互联网由云端存储服务器进行处理和保存。公路智能交通系统特有的分布式形态、特殊事件时空特征的随机因素和特殊事件快速反应的需求对感知信息存储方式提出了新的要求。通过对事件的性质进行分析,对潜在用户(包括控制人员和响应机制)进行判别,并对事件和用户的地理位置信息进行优化匹配实现对信息进行分布式存储,提高海存储数据查询速度和使用效率。主要包括数据存储模型与协议,协同存储架构与算法,数据定位、挖掘与获取,广域数据管理,数据存储安全机制,评价体系等。

第四章　车联网的应用安全

当前,车联网中的信息安全问题是人们广泛关注的焦点,也是整个车联网技术中的难点。车联网技术中的安全性和可靠性将决定车联网的推广普及程度,是车联网走向大规模应用的前提和基础。本章从应用角度分析车联网的安全风险,分析了车联网是在现有的网络基础上扩展了感知网络和应用平台,车联网是物联网的应用延伸,而应用延伸的末端是感知层的系统和设备。因此,车联网除了面临物理、网络、系统、应用和管理等层面的安全风险,还面临感知层方面的安全风险。另外,本章还提出了安全防护体系,并给出了一些国家的车联网安全防护政策供借鉴参考。

第一节　车联网安全风险概述

一、车联网安全事件

车联网,属于物联网概念在交通系统中典型应用。它以车内联网、车际联网、车载移动互联为基础,通过各种已有和新兴的通信协议标准进行数据和信息交换,实现智能服务和智能控制。

随着车联网范围扩大,安全攻击的来源也将相应增多。联网的安全事故以及被攻击的问题,已经发生过多起,例如,2010 年美国德克萨斯州的一名汽车销售店的雇员因不满被解雇采用报复手段。他登入公司汽车管理账户,恶意操纵之前销售出去的 100 多辆汽车,使得这些车辆的某些功能失效。2013 年夏季的 DEFCON 黑客大会上,美国研究人员对福特公司和丰田公司的汽车进行了破解演示,他们用电脑控制汽车转向盘、制动等,并在 2014 年 4 月和 8 月分别在 SyScan 和 Blackhat 安全会议上公布了他们新的研究成果。2014 年 7 月 VisualThreat 团队演示了第一款对汽车进行攻击的手机安卓应用。假设此类移动应用通过传统手机病毒传播方式使汽车病毒被下载到手机上,那么潜在攻击者则不需要对汽车技术有多深的理解,就可以对汽车进行攻击,这将使得攻击技术门槛变得很低。2015 年 1 月宝马公司被爆出其车载系统 Connected-Drive 存在安全漏洞,黑客可以利用这一漏洞远程攻击安装这种车载系统的200万辆汽车。2015年2月9日美国DARPA研究中心发现美国通用安吉星OnStart系统存在漏洞,导致黑客可以利用它来远程操控汽车。美国通用安吉星OnStart系统是最有名最老牌的汽车智能服务系统之一。

二、车联网安全防护政策

为了防止车联网系统受到黑客攻击侵害,影响国家安全,美国在智能交通建设初期就依据1996年7月15日克林顿总统发布的关于关键基础设施保护的130号指令,将智能交通系统(ITS)列入包括电力系统、银行和金融系统在内的,通信系统和交通系统的关键基础设施之一,要求其具备相应的安全保护能力。

此后针对ITS系统,美国于1999年发布了ITS的公平信息和隐私原则(Fair Information and Privacy Principles),对ITS产业保护个人隐私重要性提供了概要性原则。美国交通部在2011年11月发布的一项报告中,要求建立相应的法律、法规,例如出台政策要求系统中不存储可辨识个人身份的信息、不存储和记录汽车的行车位置、只传递应用所需的基础安全消息等。

2014年10月美国国家标准与技术研究院制定《车联网网络攻击防护安全框架》。

在欧盟,欧盟要求车联网应用实施相应的安全措施和数据保护措施,并颁布了相关法规,主要包括:

(1)欧盟95/46/EC数据保护指令和各成员国的实施细则以及欧盟2002/58/EC的数据保护规定:要求必须且只有经过用户同意才能够对数据进行处理,电子通信系统需要对数据进行保护并对网络进行安全防护。

(2)欧盟ITS实施计划(ITS Action Plan)和2010/40/EU指令明确了ITS应用系统必须使用最小化的数据,限制数据的使用,并对用户数据进行匿名化和集成化处理,以保证车联网的安全。

在澳大利亚,其政府于2011年成立了交通与设施常务委员会以负责智能交通的推广与实施,其中安全防护和隐私保护一直是智能交通实施中的核心问题。部分机构将位置信息等敏感数据挪为他用,导致了汽车使用者隐私信息的泄露。澳大利亚政府将在智能交通项目设计阶段和安全测试阶段考虑数据保护和防止滥用问题。

三、车联网安全风险分析

车联网相较于传统网络,其感知节点大都部署在无人监控的环境,具有能力脆弱、资源受限等特点,传统网络安全措施不足以为其提供可靠的安全保障,从而使得车联网的安全问题具有特殊性。在解决车联网安全问题时,必须根据车联网本身的特点设计相关的安全机制,同时也要按照国家等级保护标准进行安全等级设计。

1. 感知层安全风险

车联网前端各类信源基本上通过无线通信传输信息,通常车联网信源层安全风险有以下特点:信源本身的访问缺陷,无线链路比较脆弱,网络拓扑动态变化,通信方式多种多样,节点计算能力、存储能力和能源有限,现场干扰大、环境差,机器无法感知安全隐患,信息量较小,缺乏后期节点布置的先验知识,布置区域的物理安全无法保证,节点安全、整个网络的安全与应用密切相关。因此,车联网前端感知网无法使用传统的安全机制,必须采用轻量级的解决方案。感知网的安全需求注重感知信息(一般是小量信息)的稳定可靠性、真实性和机密性。

2. 基站系统安全风险

基站系统安全风险包括:

(1)地震、水灾和火灾等环境事故造成整个系统的毁灭。

(2)电源故障造成设备断电,导致操作系统引导失败或数据库信息丢失。

(3)设备被盗、被毁造成数据丢失或信息泄露。

(4)电磁辐射造成数据信息被窃取或被偷阅。

3. 网络链路层安全风险

入侵者不仅可能到内部网上进行攻击、窃取或其他破坏,而且有可能会在传输线路上安装窃听装置,窃取网上传输的重要数据,再通过一些技术读出数据信息,从而造成泄密或者做一些篡改来破坏数据的完整性。以上种种不安全因素都对网络构成严重的安全威胁。网络链路安全风险包括:

(1)拒绝服务攻击、欺骗攻击会造成服务器服务的中断,影响业务的正常运行。

(2)通过网络抓包技术,获得系统用户名和口令等关键信息或其他机密数据,进而假冒内部合法身份进行非法登录,窃取内部网重要信息。

(3)通过扫描软件获取其他用户系统或服务器的各种信息,并利用这些信息对整个网络或其他系统进行破坏。

(4)病毒,尤其是蠕虫病毒爆发,将使整个网络处于瘫痪状态。

4. 系统层安全风险

一方面,操作系统的代码庞大,都存在一些不同程度上的安全漏洞。一些广泛应用的操作系统(如 UNIX、Windows NT/2000 和移动终端 Android 系统)的安全漏洞更是广为流传。另一方面,系统管理员或使用人员对复杂的操作系统及其安全机制了解不够,这可能导致配置不当,从而也会造成安全隐患。操作系统自身的脆弱性将直接影响业务应用系统的安全。

5. 应用层安全风险

由于车联网应用系统复杂多样，某一种特定的安全技术不能完全解决应用系统的所有安全问题。一些通用的应用程序（如 Web Server 程序、FTP 服务程序、Email 服务程序、浏览器和 Office 办公软件等）自身的安全漏洞和由于配置不当造成的安全漏洞会导致整个网络的安全性下降。

6. 管理层安全风险

管理层的安全风险如下：

（1）内部管理人员或员工把内部网络结构、管理员用户名和口令、系统的一些重要信息传播给外人，带来信息泄露风险。

（2）机房重地允许任何人进出，来去自由，存有恶意的入侵者便有机会得到入侵的条件。

（3）熟悉服务器、小程序、脚本和系统弱点的员工，利用网络故意进行破坏，如传出至关重要的信息、错误地进入数据库、删除数据等，这些都将给网络造成极大的安全风险。

（4）非法人员进入重要部门或机房，非法获得资料或对设备进行破坏。

（5）员工有意、无意地把硬盘中重要信息目录共享，使其长期暴露在网络邻居上，从而可能被外部人员轻易偷取或被内部其他员工窃取并传播出去造成泄密。

7. 系统运营效率问题

系统建设涉及网络、主机、移动终端、基础设施、安全、应用和业务等层面，每个层面又包括许多信息基础设施。这样庞大的信息基础设施，仅仅靠技术人员手工方式管理是不可行的，而众多的技术与设备的应用又在相当程度上加重了系统与管理人员的负担。效果（effect）和效率（efficiency）是服务管理的主要目标。运维的主要目的是保证手段的应用能够达到预期的良好效果，提高效率。因此，如何保证运维工作的有效性（有效果和有效率），是摆在管理人员面前的主要难题。由于系统基础设施复杂，业务和数据集中方式对系统的可用性要求非常高，而研究显示，在系统运维方面有 60% 甚至更多的事故都与人类的活动相关，包括例行的维护、关键系统的重新配置、维护任务和人为失误等。因此，维护人员的活动需要靠配套管理机制来规范和指导，最大程度发挥维护人员运维管理工作的能动性、主动性和准确性。

第二节　车联网安全体系

一、车联网安全体系概述

为了保证车联网系统能够长期、安全、稳定、可靠、高效地运行，系统需要依据不同的保护对象和安全需求建立分层的安全防护体系。根据以上风险分析,整个车联网的安全防护需要在我国相关法律、法规及政策的支持下,先分别设计各层的安全防护措施,然后再建立统一的安全管理平台,提升网络安全水平、可控制性和可管理性,使各种安全产品相互支撑、协同工作,应用效能得到充分的发挥。

车联网感知层的信息量种类繁多,通信方式也是多渠道的,所以要确保车联网海量感知信息的可靠获取必须要有安全保障措施。基本的做法是建立可信支撑平台,对各类信息进行有效的分类处理,同一类的信息可实行统一安全通行协议,通过加密和签名等技术以保障安全,不同信息之间按照设备终端编号进行设备认证,同时对车辆的标识信息进行唯一性保障,防止克隆和重复使用。

车联网网络层设备如基站等网络设备,需要对设备的物理端口、服务端口、硬件运行状态和系统性能等进行实时监控,出现问题及时上报和处理,保障系统的稳定性和可靠性。为了实现车联网前端采集的车辆电子信息的安全传输,保障采集数据的完整性和一致性,需要以车联网数据中心为中心,建立 IPSec 隧道加密技术体系,对车联网采集的数据进行加密传输,防止车联网数据被非法篡改和截获。对以无线方式传递信息的情况,应使用无线加密隧道上传无线基础信息数据。

车联网应用层通过部署防火墙和入侵检测系统可以有效防止和检测各种网络攻击,且需要在运营数据中心业务应用区和存储备份区交换机上部署安全审计系统,对所有访问内部业务的用户访问行为进行监控和审计;另外,需要在运营数据中心业务应用区和存储备份区交换机上部署一套漏洞扫描系统,定期检测服务器的操作系统、数据库系统配置,识别安全隐患,评测安全风险,提供改进措施,最大可能地消除安全隐患;为了防止主机系统遭受来自外部或内部病毒、恶意代码、木马等攻击,建议在运营数据中心网络部署防病毒系统,同时在管理终端盒服务器上安装防病毒客户程序;另外,在运营数据中心网络管理区部署统一安全管理平台也十分必要,这样可以在一个统一的界面中对网络中产生的大量日志信息和报警信息进行统一汇总、分析和审计,监视网络中所有安全设备的运行状态,只有这样,才能实现总体调控、集中监控、统一管理、智能审计和多种安全功能模块之间的互动,从而形成智能化、网络化、节约型的网络安全管理局面。

二、车联网安全系统的整体架构

车联网安全系统的整体架构如图 4-1 所示,系统可分为四层:感知信源层、基站集群层、网络传输层和应用服务层。每个层面保护对象不同,安全需求也不同,依据不同保护对象安全需求建立分层的防护体系。防护体系由感知信源层安全、基站集群层安全、网络传输层安全和应用服务层安全组成,为实现应用服务层细化安全防护,应用服务安全又分为服务环

车联网服务			车联网安全	
服务层	保护对象	安全需求	安全防护层	安全措施
应用服务层	·商务服务 ·运营服务 ·信息服务 ·个人服务	·服务可用性 ·信息保密性 ·信息完整性	应用服务安全	·服务环境安全	·物理层安全 ·网络层安全 ·系统层安全
			·服务接入安全	·SSL VPN ·PKI/CA
			·服务平台安全	·认证、授权、审计 ·代码审核、Web防护 ·安全运维和管理
网络传输层	·无线网络信息 ·IP网络信息	·信息完整性 ·信息保密性	·网络传输安全	·IP通道加密 ·无线通道加密
基站集群层	·固定基站 ·移动基站 ·便携基站	·基站可用性	·基站集群安全	·系统安全监控 ·设备安全监控 ·病毒安全防护 ·边界安全防护
感知信源层	·交互信息	·保密性和完整性	·信源交互安全	·认证、加密、签名
	·标签、识读器 ·摄像头、传感器 ·传感器网络等	·信源信息保密性	·感知信源安全	·智能卡加密和签名
车联网安全防护模型				

图 4-1 安全系统整体架构图

安全、服务接入安全和服务平台安全。另外,在感知信源层和基站集群层之间还需要充分考虑信息交互安全需求。同时考虑车联网运营安全性,把运营安全管理独立出来进行重点考虑。各防护层实现作用如下。

(1)感知信源层安全:实现车辆电子标识、视频信息、路网环境和车辆等各种资源的安全保护。

(2)基站集群层安全:实现采集基站、监控基站、移动基站和便携终端等的安全保护。

(3)网络传输层安全:实现各终端与数据中心的双向数据传输安全。

(4)应用服务层安全:

①服务环境安全。实现车联网(物理环境、网络系统、主机系统等)服务支撑基础环境安全保护。

②服务接入安全。实现行业用户、公网用户接入安全保护。

③服务平台安全。实现车联网业务平台安全保护。

(5)运营安全管理:从管理角度,利用技术和管理相结合的安全手段,保障整个车联网数据中心业务安全运营。

按照上述安全系统整体架构,安全防护架构如图 4-2 所示。

三、安全措施

为了保证车联网系统能够长期、安全、稳定、可靠、高效地运行,系统需要具有安全保障措施,主要从以下方面考虑。

1)信源层安全

车联网感知信源层的信息量种类繁多,通信方式也是多渠道的,所以要确保车联网海量感知信息的可靠获取,必须要有安全保障措施。基本的做法是建立可信支撑平台,对各类信息进行有效的分类处理,同一类的信息可实行统一安全通信协议、加密和签名等技术进行安全保障,不同信息之间按照设备终端编号进行设备认证,同时对车辆的标识信息进行唯一性保障,防止克隆和重复使用等。通过可信支撑平台的作用确保车联网内数据不外露,并保证网内各用户通过安全权限和认证体系进行通信。车联网可信支撑平台包括车联网可信接入平台和车联网管理平台两部分,二者均部署在车联网数据中心。车联网可信接入平台实现车联网信源认证、签名验证和完整性验证。车联网管理平台负责对信源进行管理,如标识卡认证、密钥、算法初始化和用户信息输入。

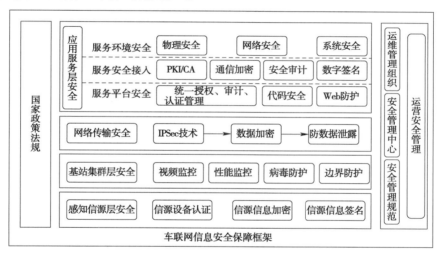

图 4-2　安全防护架构图

车联网可信接入平台功能如下:

(1)在传感器设备和基站数据中心之间,采用认证协议对传感器进行设备认证,该协议负责定时对传感器设备进行身份认证,确信传感器是否完好。

(2)在传感器设备和数据中心之间,建立对数据进行数字签名和数据完整性验证(签名验证)的协议,该协议负责对传感器采集的信息进行完整性验证,保证传感器采集的信息数据完整、可信(没有被篡改)。

(3)在传感器设备和数据中心之间,建立数据保密传输协议,该协议负责对传感器采集的信息进行加/解密,保证传感器采集的信息安全传输到数据中心。

2)基站集群安全

基站运行系统安全,对所有采集计算机布设防病毒软件和防火墙,对操作系统设置登录用户权限管理。

基站设施实现了车联网信息的前端收集和转发，采用设备监控措施对基站系统性能、物理端口、服务端口和硬件运行状态等进行实时监控，出现问题及时上报和处理，保障基站系统的稳定性和可靠性。

基站整个系统被部署在室外，物理上脱离了车联网数据中心的控制范围，需要集成远程视频监控和报警机制进行全天24h远程监控，如果出现基站整合系统破坏事件，相关人员可以第一时间到现场进行处理和解决。

3）网络传输安全

为了实现车联网前端采集的车辆电子信息的安全传输，保障基站采集数据的完整性和一致性，需要以车联网数据中心为中心，建立IPSec隧道加密技术体系，对车联网基站采集的数据进行加密传输，防止车联网基站采集的数据被非法篡改和截获。另外，对于以无线方式传递信息的基站，应使用无线加密隧道上传无线基础信息数据。

4）系统安全

（1）安全审计。

虽然通过部署防火墙和入侵检测系统可以有效防止和检测各种网络攻击，但是对于内部用户滥用网络资源，利用系统正常开放的服务进行越权访问、非法操作或无意破坏等行为，防火墙和入侵检测很难防止和检测。因此，需要在运营数据中心业务应用区和存储备份区交换机上部署安全审计系统，对所有访问内部业务的用户访问行为进行监控和审计。

安全审计要求网络安全审计要求：

①应对网络系统中的网络设备运行状况、网络流量、用户行为等进行日志记录；

②审计记录应包括事件的日期和时间、用户、事件类型、事件是否成功，以及其他与审计相关的信息；

③应能够根据记录数据进行分析，并生成审计报表；

④应对审计记录进行保护，避免受到未预期的删除、修改或覆盖等。

主机安全审计要求：

①审计范围应覆盖到服务器和重要客户端上的每个操作系统用户和数据库用户；

②审计内容应包括重要用户行为、系统资源的异常使用和重要系统命令的使用等系统内重要的安全相关事件；

③审计记录应包括事件的日期、时间、类型、主体标识、客体标识和结果等；

④应能够根据记录数据进行分析，并生成审计报表；

⑤应保护审计进程，避免受到未预期的中断；

⑥应保护审计记录,避免受到未预期的删除、修改或覆盖等。

应用安全审计要求:

①应提供覆盖到每个用户的安全审计功能,对应用系统重要安全事件进行审计;

②应保证无法单独中断审计进程,无法删除、修改或覆盖审计记录;

③审计记录的内容至少应包括事件的日期、时间、发起者信息、类型、描述和结果等;

④应提供对审计记录数据进行统计、查询、分析和生成审计报表的功能。

(2)安全检测。

由于功能复杂、代码庞大,操作系统、数据库系统、应用软件系统和一些网络设备系统均不同程度存在一些安全漏洞和一些未知的"后门",且一般情况下很难发现,因此对主要服务器进行安全评估是非常重要的。采用安全评估手段对网络和系统安全漏洞进行扫描检测,提前发现安全漏洞,并加以修补,可以使安全风险降到最小。

在运营数据中心业务应用区和存储备份区交换机上部署一套漏洞扫描系统,定期检测服务器的操作系统、数据库系统配置,识别安全隐患,评测安全风险,提供改进措施,帮助安全管理员控制可能发生的安全事件,最大可能地消除安全隐患。同时,应采用终端管理补丁分发功能和人工加固方式实施安全加固。

(3)安全加固。

操作系统、数据库系统、应用系统和网络设备系统均不同程度存在一些安全漏洞,这也是黑客攻击得手的关键因素。因此,应对运营数据中心网络系统、安全系统、操作系统、数据库系统和应用系统提供安全配置、补丁安装等服务,提高系统自身的安全防护能力。

对系统自身安全漏洞进行修补,应采用终端管理补丁功能,实现智能化的安全漏洞修补,系统自身安全配置优化和设置需要采用人工加固方式进行安全加固。

(4)病毒防护。

为了防止主机系统遭受来自外部或内部病毒、恶意代码、木马等攻击,建议在运营数据中心网络部署防病毒系统,在运营数据中心网络管理区部署防病毒管理中心,同时在管理终端和服务器上安装防病毒客户程序,并由防病毒管理中心实现统一策略制定、分发和监控。

5)应用安全

(1)应用防火墙。

普通防火墙能够实现网络层安全防护,而应用防火墙能在 OSI 模型第七层阻断已知和未知的攻击,它通过执行细粒度的安全策略来保证运营数据中心、Web 应用系统及其数据免遭各种攻击。应用防火墙能够抵御的各种威胁见表 4-1。

应用防火墙所抵御的威胁　　　　　　　　　　　　　　表 4-1

危　胁	手　段	后　果
注入式攻击	通过构造 SQL 语句对数据库进行非法查询	黑客可以访问后端数据库，偷窃和修改数据
跨站脚本攻击	通过受害网站在客户端显示不正当的内容和执行非法命令	黑客可以对受害者客户端进行控制，盗窃用户信息
上传假冒文件	绕过管理员的限制上传任意类型的文件	黑客可以篡改网页、图片和下载文件等
不安全本地存储	偷窃 Cookie 和 Session Token 信息	黑客获取用户关键资料，冒充用户身份
非法执行脚本	执行系统默认的脚本或自行上传的 Web Shell 脚本等	黑客完全控制服务器
非法执行系统命令	利用 Web 服务器漏洞执行 Shell 命令 execute 等	黑客获得服务器信息
源代码泄露	利用 Web 服务器漏洞或应用漏洞获得脚本源代码	黑客分析源代码从而更有针对性地攻击网站
URL 访问限制失效	访问非授权的资源链接	黑客可以强行访问一些登录网页、历史网页

为了对运营数据中心对外公开的应用服务进行深层次安全保护，建议在外网防火墙防护基础上再部署一层应用防火墙，以实现业务应用层安全防护，避免系统遭受来自互联网的各种应用攻击，另外，为了防止应用防火墙出现单点故障，可部署 2 套应用防火墙实现双机热备份。

（2）SSL VPN。

综合车联网的情况，按不同的安全域划分，其涉及的对象有行业专用网、运营数据中心网络、行业用户和公网用户四类。运营数据中心需要为行业用户和公网用户提供服务业务，为了防止和避免行业用户和公网用户访问的信息在互联网上被非法地修改、截获和破坏，建议在安全接入区的交换机上部署一套 SSL VPN 系统，使行业用户和公网用户安全接入。行业用户和公网用户与 SSL VPN 设备之间的通信，采用了 SSL 加密的手段，保证了这些敏感的数据在不可信任的互联网上的安全传输。

SSL VPN 能够实现的安全目标如下：

①实现远程用户数据保密性。VPN 在用户传输数据包之前将其加密，以保证数据的保密性，防止用户数据在互联网传输过程中被窃听，造成信息泄露。

②实现用户访问权限管理。采用 URL、应用、服务器或文件级别的细粒度的安全授权访问控制。

③实现用户访问安全审计。通过易于了解的清晰格式提供细粒度的审计和日志记录功能，可逐用户、逐目的、逐事件的进行记录。

④实现用户终端安全准入。以用户开始接入到会话结束过程中，检查客户计算机安全性，不允许不符合安全要求的客户计算机远程接入办公信息系统。

(3) CA 认证。

由于互联网的广泛性和开放性，信息系统在发展建设的同时也出现了众多信息安全隐患。近年来，随着信息系统的深入建设，用户账号被盗用、重要信息被越权访问、非法信息被发布、重要数据被篡改等安全事件时有发生，并呈上升趋势。

目前，CA 认证技术是一种安全可靠的身份认证手段，同时这种技术手段也符合国家安全技术规范要求，但是独立建设 CA 认证技术平台存在如下方面的现实困难。

①政策许可方面：我国对证书认证系统的技术鉴定和认证中心的资质审查非常严格。

②资金投入方面：需要涉及系统建设、物理场地建设和网络建设等一系列高额投入，初期投入巨大。

③后期运营维护方面：需建立专门的运营管理团队，并有具备业务维护和技术维护能力的专业人员。

④风险方面：电子认证服务系统在运营时需要承担相应的法律责任和运营风险。

直接使用第三方 CA 提供的数字证书服务也存在一些现实的困难和不便。

主要表现在：

①管理难度大。大量直接使用第三方 CA 提供的证书会带来证书应用机构对证书管理难度加大，对应用的安全性造成一定的影响。

②证书申请复杂度高。直接使用第三方 CA 提供的证书服务会要求证书申请人向第三方 CA 递交申请资料，会在一定程度上增加证书申请的难度和复杂度。

基于以上原因，建议在业务层面和国家授权的第三方认证中心合作，建立 CA 系统的合作 RA 系统以解决上述问题。合作 RA 系统作为第三方认证中心 CA 的服务延伸，主要作用为证书发放的审核，包括用户信息的录入、用户信息的审核、证书申请、证书注销、证书更新和证书恢复等功能，等同于一套功能完备的证书信任系统。

在运营数据中心网络安全接入区部署第三方认证中心扩展的 RA 服务系统，利用扩展的 RA 服务系统对行业用户和公众用户发放电子证书，并联合 CA 认证服务器，实现高强度的身份认证。

(4) 用户安全管理。

保护车联网应用系统主要是控制用户对资源的操作，确定用户的可信性是第一步。在车联网应用系统中，用户的身份和授权应该统一定义，以实现完整的、一体的用户强认证和授权，每个用户只能使用那些完成必要任务所需的功能，只允许访问经过确认的业务应用服务和设备。这样，通过严格的用户认证和授权验证措施，增强了对用户的管理控制。同时，可通过采用应用接口集成方式，把具有认证、授权、审计和单点登录功能的系统和物联网应用系统进行接口集成，实现车联网应用系统用户集中认证、授权和审计，具体描述如下：

①集中账号管理。由系统自动同步不同系统下的账号,便于用户集中认证、授权和审计。

②集中身份认证。选择不同的身份认证方式,加强身份认证手段,提高系统安全性。

③集中访问授权。采用基于角色的授权管理方式,实现授权细化管理。

④集中安全审计。对用户行为集中审计,实现用户非法行为审计、跟踪和取证。

⑤统一单点登录。认证后根据授权信息展现可访问资源列表,安全认证由后台系统自动完成,避免登录多个系统要频繁输入密码。

用户访问边界应设置统一门户(portal)。统一门户采用 OTP、CA 等认证方式对用户进行合法性认证。如果认证通过,用户将得到被授权访问的资源列表,通过单点登录模块实现只需要登录一次就可以访问所有相互信任的应用系统,安全审计模块会对用户访问行为进行审计记录,安全监控模块对非法信息流进行及时的分析和报警。

(5)软件代码审核。

代码安全漏洞往往是黑客入侵的重要途径,物联网安全防护手段再好,如果物联网系统在软件设计上存在代码安全漏洞,黑客也能够突破安全防护手段,利用代码安全漏洞进入物联网系统。因此,在物联网系统软件设计上要进行软件代码安全性审核,在物联网系统上线之前和之后应采用专业模拟渗透机制对系统软件进行实践性的安全检测。

(6)门户系统安全。

门户网站服务系统是运营服务系统的重要实现形式,所有的商用服务都可以通过门户网站的形式实现,如信息服务子系统、清分结算和 Call Center 子系统。除了这些子系统以外,门户网站服务系统还提供新闻、公告、通知、留言和投诉的窗口,以及便民服务、资料下载、宣传等功能,门户网站服务系统应该得到高强度的保护,为门户网站服务系统划分独立的安全区,在安全区部署 Web 防护。

6)安全管理

随着非法访问、恶意攻击等安全威胁不断出现,防火墙、VPN、IDS、防病毒、身份认证、数据加密和安全审计等安全防护和管理系统在网络中得到了广泛应用。虽然这些安全产品能够在特定方面发挥一定的作用,但是这些产品大部分功能分散,形成了相互没有关联的、隔离的"安全孤岛"。各种安全产品彼此之间没有有效的统一管理调度机制,不能互相支撑、协同工作,从而使安全产品的应用效能无法得到充分的发挥。

从网络安全管理员的角度来说,最直接的需求就是在一个统一的界面中监视网络中各种安全设备的运行状态,对产生的大量日志信息和报警信息进行统一汇总、分析和审计。同时,在一个界面完成安全产品的升级、攻击事件报警和响应等功能。

但是,现今网络中的设备、操作系统和应用系统数量众多,构成复杂,异构性、差异性非常大,而且各自都具有自己的控制管理平台,网络管理员需要学习、了解不同平台的使用与管理方法,并应用这些管理控制平台去管理网络中的对象(设备、系统和用户等),工作复杂度非常大。

因此,建议在运营数据中心网络的管理区部署一种新型的整体网络安全管理解决方案——统一安全管理平台,来总体配置、调控整个网络多层面、分布式的安全系统,实现对各种网络安全资源的集中监控、统一策略管理、智能审计和多种安全功能模块之间的互动,从而有效简化网络安全管理工作,提升网络的安全水平、可控制性和可管理性,降低用户的整体安全管理开销。

7)安全运维

安全运维要求在网络运维过程中做好技术设施安全评估、技术设施安全加固、安全漏洞补丁和安全事件应急响应等运维保障工作,及时发现并修复信息系统中存在的安全隐患,降低安全隐患被非法利用的可能性,并在安全隐患被利用后及时加以响应。

安全运维工作包括如下内容:

(1)设备管理:对网络设备、服务器设备、操作系统运行状况进行监控和管理。

(2)应用服务:对各种应用支持软件如数据库、中间件、群件以及各种通用或特定服务的监控管理,如邮件系统、DNS、Web等的监控与管理。

(3)数据存储:对系统和业务数据进行统一存储、备份和恢复。

(4)业务:包含对企业自身核.心业务系统运行情况的监控与管理,对于业务的管理,主要关注该业务系统的 CSF(关键成功因素 Critical Success Factors)和 KPI(关键绩效指标 Key Performance Indicators)。

(5)目录内容:该部分主要对于企业需要统一发布或因人定制的内容管理和对公共信息的管理。

(6)资源资产:管理企业中各 IT 系统的资源资产情况,这些资源资产可以是物理存在的,也可以是逻辑存在的,并能够与企业的财务部门进行数据交互。

(7)信息安全:信息安全管理主要依据的国际标准是 ISO17799,该标准涵盖了信息安全管理的十大控制方面,36 个控制目标和 127 种控制方式,如企业安全组织方式、资产分类与控制、人员安全、物理与环境安全、通信与运营安全、访问控制、业务连续性管理等。

(8)日常工作:该部分主要用于规范和明确运维人员的岗位职责和工作安排、提供绩效考核量化依据、提供解决经验与知识的积累及共享手段。

第三节　车联网安全平台应用

安全始终是车联网技术,乃至物联网技术首要关注因素。在车联网平台中使用 MirrorLink 标准后，如果车联网平台中存在安全隐患，出现漏洞，黑客利用该漏洞并通过和车载系统连接的智能设备入侵用户的汽车，就会给车主和厂商带来不必要的麻烦。那么如何解决上述问题并减少其发生的次数，本节将以此为重点进行讨论，让读者更好的理解车联网安全对汽车系统平台的重要性。

一、MirrorLink 和 CCC 概述

CCC(Connected Car Consortium)即"车联网联盟"，它由多家汽车厂商、智能手机厂商、汽车电子厂商组成，包括：丰田、通用、大众等在内的 80% 的汽车厂商，以及微软、三星、华为、索尼等智能手机巨头，另外博世、东芝、瑞萨电子、高通等汽车电子和车载系统厂家也参与其中，部分厂商的产品商标如图 4-3 所示。该组织旨在提供一种简单的途径，将任意设备和任意汽车连接。

图 4-3　部分汽车、智能手机、汽车电子产品商标

MirrorLink，是 CCC 建立的一种"车联网标准"，旨在规范智能设备和车载系统的连接，成为首个智能设备和车机连接的领导性行业标准。通过该协议标准进行智能设备和车载系统互联时，可以实现双向控制，提升互操作性，即用户在汽车驾驶过程中，可以通过车载系统上的按键或者语音来控制智能设备，相反也可以通过智能设备对车载系统进行控制，从而带来更安全、简单、舒适的驾驶和娱乐体验。

二、MirrorLink 安全漏洞分析

现今许多汽车在出厂前都装配有原型软件功能，例如 MirrorLink 协议。一般来说这些功能是被禁用的，但是"某些聪明的驾驶员"可能将其解锁。纽约大学工程学院计算机科学和

工程专业的助理教授 Damon McCoy 以及乔治梅森大学的一组学生发现了 MirrorLink 系统中的存在缺陷。他们于德州奥斯汀第 10 届高等计算机系统协会(USENIX)攻击技术研讨会(WOOT 16)上展示了他们的研究,在包括 MirrorLink 的车载信息娱乐系统(IVI)新协议进行更大范围部署之前,将其被解锁的安全隐患提上议事日程。图 4-4 所示为一种硬件配置,将安卓手机和 2015 模型车的音响主机进行集成。MirrorLink 通信协议,让驾驶员或者乘客可以通过汽车的仪表板和转向盘控制手机应用程序。

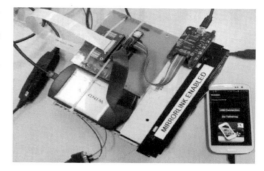

图 4-4　硬件配置

三、MirrorLink 协议栈

MirrorLink 架构由一系列的协议组成,按照功能划分可分为:

(1)连接协议,包含以 IP 为基础的有线(USB)或者无线(Wifi 或蓝牙)的面向连接的服务和无连接的服务,用于传输数据和音频。以及专用的蓝牙连接方案用于传输电话音频和应用音频。

(2)UPnP 的服务协议,主要为 ML 服务器和客户端之间提供广播机制,通知 ML 客户端此时服务器上的应用程序列表,并对它们进行操作(开启、终止、报告它们的状态等)。

(3)VNC 协议,复制 ML 服务器的显示内容到 ML 客户端,并将 MK 客户端的控制信息反馈给 ML 服务器。包含 RFB(远程帧缓存)协议和控制事件 的传输,RFB 协议是基于 TCP/IP 或 UDP/IP 协议的基础之上的,用于传输帧缓存内的数据,并提供压缩技术。

(4)用于传输音频协议,主要有 RTP 协议,蓝牙的 HFP 和 A2DP,主要用于移动设备的电话和应用程序的音频传输。

(5)安全机制协议,用于 MirrorLink 的认证和保密,其结构如图 4-5 所示。MirrorLink 系统中有两种安全机制,即设备认证协议(DAP)和内容认证。

四、攻击 MirrorLink 过程

在进行理论分析之后,为了评估和模仿攻击 MirrorLink,假设并且准备了黑客会使用的工程工具,例如:JTAG 调试器、芯片读取器和网络分析设备(图 4-6)。这里需要访问芯片内部数据,获取芯片内核和配置文件,获取固件拷贝,并通过调试接口对于 IVI 进行控制,然后对智能手机和 IVI 之间的通信进行监测,俘获并分析通道上传输的数据。具体步骤如下:

(1)分析了这种 IVI 里面使用的 NOR flash 芯片,然后使用芯片读取器来读取 NOR flash

进行深入分析。

（2）数据提取和调试，他们进行数据调试的接口主要有 USB、UART，另外还借助了 ActiveSync 工具，用于抓取和分析数据的，相关 USB 分析设备设置如图 4-7 所示。

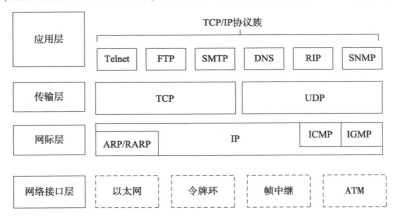

图 4-5 安全机制协议结构

图 4-6 芯片读取器

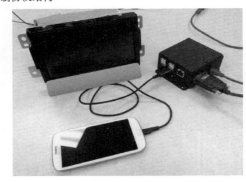

图 4-7 USB 分析设备设置

（3）根据智能手机和 IVI 之间 USB 通道上捕获的数据，对于 MirrorLink 协议作出如图 4-8 所示的理解。

（4）软件分析，通过静态和动态的分析，归纳出协议的相关潜在缺陷，如图 4-9 所示。

图 4-8 对 MirrorLink 协议作出的理解　　　图 4-9 协议的相关潜在缺陷

(5)设计了一个恶意的手机应用程序,来模仿相关黑客攻击。

通过以上的分析,发现 MirrorLink 相对容易被启用,黑客能够通过解锁,并且使用智能手机,作为"破坏工具"控制关键性安全组件,例如汽车的防抱死制动系统(ABS)。然而,目前汽车制造商和供应商,似乎拒绝发布安全补丁,这样会让启用了 MirrorLink 的驾驶员更加孤立无援。

五、车联网安全平台实施措施

1. 提高车联网平台的安全性

提高车联网平台的安全性,可从软件和硬件设计四个方面阐述。

第一,软件开发方面:软件设计涉及车联网系统的各个环节,包括终端设备的固件、手机应用程序 app、服务器端的软件、测试脚本、通信协议等。为了提高安全性,自然要提高软件质量,提高软件的健壮性。软件中不仅要实现基本功能,还要加入必要的安全设计,加强对于软件质量的管理,加强团队对于代码的审核和检查,及时针对不同的安全隐患进行升级和补丁。在开发流程中,减少软件自身的漏洞,从而减少受到安全攻击的可能性。为了提高安全性,通过不断的对于安全漏洞的学习和研究,软件开发要逐步形成可以遵守的安全性规范。

第二,固件方面:大多数智能终端设备都是嵌入式设备,需要可在芯片上运行的固件。固件一般需要加载到嵌入式硬件上运行。所以需要一个安全启动设计,防止非法固件加载到硬件上面运行。固件要通过可信任的机构,对其进行加密签名。硬件里硬编码的密钥或者证书和固件匹配一致后,才可以被加载执行。这样就防止它有可能被非法修改。有些黑客,可能通过 JTAG 接口获取固件,并且反向工程破解和篡改它,但是它不能和加入硬件的公钥相匹配,所以启动的第一步,就会失败了。系统就不会进行启动。微软的 secureboot 也就是这样一种技术,防止未经认证的非法驱动程序和操作系统被加载。同样这种技术对于嵌入式设备的固件程序的安全也很适用。

第三,硬件方面:需要进行安全隔离,例如 ARMTrustZone 技术,其实就是系统范围管理的一种好例子。它通过隔离所有 SoC 硬件和软件资源,让资源分别位于两个区域:用于安全子系统的安全区域,用于存储其他内容的普通区域。而支持 TrustZone 的总线,可以确保普通区域组件无法访问安全区域资源,从而在这两个区域之间构建强大边界。将敏感资源放入安全区域的设计,以及在安全的处理器内核中可靠运行软件可确保资源能够抵御众多潜在攻击,包括那些通常难以防护的攻击。这样可以保护安全内存,加密块,指纹传感器、键盘和屏幕等设备免遭软件攻击。

第四,云和网络方面:目前很多经过物联网终端搜集到的数据,都要发送到云端存储,必要时应用也会向云端检索数据。所以数据要通过加密算法加密后,通过加密方式发送到网络,并存储在云端。同样,检索过程也要采用相应的安全索引算法。另外,访问控制方面,用户必须使用相关密钥才可以对云端进行访问。

2. 设计有助于保证车联网平台数据安全和隐私的若干准则

首先,保证数据安全可信,防止数据在传输过程被修改,可考虑以下的准则:

(1)软件的完整性验证,例如安全启动(secure boot),确保只有熟知的软件在系统上运行。

(2)设备或者系统,采用从硬件而来的信任链,让用户保护复杂的底层软件免受攻击,确保运行在设备上的软件经过恰当授权。

(3)应用于数据的认证和完整性保护,使用户对于从相关源得到的数据有信心。

(4)受损或者故障的设备可以识别或者撤销,从设备而来的错误数据,将会影响系统的其他功能。所以,需要提供一种方法识别此类设备,然后阻止、过滤、撤销它们,从而减小损失。

(5)数据在应用时,孤立于其他的系统和服务。物联网可以处理不同的数据类型。为了减少数据泄露的风险,应该清楚什么系统或者服务,访问了什么类型的数据。

(6)系统需要进行测试和校准,确保系统的设计可以安全处理数据。

(7)设备元数据是可信的和可核查的,可靠的元数据,让用户可以信任设备工作正常,并且辨别故障和受损设备。

(8)重用目前良好的安全架构,而不是设计全新的架构。尽管,车联网的安全挑战有一些是全新的,但是大部分,还是可以从过去的问题研究上找到答案,现有的安全架构可以满足需求。

其次,保证数据隐私,让敏感数据在搜集、传输、分析过程中受到保护,以及用户可以意识到什么样的敏感数据在被处理,需要考虑以下准则:

(1)设计之初,就考虑到安全性,威胁应对和设备容量。设备、网络、系统的安全架构需要和设备一起同时开发,而不是以后遇到问题再开发。并且,要考虑到各种场景的安全性。

(2)提供适当的潜在攻击应对保护,例如在设备、网络、服务器、云方面等。对于设备自身来说,敏感数据可能暴露给其他与其连接的系统,所以,需要考虑到整个网络的数据的安全性维护。

(3)通知用户,当设备进行操作时候,用到了哪些隐私数据。用户需要利用车联网提供便利,同时也要确保它们的隐私受到保护。设备应该对于他们正在处理的隐私数据很清楚。

(4)让用户和安全产品,检查敏感数据,来确保设备操作的隐私性。这样,一方面保证了隐私,另外一方面,也可以让用户和设备制定本地安全策略来操作敏感数据。

(5)在必要的地方,确保标识符删除或匿名。暴露敏感的个人标识符,可能使得未经授权的设备搜集和分析隐私数据。

(6)安全管理密钥。在整个密钥的生命周期,从申请、使用到撤销,都妥善管理。

3. 国际大公司在车联网系统平台安全方面的策略

对于传统的汽车,"上锁"是驾驶员在安全性方面唯一需要注意的。但是,随着汽车工业向着车联网方向发展,以及最近的黑客攻击事件,联网汽车的安全性问题成为业界关注的重点。

英特尔,作为一家处理器制造商,为此创建了汽车安全审查委员会,设计安全标准,在整个汽车工业的"从设计到上路"的阶段,进行最佳的安全实践。委员会没有任何官方权力,但是由"顶尖的安全人才"组成。英特尔称将对汽车进行安全测试审查。基本上结果分为:符合安全,或者容易受到黑客攻击。

英特尔的技术已经在宝马系列、英菲尼迪的 Q50,以及 2015 现代 Genesis 之中应用。但是作为芯片厂商,它在投资创造更先进的技术,甚至包括无人驾驶汽车。英特尔,明确地看到无人驾驶汽车的未来,在新的白皮书中,提及在 2050 年消除汽车安全事故。

白皮书概括了 15 种下一代汽车中"最具被黑客攻击可能性的"组件,包括制动和转向发动机控制单元(ECU)、遥控钥匙,以及车载诊断单元(图 4-10)。这些组件,大部分已经在最近的黑客攻击中被利用,例如无线钥匙被攻击,以及吉普车黑客通过无线访问汽车的车载娱乐系统。

图 4-10 最具被黑客攻击的组件

安全性是一个重要问题,而隐私也同样很重要。汽车可以搜集驾驶员的大量数据,例如当前位置、麦克风记录、电话记录,以及导航历史信息。为了这个目的,英特尔称将来安全应

该依靠防火墙,提供持续的威胁分析,并且使用空中接口更新。白皮书呼吁应对各种有组织犯罪的威胁,称如果汽车成为"较弱的目标",他们将被持续的攻击。

通过英特尔的策略,我们看到,车联网安全作为一个行业性的问题,涉及方方面面,需要行业企业共同努力应对,并且需要创建标准,来规范汽车生产设计流程中的安全性检查,特别是一些重点区域。以上这些,都是应对车联网安全问题的宝贵经验,也值得汽车电子企业去参考借鉴。未来,随着汽车联网功能的加强,安全性解决方案,势必成为汽车电子行业的一个新的关注点。

第五章 车联网的实现

第一节 车联网应用实现

一、车联网应用阶段技术能力

随着信息化逐步深入,车联网将最终发展成为拥有强大传感器网的智能交通网络,其应用功能也将达到深化期的完美表现。我国车联网产业尚处于发展期到成长期的过渡过程之中,部分新的应用已出现但尚未大规模铺开。车联网的应用实现过程见表5-1。

车联网的应用实现过程 表5-1

阶段	主要技术	通信能力	处理能力	突破点
起步期	车载信号接收(包括广播、CMMB等)	信号源—物单向通信	依靠人工识别处理信息	预留双向接口、处理模块
发展期	移动通信发送、接收;智能芯片嵌入	信号源—物双向通信、简单的物物通信能力	简单指令由机器识别并执行、仍依赖人工干预	开放物—物通信与信号源—物通信接口
成长期	无线短程通信	较强的物—物通信能力;初步智能处理	硬件设备信息交流、信号识别后触发指令	开放的智能处理系统
普及期	情境感知、普适计算、统一的服务交付	物—物通信拓展到周边信息采集、变被动通信为主动获知	基于XML,对格式化信息快速处理	感知信息采样范围
深化期	智能交通系统网络、流量识别与控制	与城市网络间通信、与驾驶员双向通信	基于周边感知、交通网络的自动控制	人—车路交通网的有机结合

二、车联网的应用推进

近年来,智能车辆已经成为世界车辆工程领域研究的热点和汽车工业增长的新动力,很多发达国家都将其纳入各自重点发展的智能交通系统当中,未来大有可为。

从技术层面上来说,车联网并没有克服不了的技术困难,即便是路与车、车与车的信息交换也有多种不同的技术方案。而新旧系统如何兼容过渡才是车联网发展的关键,没有兼容和过渡,便不可能有真正意义上的车联网应用。从这个角度来看,车联网的建立比互联网的建立挑战性更大。互联网是一种独立于旧有模式的新媒体、新模式,新旧模式之间没有直接的冲突,两者是可以共存共荣的。但车联网的情况不同,我们很难想象一种专为联网汽车开辟的街道、公路或高速公路的存在,因为那是不现实的。人们能接受的联网汽车,首先应该能在传统的公路上行驶,并在使用过程中体现其有异于传统汽车的优异性能和功效。这样,人们才会喜欢它、接受它,并最终使其成为汽车的主流而将传统汽车淘汰。因此,能够实现从传统到未来过渡的车联网必须具备以下几个"兼容"与"互动"的特质。

1. 要兼容当前道路信号系统

令联网汽车同时与道路信息互动。具体可将车联网所需的数字化信息融入当前的信号系统之中,并使数字化信息与传统道路信号灯信息同步发送。传统汽车驾驶员按红绿灯信号行驶,联网汽车的电子系统按数字化信息行驶(自动模式下)。同时,联网汽车驾驶员也可在手动模式下按信号灯信息行驶。这时,数字化信息系统可作为一个辅助系统来看待,可提醒驾驶员注意交通信息,防止违规操作和意外发生等,使得无论天气情况如何恶劣,驾驶都能一样轻松自如。

2. 要兼容当前的汽车灯信号系统

令联网汽车之间状态互动。联网汽车应同时具备传统信号灯及数字化信息,并可在车与车之间实现数字化信息交换。制动时除将制动灯点亮之外,还会发送数字信息,使尾随的汽车可以及时得到消息,并计算出两车之间的距离、速度和加速度,从而能自动与其保持一个安全距离,防止汽车追尾事故的发生。

3. 兼容当前的道路指示系统

令联网汽车与数字导航系统互动。在车联网中,卫星导航将不再需要,因为整个城市的导航都会交由数字化交通信息系统和电子化道路指示系统来承担。在这个系统中,每一个交通信号灯、道路指示牌和交通广播系统都是一个数字信息交换点,只要汽车向信息交换点提供其目的地信息或请求,便可得到比卫星导航更新、更准、更全面的实时交通导航,可有效避开拥堵路段,选择最佳行驶路径。

4. 要兼容当前的道路收费系统

令联网汽车与收费系统互动。现有的道路收费未必是最合理的,因为它并没有体现汽车的道路使用情况,同时对疏导城市交通拥堵也没有任何的帮助。目前一些发达国家或地区已根据不同时段和不同路段的情况进行"拥堵收费",这既可有效分流高峰期车辆,同时也能体现公平公正和用者自负的原则。在这样一个网络中,每一个交通信号或信息指示都是一个数字化的收费检测点,这样不但可有效疏导交通拥堵,同时使收费和分流处理以最合理方式自动进行,可进一步提高城市的通行效率。

5.要兼容道路管制系统

令联网汽车与管制系统互动。在道路管制中,某些路段对某些汽车可能是有限制的,如通行禁区只允许有通行证的汽车进入。在车联网中,所有联网的汽车都会获得自动识别和提示。目前城市的主干道上通常也有大车道、小车道的划分和管制,但因执行检查的困难而形同虚设。但在车联网中这些问题都很容易解决,因为不按车道行驶会被监测甚至会被罚款。另外,停车、超速和闯红灯等问题在车联网中都会以最合理方式自动处理。在车联网中,未经授权的汽车、失窃的汽车、违规的汽车都会被监测、跟踪和处理。

三、车联网应用发展的策略

(1)实现汽车与道路的信息交换:

①行驶中的汽车与道路的联网是实现车联网的第一步。为了兼容传统车辆,现有的道路交通信号(行车线、红绿灯、指示牌等)都应该被保留,因为那是新旧系统兼容的基础和保障。

②将无线数字传输模块植入当前的道路交通信号系统中去,数字模块可向经过的汽车发送数字化交通灯号信息、指示信息和路况信息等,接收联网汽车的信息查询和导航请求,并将有关信息反馈给相关的联网汽车。

③将无线数字传输模块植入到联网汽车中去,令联网汽车可接收来自交通信号系统的数字化信息,并将信息于联网汽车内显示,同时还将信息与车内的自动/半自动驾驶系统相连接,将其作为汽车自动驾驶的控制信号。

④联网汽车的显示终端同时作为城市道路交通导航系统来使用,在车联网系统中,卫星导航将不再需要,因为导航信息直接来自具有更快、更新、更全面导航功能的数字化交通系统。

⑤联网汽车的数字传输模块包含有联网汽车的身份标识信息,这是车联网对汽车进行通信、监测、收费和管理的依据。

(2)实现行驶中车辆的互联互动:

①连接路面行驶中的汽车是实现车联网的第二步。为了使联网汽车与传统汽车兼容,现有的汽车灯号系统(如制动灯、转向灯和危险信号灯等)都将被保留,这也是新旧系统兼容的基础和保障。

②将无线数字传输模块植入到联网汽车中去,数字模块可以向周边联网汽车提供数字化灯号信息和状态信息,并且数字化信息与其传统灯号信息是同步发送的。

③联网汽车中的无线数字传输模块可同步接收来自其他联网汽车的数字化信息,并在车内进行显示,同时还将信息与车内的自动/半自动驾驶系统相连和互动,为联网汽车的安

全行驶提供依据。

④根据接收到的由其他联网汽车发送的数字信息,联网汽车便会知道周边联网汽车的状况,包括位置、距离、相对速度和加速度等,并在紧急制动情况下,可令随后的联网汽车同步减速,有效防止汽车追尾事故的发生。

⑤联网汽车还可随时通过数字化网络与周边任意联网汽车进行通话。在有需要时,还可向附近的联网汽车进行广播,告知有关紧急情况。

(3) 实现整个交通系统的协调控制。整个交通的协调控制是实现车联网的第三步。在车联网体系中,每一辆汽车都是一个信息采集节点,这将产生海量的涉车信息资源,对这些信息资源的分析、挖掘和智能处理是实现整个交通系统协调控制的关键所在。

第二节 车联网的服务

一、服务类型

车联网从业务服务对象上大体分为三类:第一类,为公安、市政等部门提供政务管理服务;第二类,为涉车的商业银行、消费单位和保险公司等提供非公益性的行业服务;第三类,为广大车主开展非公益性个性化服务。其中,政务管理包括交通管理、治安管理、指挥调度、事故勘察、违章稽查、紧急救援、车管业务、4S行业管理、停车场管理、路况信息发布和运营车管理等公益服务,如图5-1所示。

行业管理包括高速公路服务、电信运营商服务、路桥收费、移动缴费服务、信息定制服务、保险业务、4S行业服务、停车场行业服务、运营服务、定位服务和交通数据业务等,如图5-2所示。

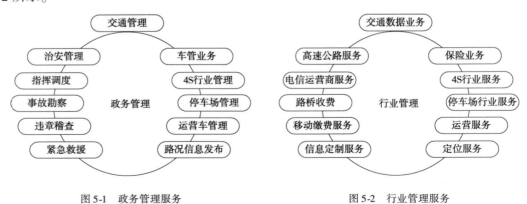

图5-1　政务管理服务　　　　　　　　图5-2　行业管理服务

车主业务服务包括4S服务查询、移动缴费服务、交通信息查询、车管业务查询、车辆维修、旅游信息查询、违章查询、相邻车辆信息获知、路况信息获知、紧急救援求助、加油站查询、车辆评估买卖、商旅信息和停车场指引等,如图5-3所示。

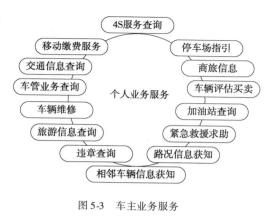

图5-3 车主业务服务

二、服务模式

车联网发展到成熟阶段时,不仅能够为人们提供优质高效的社会生活服务,而且能优化公共管理水平,具有重大社会价值。车联网服务模式也将通过运营管理、业务开展和商务运作等多个层面互相支撑而实现。

1. 服务运营管理

车联网的发展将采用一种"依靠资源、形成资源、凭借资源、进行应用服务而获得经济效益"的可持续发展经济模式。其中,资源是指涉车信息资源。

通过对车联网的需求类型分析和市场可行性分析可知,车联网应用平台系统的搭建应由用户、运营管理商、涉车消费单位、商业银行和信用担保中心五大载体组成。车联网涉及的涉车信息资源和涉车信息服务将由第三方(运营管理商)运营。

用户(即车主或车辆持有单位):车联网系统平台最直接的服务对象,也是车辆的法定拥有者,通过车辆身份标识与银行卡的绑定,形成"人+车+银行卡"的信用体。

运营管理商:负责提供涉车消费相关的金融信用担保服务。此外,其结算中心负责对涉车消费过程中产生的交易数据进行认证、统计和结算,产生与商业银行(清算机构)的划账指令,依据商业银行(清算机构)提供的信息进行用户黑名单的生成和控制。

涉车消费单位:由运营管理公司与涉车消费单位签订相关合同,构成涉车消费链。平台提供结算账户冻结、账户解冻、消费金额清算、结算账户变更和结算账户注销等服务。

信用担保公司:负责为服务提供商(运营管理公司)提供金融信用担保(为服务提供商提供与商业银行间的金融信用担保)。

商业银行:负责资金和账务清算。

2. 服务业务开展

车联网应用平台系统的内部经营模式为纵向型,即由运营管理公司作为总部,向各地方单位、行业单位发展二级运营商。总部主要职责是对资本的管理,向二级运营商提供相应的技术支持,拓展新业务和协调其他部门,负责平台的运营管理和全网范围内的资金清算。二级运营商作为总部直属单位,主要负责地方和行业范围内的业务扩展,发展下一级代理商并且为客户提供完善的售后服务,为客户提供安装并且负责衍生产品的营销。

车联网应用平台系统面对社会和政府开展的业务按照收费体系大体分为两类:第一类,由交通治安防控系统和车联网平台相结合,为道路交通管理部门等政府部门提供公益性的服务,以提高车辆运行安全服务,减少犯罪的发生;第二类,车联网应用平台系统对商业银行、各涉车消费单位、保险公司和车主开展非公益性的服务,按比例收取相应的服务费用和安装车载附属设备的费用,同时将资本运营和增值服务收入返回到运营管理商。

3. 服务商务运作

(1)在金融信用体系,由于非公益性服务产品主要是面向企事业单位和其他法定车主,以金融担保授信模式提供有偿服务。因此,必须部署其金融信用体系。图 5-4 所示为金融信用体系示意图。

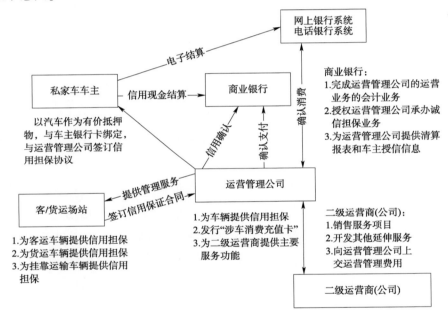

图 5-4　金融信用体系示意图

(2)法人车主(私家车车主)是以汽车作为有价抵押物,与车主的相关商业银行卡绑定,并与运营管理公司签订信用担保协议。从而可以到与运营管理公司签约的单位进行无现金消费,定期到商业银行进行清算,或通过网上银行(或电话银行)进行清算。

(3)客/货运场站是以本企业固定资产估价作为信用保障主体,与运营管理公司、客运/货运车车主签订信用担保合同。以此构成车—车主(或企业)—运营管理公司—商业银行这一信用链,从而进入信用—消费—清算体系。这些企业(客/货运企业)可以为客运车辆提供信用担保;为货运车辆提供信用担保;为挂靠的运输车辆提供信用担保。

(4)通过商业银行来完成运营管理公司的运营业务的会计业务;授权运营管理公司承办诚信担保业务;为运营管理公司提供清算报表和车主授信信息。

（5）通过二级运营商开展销售服务项目；开发其他延伸服务；向运营管理公司上交运营管理费用。

（6）通过运营管理公司（也是涉车消费的信用担保主体）为车辆提供信用担保；发行"涉车消费充值卡"；为二级运营商提供主要服务功能。

（7）以财务清算模式，负责全网内的账务清算，在车主与各个涉车消费单位发生消费行为后，涉及与银行、涉车消费单位等进行结算，因此账务清算体系也需要部署。财务清算体系示意图如图5-5所示。

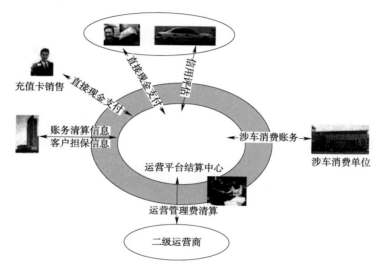

图5-5　财务清算体系示意图

在图5-5中，车联网运营平台结算中心直接承担账务的清算，为车主和绑定汽车提供信用评定，受理车主的现金支付，负责涉车消费单位的涉车消费账务结算。同时，运营平台为商业银行提供账务信息和客户授信信息，商业银行完成清算会计流程后，向运营平台结算中心提交清算表单。

运营平台对下属的二级运营公司进行运营管理费的清算。运营管理商针对小额消费对象发行"充值卡"，运营平台可直接接受充值卡支付。

三、服务支撑平台

车联网的应用发展到了深化期，人—车—路交通网的协同性、实时性、准确性将获得有效突破，车联网的服务模式以典型的人、车、路协同发展的业务形态呈现。与此同时，要求建立各项运营技术服务体系来支撑服务运营平台。整个支撑服务平台应包括人、车、路协同通信系统，信息管理中心，信息安全保障系统，云计算数据服务中心，各类接口服务，技术、应用、服务标准体系，以及应用服务平台。只有实现了上述各类系统，才能保障车联网服务的逐步形成。图5-6所示为车联网服务支撑平台。

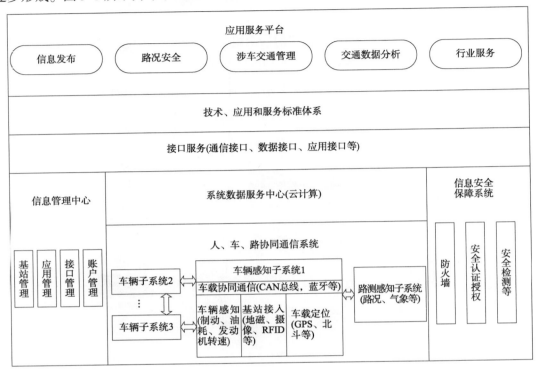

图5-6 车联网服务支撑平台

四、服务保障

车联网的各项服务必须在技术、政策和标准等各类保障下运行。

1. 建立车联网协同运作标准

如果没有TCP/IP和IMT-2000协议,互联网和移动电话不可能取得今天的成就。同样地,建立各类车联网标准是实现车联网的首要条件。

在建立车联网协同运作标准时,应面向现代交通运输物联网发展需求,注重车联网基础标准、通用标准和技术标准体系的研究制定工作。根据车联网技术与应用密切相关的特点,按照技术基础标准和应用子集两个层次,采用引用现有标准、裁剪现有标准或制定新规范等策略,形成包括体系架构、组网通信协议、接口、协同处理组件、网络安全、编码标识、骨干网接入与服务等技术基础规范和产品、应用子集类规范的标准体系,提升技术标准规范总体水平,为交通运输物联网又好又快发展提供技术支撑。应积极参与国际标准的讨论制定工作,保证国家利益,抓紧在实践基础上提炼普遍认可的技术标准规范。

同时,应为今后的车联网产品研发和应用开发中对标准的采用提供重要的支持。应加快制定我国车联网行业标准和国家标准,推进智能交通物联网一体化运作,建立体系标准保障。

2. 统一交通要素身份认证体系

交通运输要素(包括交通工具、交通基础设施和交通对象等)的身份标识和识别是构建交通运输物联网的基础,是实现交通要素身份化、虚拟化、可唯一寻址的关键,也是目前交通信息化和智能交通发展所不具备的。统一的交通要素身份和属性认证体系是实现信息资源挖掘的基础,同时也是促进各区域交通运输信息兼容互通的基础。

应建立起以交通要素身份属性特征信息为核心的、可靠的、唯一对应的"电子镜像",并将这一"电子镜像"真实、可靠、完整、动态地映射到应用系统的数字化平台上。通过对运行于这一信息平台上的"电子镜像"的数据挖掘和科学计算,来支持或满足对存在于实景现场的交通要素物理实体的监管和服务。具体而言,建立交通要素身份认证体系,也就是构建交通对象、交通工具、交通基础设施等相关要素的唯一化身份认证体系。

3. 政策保障

1) 组织保障

应建立专门的管理机构,为交通运输物联网的发展提供组织保障。车联网作为一个新兴产业,涉及市政、交通、公安和城建等主管部门,有效地调动各部门的积极性,加强各部门间的协调合作,是车联网稳步发展的基本保障。因此,有必要建立一个专门的车联网管理部门,统一协调管理车联网产业发展。该部门的职责是加强规划的适用性和政策的指导性,构建各部门间的协调合作机制、标准的完善机制、需求的培育机制、技术的推动机制和人才的引进机制,为我国交通运输车联网产业的规模化发展提供组织制度保障。

2) 财政法律支撑政策

应加大财政支持力度,针对目前缺乏与车联网发展相适应的科技投入保障,建立多渠道的车联网科技创新投入体系。为确保车联网科技创新的持续发展,必须构建新型、多渠道、多层次、社会性的科技投入体系,在充分发挥市场对资源基础性配置作用的同时,实现政府、企业、金融体系和第三部门在科技投入上的合理分工和协调配合,投入范围应涵盖车联网关键技术研发、应用系统研发、科技成果产业化和信息平台建设等方面。在多元化科技投入机构中,政府应着力解决市场资源配置机制不能有效解决的车联网中基础性研发和公共性科技研发的投入问题。因此,政府可通过直接拨款、税收支出、政府采购和政策性金融支持等多种方式参与投入并予以适当政策引导。而在其他领域,可以建立完善的、公平竞争的市场环境,并通过实行对社会组织加大科技投入的优惠政策,鼓励引导企业、商业性金融和非营利机构的资金投入,为车联网技术创新获得资金提供制度保障。通过立法,对公共机关、公共事业经营者持有的个人信息加以保护,确保个人信息的正当使用,提高车联网的可信度、接受度和安全性。通过法律支持政策达到充分调动各方积极性,保障各参与方基本利益与信息安全，加速我国车联网产业发展进程的目的。

第三节　车联网的实现方式

一、感知层的实现方式

感知层的实现包括条形码和扫描、电子标签和读写器、摄像头、传感器、传感器网络等。其中条形码和电子标签显示身份，传感器捕捉状态，摄像头记录图像，最终实现识别物体，采集信息的目标。

1. 条形码

条形码（barcode）是将宽度不等的多个黑条和空白，按照一定的编码规则排列，用以表达一组信息的图形标识符。常见的条形码是由反射率相差很大的黑条（简称条）和白条（简称空）排成的平行线图案。条形码可以标出物品的生产国、制造厂家、商品名称、生产日期、图书分类号、邮件起止地点、类别、日期等许多信息，因而在商品流通、图书管理、邮政管理、银行系统等许多领域都得到广泛的应用。

2. 电子标签

电子标签是RFID（Radio Frequency Identification，射频识别）的俗称，又称射频标签、应答器、数据载体；阅读器又称为读出装置、扫描器、读头、通信器、读写器（取决于电子标签是否可以无线改写数据）。电子标签与阅读器之间通过耦合元件实现射频信号的空间（无接触）耦合；在耦合通道内，根据时序关系，实现能量的传递和数据交换。

最基本的电子标签系统由三部分组成：①标签（Tag）。由耦合元件及芯片组成，每个标签具有唯一的电子编码，高容量电子标签有用户可写入的存储空间，附着在物体上标识目标对象；②阅读器（Reader）。读取（有时还可以写入）标签信息的设备，可设计为手持式或固定式；③天线（Antenna）。在标签和读取器间传递射频信号。

3. 传感器

汽车传感器（图5-7）是促进汽车高档化、电子化、自动化发展的关键技术之一，汽车行业已经成为传感器的最大用户。由于汽车传感器技术相对于汽车传统的机械和电气技术发展得较晚，因此世界各国对汽车用传感器的研究、开发、性能、尺寸与价格都非常重视，技术进步非常迅速。

汽车传感器作为汽车电子控制系统的信息源，是汽车电子控制系统的关键部件，也是汽车电子技术领域研究的核心内容之一。汽车传感器对温度、压力、位置、转速、加速度和振动等各种信息进行实时、准确地测量和控制。衡量现代高级轿车控制系统水平的关键就在于其传感器的数量和水平。

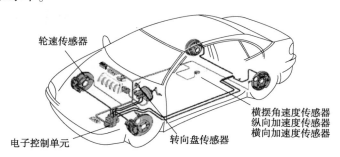

图 5-7　汽车传感器

近年来,从半导体集成电路技术发展而来的微电子机械系统(Micro-Electro-Mechanical System,MEMS)技术日渐成熟,利用这一技术可以制作各种能敏感检测力学量、磁学量、热学量、化学量和生物量的微型传感器。这些传感器的体积和能耗小,可实现许多全新的功能,便于大批量和高精度生产,单件成本低,易构成大规模和多功能阵列,非常适合在汽车上应用。

1)发动机控制传感器

在以汽油机为动力的现代汽车上,发动机管理系统以其低排放、低油耗和高功率等特点迅速得到发展且日益完善。传感器在其中发挥着举足轻重的作用,下面介绍几种主要的汽车发动机上的传感器。

(1)温度传感器。温度是反映发动机热负荷状态的重要参数。为了保证控制系统能够精确控制发动机的工作参数,必须随时监测发动机冷却液温度、进气温度和排气温度,以便修正控制参数,计算吸入汽缸空气的质量流量,并进行净化处理。冷却液传感器(Coolant Temperature Sensor,CTS)通常称为水温传感器,其主要功能是检测发动机冷却液的温度,并将温度信号变换为电信号传给电子控制单元(Electronic Control Unit,ECU)。ECU 根据发动机温度修正喷油时间和点火时间,使发动机工作于最佳状态。进气传感器(Intake Air Temperature Sensor,IATS)的主要功能是检测进气温度,并将温度信号变换为电信号传给 ECU。ECU 根据发动机进气温度和压力信号修正喷油量,使发动机自动适应外部环境温度和压力的变化。常见的温度传感器有热敏电阻式温度传感器、热敏铁氧体温度传感器、扩散电阻式温度传感器、晶体管式温度传感器、双金属片式温度传感器等。

(2)空气流量传感器。空气流量传感器用于测量发动机的进气量,将发动机的进气量转换为电信号后输入给 ECU,以便 ECU 根据预定的空燃比计算燃油喷射量。进气量信号是 ECU 计算喷油时间和点火时间的主要依据,根据检测进气量的方式,空气流量传感器分为 D 型(压力型)和 L 型(空气流量型)两种。D 型利用压力传感器检测进气歧管内的压力,控制系统利用该绝对压力和发动机转速计算吸入汽缸的空气量,来控制燃油喷射,其特点是测量精度不高,控制系统成本低。L型利用流量传感器直接测量吸入进气管的空气流量,测量精度高,控制效果优于D型燃油喷射系统。L型传感器分为体积流量型(如翼片式、量芯式和涡流式)传感器和质量型(如热丝式和热膜式)传感器,其中热膜式流量传感器内部没有运动部件,因此没有运动阻力,使用寿命远远长于热丝式流量传感器。

(3)压力传感器。在进气量采用歧管绝对压力计量方式的电控喷油系统中,进气歧管压力传感器是最重要的传感器,相当于采用直接测量空气流量的电控喷油系统中的空气流量传感器。它依据发动机的负荷状态测出进气歧管内的绝对压力的变化,并转换成电压信号,与转速一起输送到ECU,作为决定喷油器基本喷油量的依据。压力传感器根据其信号原理可分为压敏式、电容式、膜盒传动的差动变压器式和表面波式等。其中,电容式和压敏式进气压力传感器在当今发动机电子控制系统中应用较为广泛;声表面波(Surface Acoustic Wave,SAW)式进气传感器是在一块压电基片上用超声波加工出一薄膜敏感区,上面刻制换能器(压敏SAW延时线),换能器与电路组合成振荡器。大气压力传感器主要以压敏式为主,安装位置各有不同。机油压力传感器,通常通过螺纹拧入汽缸体的油道内,其内有一个可变电阻,根据机油压力的高低,滑动触笔移动,改变桥式电路输出电流达到检测的目的。

(4)位置传感器。曲轴位置传感器(CPS)是发动机电控系统中最主要的传感器,其功能是传递控制点火时刻、喷油时刻和确认曲轴位置。其检测并输入发动机ECU的信号包括曲轴转角、活塞上止点和第一缸判定信号,同时也是供测量发动机转速的信号源。曲轴位置传感器主要分为光电式、磁感应式和霍尔式等类型。节气门位置传感器的功能是把节气门打开的角度(即发动机负荷)大小转变为电信号后输入ECU,ECU根据节气门位置信号或全负荷开关信号判断发动机的工况,根据不同工况对混合气浓度的需求来控制喷油时间,以提高发动机的功率和效率。节气门位置传感器主要有触电开关式、可变电阻式、触电和可变电阻组合式三种,按输出方式分为线性输出和开关量输出两种形式。通过车身高度与转向盘转角传感器,电控主动悬架系统可以根据车身高度、车速、转向和制动等传感器信号,由ECU控制电磁式或步进电动机执行元件,改变悬架特性,适应各种复杂的行驶工况对悬架特性的不同要求。车高和转向传感器均用光电式。

(5)气体浓度传感器。氧传感器(EGOS)通过监测排出气体中氧离子的含量来获得混合气的空燃比信号,并将该信号转变为电信号输入ECU,ECU根据信号对喷油时间进行修正,实现空燃比反馈控制,使发动机得到最佳浓度的混合气,从而达到降低有害气体的排放和节省燃油的目的,空燃比一旦偏离理论值,三效催化剂对一氧化碳、碳氢化合物和氮氧化物的净化能力将急剧下降。

现在汽车使用较多的是二氧化钛(TiO_2)式和二氧化锆(ZrO_2)式氧传感器两种。TiO_2属于N型半导体材料,其阻值大小取决于材料的温度和周围环境中氧离子的浓度,有芯片式和厚膜式两种。ZrO_2 式氧传感器的基本元件是专用陶瓷体 ZrO_2 固体电解质,其原理是空气中的氧离子通过多孔性固体电解质(ZrO_2),产生氧气浓度差,氧离子扩散运动,在 ZrO_2 表面得到电动势,传感器输出该电动势电压信号测出氧浓度。

(6)转速、速度传感器。发动机转速传感器的功能是在已知单位时间空气流量的基础上,检测发动机转速,来确定每循环负荷最佳空燃比的喷油量。常用的是采用电磁感应式发动机转速传感器,ECU 通过检测电磁感应式传感器线圈中产生的脉冲电压间隔,测出发动机转速。

车速传感器的功能是测量汽车行驶的速度。主要有可变磁阻式、光电式和电磁感应式等。可变磁阻式传感器是利用磁阻元件(MRE)的阻值变化引起电压变化,将电压变化输入至比较器,由比较器输出控制晶体管的导通和截止,以此测出车速。光电式车速传感器用于数字式速度表上,由发光二极管(LED)、光敏晶体管和遮光板构成。当遮光板不断遮断 LED 发出的光束时,光敏晶体管检测出脉冲频率,从而测出车速。电磁感应式车速传感器用于自动变速器型车辆测速,由电磁感应线圈和永久磁铁组成,主要通过自动变速器输出轴转动时感应线圈中的磁通量发生变化,来产生交流感应电动势,车速越高,磁通变化越大,输出的脉冲电压频率越高,因此控制系统根据脉冲电压的频率测出车速。

现代汽车均装有防抱死制动系统(ABS)和防滑控制系统,二者都设有获取车轮转速信号的轮速传感器。通常有电磁感应式和霍尔式两种。

(7)其他传感器。爆震传感器是点火时刻闭环控制必不可少的重要部件,其功能是将发动机爆震信号变换为电信号传递给 ECU,ECU 根据爆震信号对点火提前角进行修正,从而使点火提前角保持最佳,它分为压电式、磁致伸缩式两种。碰撞传感器是在电子控制式安全气囊系统中使用的传感器,可分为碰撞烈度传感器和防护碰撞传感器两类。电流传感器主要应用于电动机控制、负荷检测和管理、开关电源和过电流保护等。

2)底盘控制传感器

底盘控制用传感器是指用于变速器控制系统、悬架控制系统、动力转向系统、防抱死制动系统等底盘控制系统中的传感器。尽管分布在不同的系统中,但这些传感器的工作原理与发动机中相应的传感器是相同的。而且,随着汽车电子控制系统集成化程度的提高和 CAN 总线技术的广泛应用,同一传感器不仅可以给发动机控制系统提供信号,也可为底盘控制系统提供信号。

自动变速器系统使用的传感器主要有车速传感器、加速踏板位置传感器、加速度传感器、节气门位置传感器、发动机转速传感器、冷却液温度传感器和油温传感器等。防抱死制动系统使用的传感器主要有轮速传感器和车速传感器。悬架系统使用的传感器主要有车速传感器、节气门位置传感器、加速度传感器、车身高度传感器和转向盘转角传感器等。动力转向系统使用的传感器主要有车速传感器、发动机转速传感器、转矩传感器和油压传感器等。

3）车身控制传感器

车身控制传感器主要用于提高汽车的安全性、可靠性和舒适性等。由于其工作条件不像发动机和底盘那么恶劣，对一般工业用传感器稍加改进就可以应用。车身控制传感器主要有用于自动空调系统的温度传感器、湿度传感器、风量传感器和日照传感器等，用于安全气囊系统中的加速度传感器，用于门锁控制中的车速传感器，用于亮度自动控制系统中的光传感器，用于消除驾驶员盲区的图像传感器等。

二、网络层的实现方式

网络层的实现方式主要依靠无线通信设备，没有无线通信就没有车联网。车联网的通信场景可分为车内通信和车外通信。

对于车内通信，应用最为广泛的为 ASK/FSK、蓝牙技术、RFID 技术、WiFi 技术、ZigBee 技术、NFC 技术和 UMB 技术。其中，ASK/FSK 主要应用于汽车钥匙；蓝牙主要用于语音通话及设备接口；RFID 技术主要用于汽车防盗和 RFID 无钥匙启动；WiFi 在车内主要用于无线上网；ZigBee 常用于汽车报警器、轮胎防爆检测以及车内智能电器如空调的控制；NFC 技术主要用于手机和车载终端数据传输，也可用于汽车钥匙；而 UMB 主要应用于气囊防撞击预警传感器以及汽车防撞雷达系统。

对于车外通信，应用最为广泛的是 2G/3G/4G 移动网络、DSRC、WiFi、RFID、WiMax。2G/3G/LTE 主要用于车与云端的通信，DSRC、WiFi、RFID、WiMax 主要用于车与路侧基础设施之间的通信。

1. 车内无线通信的实现方式

车内无线通信就是车联网中车内网的通信，车内无线通信通常的应用场景主要有车载收音机、车载蓝牙电话、车载音箱、智能钥匙、胎压监测等。车内无线通信采用的通信方式有 FM/AM、ASK/FSK、蓝牙、Zigbee、RFID、NFC 及 WiFi。FM/AM 即调频收音机/调幅收音机，收音机已经是汽车的标配，而这种无线通信方式除了在利用原车音响时使用之外，其他应用场景很少见。

1）ASK/FSK

ASK/FSK 的无线通信方式使用最多的场景为汽车钥匙，也有一部分胎压监测传感器也使用这种方式进行传输。

幅移键控（ASK，Amplitude Shift Keying）按载波的幅度受到数字数据的调制而取不同的值，信号相当于模拟信号的调幅，只不过与载波相乘的是二进制码。例如对应二进制 0，载波振幅为 0;对应二进制 1,载波振幅为 1,这样就可以得到 ASK 信号。

频移键控(FSK,Frequency Shift Keying)是利用载波的频率参量来携带数字信息的调制方式。频移键控利用两个不同频率 F1 和 F2 的振荡源来代表信号 1 和 0,例如对应二进制 0 的载波频率为 F1,而对应二进制 1 的载波频率为 F2。FSK 抗干扰性能好,但占用带宽较大。

汽车钥匙多用 ASK 调制方式,复杂一点的有双频点 FSK,甚至还有多频点 ASK。2005 年原信息产业部发布的《微功率(短距离)无线电设备的技术要求》规定,汽车能够使用的载波频率为 314~316MHz、430~432MHz、433.00~434.79MHz,发射功率限值为 10mW,因此常见的频段为 315MHz 和 433MHz。

2)蓝牙

蓝牙采用的频段为 2.4GHz,是一种支持设备之间短距离通信的无线通信技术,通信距离为数十米之内,传输速度快、抗噪声性能强。蓝牙能在包括移动电话、无线耳机等相关设备之间进行无线通信。蓝牙出现的目的是解决设备间通过 RS 232 数据线连接的不便,通过蓝牙替代设备间的数据线连接,现在已被应用于语音通话及设备接口。

3)Zigbee

Zigbee 是 IEEE 802.15.4 协议的代名词,和蓝牙类似,也是采用 2.4GHz 频段的短距离无线通信技术,Zigbee 的特点是简单、低功耗、低成本、低速率、支持大量节点、支持多种网络拓扑、快速、可靠、安全。Zigbee 的基本速率是 250kbit/s,当降低到 28kbit/s 时,传输范围可扩大到 134m,可获得更高的可靠性。Zigbee 在汽车轮胎压力监测中的应用比较普遍。

4)RFID

RFID 又称无线射频识别,采用 1~100GHz 频率范围的微波通信,是一种适用于短距离识别的无线通信技术,可通过无线电信号识别特定目标并读写相关数据,而无须识别系统与特定目标之间建立机械或光学接触。RFID 在车内通信应用中最多的是汽车 RFID 无钥匙起动或 RFID 钥匙。

5)NFC

NFC(Near Field Communication,近场通信)是基于 RFID 发展而来的一种提供快速、便捷的类似于 RFID 的短距离无线通信技术标准,并能兼容现有的被动 RFID 设备。NFC 在 13.56MHz 频率运行于 20cm 距离内,其传输速率有 106kbit/s、212kbit/s 或 424kbit/s 三种。和 RFID 不同,NFC 采用了双向识别和连接,其传输范围虽然比 RFID 小,但由于 NFC 采取了独特的信号衰减技术,具有距离近、带宽高、能耗低等特点。和蓝牙相比,两者都可以集成到移动电话中,但 NFC 不需要复杂的设置程序,且价格也更为低廉。如果手机和车载终端都支持 NFC,那么当手机和车载终端在有效距离以内时,可轻松地将两者连接起来,并能将手机的音乐、视频等媒体文件及手机地图上的路径方便地传输到车载终端。另外,NFC 还可以用作汽车钥匙。

6）WiFi

WiFi（Wireless Fidelity，无线高保真）是一种可以将个人计算机、手持设备（如Pad、手机）、车载终端等终端以无线方式互相连接的技术。WiFi的特点是覆盖范围广、进入门槛低、传输速率高、可靠性高。WiFi组网灵活、建网快速、便捷、价格适中，可移动性好，因此应用非常普遍，目前国内支持Android的车载终端基本都支持WiFi技术，并且有很多行车记录仪、车载DVR都支持WiFi技术。

WiFi支持两种组网模式，分别为Infrastructure和Ad-hoc模式。Infrastructure是一种结合有线与无线局域网架构的组网模式，需要固定的中心进行控制，也就是需要一个无线接入点，一般为无线路由器，配备了WiFi的设备通过无线路由器实现网络互联与共享。Ad Hoc组网模式是通过省去无线接入点而搭建起来的对等网络结构，只要设备支持WiFi，设备之间可实现点对点的无线连接。

由于WiFi支持Ad-hoc组网模式，因此，既可以通过WiFi实现车内无线通信，也可通过WiFi组建车载自组网用于车外无线通信，实现车与车通信，车与道路基础设施通信以及车与行人之间的通信。

2. 车外无线通信的实现方式

最常见有2G/3G/LTE长距离通信及基于短距离的无线通信的DSRC、RFID及WiFi。

1）2G、3G、LTE

2G通常指基于欧洲的GSM网络及CDMA2000 lXo GSM网络中应用广泛的是GPRS（General Packet Radio Service，通用无线分组业务）和EDGE（Enhanced Data Rate for GSM Evolution，增强型数据速率GSM演进技术）。GPRS是一种基于GSM系统的无线分组交换技术，提供端到端的、广域的无线IP连接，也称2.5G网络，速率最高可达115kbit/s。EDGE是一种从GSM到3G的过渡技术，它主要是在GSM系统中采用了一种新的调制方法，也称2.75G网络，速率最高可达到384 kbit/s。目前中国移动和中国联通支持GSM的2G网络。另外一种2G网络就是CDMAlx，CDMA lx是指CDMA2000的第一阶段，其最高速率在2Mbit/s以内，目前中国电信支持CDMAlx的2G网络。2G网络在车联网中应用最多的是汽车卫星定位终端、OBD及电子狗。

3G是第三代移动通信技术，是指支持高速数据传输的蜂窝移动通信技术，是将无线通信与国际互联网等多媒体通信结合的新一代移动通信系统。目前主要有三个主流3G标准，分别是中国电信的CDMA2000、中国联通的WCDMA、中国移动的TD_SCDMA。目前3G网络在车联网中应用最多的是车载终端、车载录像机及少部分OBD，主要以中国联通的WCDMA和中国电信的CDMA2000为主。

4G 指的是第四代移动通信技术,该技术包括 TD-LTE 和 FDD-LTE 两种制式。4G 网络集 3G 网络与 WLAN 于一体,并能够快速传输数据、高质量的音频、视频和图像等。4G 网络的特点是通信速度快、网络频谱宽,目前 4G 中以 LTE 的应用最广泛,国内三家运营商(中国移动、中国电信和中国联通)都拿到了 TD-LTE 制式的 4G 牌照。4G 网络在车联网中应用最多的是车载终端、车载录像机及少部分 OBD。

2)DSRC

DSRC(Dedicated Short Range Communications,专用短程通信技术)是一种高效的无线通信技术,提供高速的数据传输,并保证通信链路的低延时和低干扰。安装了车载单元(OBU)的车辆和路边单元(RSU),通过 DSRC 专用短程通信技术可实现车辆间通信(V2V)和车辆与路边基础设施通信(V2I)。

DSRC 是 ITS 标准体系框架中的重要组成部分,是整个智能交通服务系统的基础。DSRC 可以实现在特定小区域内(通常为数十米)对高速运动下的移动目标的识别和双向通信,DSRC 可实时传输图像、语音和数据信息,实现 V2I、V2V 及 V2P 的双向通信,DSRC 广泛地应用在 ETC 不停车收费、出入控制、车队管理、信息服务等领域,并在车辆识别、驾驶员识别、路网与车辆之间信息交互、车载自组网等方面具备得天独厚的优势。

目前,国际上几大标准化组织都开展了制定 DSRC 标准的工作,其中以美国 ASTM/IEEE、欧洲 CEN/TC278 标准体系和日本的 ISO/TC204 为代表。美国的 ASTM 和 IEEE 两个组织分别在 915MHz 和 5.9GHz 进行标准的制定,之后,美国的 DSRC 标准化工作转由 IEEE802.11p 与 1 609 工作组进行,频率为 5.9GHz,带宽为 75MHz(5.85~5.925GHz)。

欧洲从 1994 年开始就由 CEN/TC278 开始了 DSRC 标准的起草。1997 年,ENV12253 "5.8GHz DSRC 物理层"、ENV12795 "DSRC 数据链路层"和 ENN12834 "DSRC 应用层"标准获得通过,欧洲 DSRC 标准的频率为 5.8GHz。

日本的 DSRC 标准由 TC204 委员会承担,1997 年 1 月,日本 TC204 委员会完成了 DSRC 标准制定工作,而 TC204 通过决议支持最终的 IEEE 802.11p 版本,日本 DSRC 标准的频率为 5.8GHz。

1998 年 5 月,我国交通部 ITS 中心向交通部无线电管理委员会提出将 5.8GHz 频段分配给智能运输系统技术领域的短程通信(包括 ETC 收费系统)。

三、卫星定位的实现

卫星定位也是车外通信的一部分。国际上有美国的 GPS、中国的北斗、欧盟的伽利略和俄罗斯的 GLONASS 四大系统。目前国内主要使用 GPS 和北斗系统。

用于交通管理系统的设备主要是无线电通信设备,由调度中心向车辆驾驶员发出调度命令，驾驶员只能根据自己的判断说出车辆所在的大概位置，而在生疏地带或在夜间则可能无法确认自己的方位甚至迷路。因此，在调度管理和安全管理方面，其应用受到限制。卫星定位技术的出现，为出租车、公交车等公共交通工具的实时定位提供了可行性。图 5-8 所示为卫星定位导航示意图。

1. 全球定位系统（GPS）

1）GPS 技术介绍

（1）GPS 基本组成。全球卫星定位系统（GPS）由空间卫星系统、地面监控系统和用户接收系统三大子系统构成，是美军 20 世纪 70 年代初在"子午仪卫星导航定位"技术上开发的，具有全球性、全能性（陆地、海洋、航空与航天）、全天候优势的导航定位、定时和测速系统。

空间卫星系统由均匀分布在 6 个轨道平面上的 24 颗高轨道工作卫星构成。空间系统的每颗卫星沿近似圆形轨道每 12h（恒星时）绕地球一周。由星载高精度原子钟（基频 10.23MHz）控制无线电发射机在"低噪声窗口"（在无线电窗口中，2~8 区间的频区天线噪声最低的一段是空间遥测和射电干涉测量优先选用频段）附近发射 L1、L2 两种载波，向全球的用户接收系统连续地播发 GPS 导航信号，实现实时定位和导航。

地面监控系统主要由监测站、主控站和注入站构成。其功能是对空间卫星系统进行监测、控制，并向每颗卫星注入更新的导航电文。

用户接收系统则由以无线电传感技术和计算机技术为支撑的 GPS 卫星接收机和 GPS 数据处理软件构成。GPS 卫星接收机主要用来捕获和跟踪卫星，接收放大 GPS 信号，记录并对 GPS 信号进行解调、滤波处理，还原导航电文，求解信号在站星间的传播时间和载波相位差，以及实时获得导航定位数据，或采用测后处理的方式获得定位、测速和定时等数据。GPS 数据处理软件则对 GPS 接收机获取的卫星测量记录数据进行"粗加工"、"预处理"，并对处理结果进行平差计算、坐标转换和综合分析处理，获得测站的三维坐标。测体的坐标、运动速度、方向和精确时刻是 GPS 用户系统的重要组成部分。

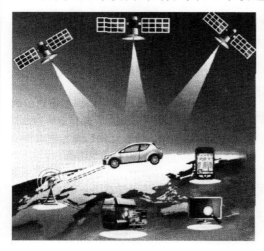

图 5-8　卫星定位导航示意图

（2）GPS 定位技术。GPS 定位技术按待定点的状态分为静态定位和动态定位两大类。静态定位是指待定点的位置在观测过程中是固定不变的，其精度一般在几毫米到几厘米范围内，如 GPS 在大地测量中的应用。动态定位是指待定点在运动载体上，在观测过程中是变化的，其精度一般在几厘米到几米范围内，如 GPS 在船舶导航中的应用。通常，静态定位用户多采用后处理的信号处理方式,动态定位用户则采用实时处理方式。后处理是指把卫星信号记录在一定的介质上,回到室内统一进行数据处理。实时处理则是一边接收卫星信号一边进行计算,获得目前所处的位置、速度和时间等信息。

2) GPS 在车联网中的应用

GPS 技术在汽车导航和交通管理工程中的研究与应用在国内已取得了一定的成果,对城市道路交通管理起到了重要作用。

(1) 公交车调度。利用 GPS 技术可以根据公交线路安排,结合车辆发回的各种信息(如交通阻塞、机车故障等),适时将调度命令发送给驾驶员,及时调整车辆运行情况。该系统具有车辆、路线和道路等有关数据的查询功能,便于实现有效管理。利用该系统设置的电子站牌,可以通过无线数据链路接收即将到站车辆发出的位置和速度信息,显示车辆运行信息,预测到站时间。

(2) 出租车调配与信息服务。发达国家已普遍采用卫星定位监控系统对出租车进行调度管理。在我国一些城市,也有越来越多的出租车开始安装卫星定位监控系统。GPS 车辆监控调度系统在出租车中应用最为广泛的是"叫车服务",利用 GPS 还可以实现路况信息实时监测、电子安全保护和报警防劫等功能。

(3) 特殊车辆实时监控。利用 GPS 可实现对运钞车、长途运输车等特殊交通工具进行实时监控。运钞车内安装 GPS 后,如果遭遇抢劫,押运员可触发报警装置,监控中心的电子地图将会自动显示报警车辆的位置、车速和行驶路线等信息,同时系统会自动将信息上传到公安部门的电子地图上,以便警方迅速调动警力进行围堵。

在每辆长途运输车辆上安装数据存储器,时刻记录车辆的位置数据,定期将数据下载到控制中心,可以查看车辆是否按预定路线接送货物和途中停歇情况。

3) 车辆 GPS 智能监控系统

车载卫星定位系统在技术上融合了卫星定位系统(GPS)、交通地理信息系统(GIS)和全球移动通信系统(GSM)三项技术。GPS 应用系统由 GPS 移动设备(GPS 终端机)、GPS 数据中心和 GPS 调度控制中心三大部分构成。其中,GPS 移动设备(GPS 终端机)接收卫星信号并形成实时地理位置信息,包括时间、经度、纬度、速度和方向等,然后以移动、联通等公网为媒介,将相关信息传递到 GPS 数据中心,GPS 调度控制中心通过 Internet 或 Intranet 从 GPS 数据中心提取数据,将移动设备的地理位置信息显示在电子地图上,将 GPS 调度管理人员的控制管理指令传递到 GPS 数据中心。

该系统主要可实现以下服务功能:

(1) 实时监测车辆运行状态。运行状态包括时间、位置、速度和方向等。

(2) 车辆跟踪。可以实时连续跟踪一辆或多辆汽车。

(3)历史轨迹回放。重现某一时间段内某一车辆曾经行驶过的路线轨迹,为车辆的事后管理提供有效的依据。

(4)车辆信息管理。可以实时查询打印车辆信息,包括驾驶员姓名、联系方式和车牌号等。

(5)地图操作。实现地图平移、地图缩放、图层控制、距离测量、地名查找和增加图标等功能。

(6)区域报警功能。进入、离开警戒区报警,报警区域实时可设。

(7)偏离预定线路报警。预定路线可设。

(8)超速报警。速度实时可设。

(9)接收、发送信息。车台可以接收调度信息,朗读、存储并显示信息,车台可以接收调度信息,速度实时可设。

(10)语音通话功能。安装车载免提,指定车台可接、可打电话,降低通信费用。

(11)设定车机运行参数。包括回报时间、IP 地址和 ID 地址等。

(12)信息查询。可查询接收、发送的信息等。

(13)统计报表打印。可打印出车情况、出车班次和行驶里程等统计报表。

2. 北斗卫星定位技术

北斗卫星导航系统是我国自主研发、独立发展的全球卫星导航系统,也是我国第一个全球化的基础设施建设项目。它与美国的 GPS、欧洲的伽利略、俄罗斯的格洛纳斯并称为全球四大导航系统。北斗卫星导航系统能提供高精度的定位、测速、授时、短报文通信、差分服务和系统完好性信息服务,是我国经济社会发展不可或缺的重大空间信息基础设施。

2011 年 12 月起,北斗卫星开始向我国及周边地区提供连续的导航定位和授时服务。目前,北斗卫星导航系统已基本具备可覆盖亚太地区的定位导航、授时和短报文通信服务能力,到 2020 年左右,将成为覆盖全球的卫星导航系统。GPS 是由美国建立的全球定位系统,是目前全球应用最为广泛的技术,但其核心技术无法掌握,使用也有限制,而我国的北斗系统除了自身的特点和优势之外,重要的是它能与 GPS 兼容。

1)北斗与 GPS 系统的比较

覆盖范围:北斗导航系统是覆盖我国本土的区域导航系统,覆盖范围为东经 70°~140°,北纬 5°~55°。GPS 是覆盖全球的全天候导航系统,能够确保地球上任何地点、任何时间能同时观测到 6~9 颗卫星(实际上最多能观测到 11 颗)。数量和轨道:北斗导航系统在地球赤道平面上设置 2 颗地球同步卫星,卫星的赤道角距约 60°。GPS 是在 6 个轨道平面上设置 24 颗卫星,轨道赤道倾角 55°,轨道夹角 60°。GPS 导航卫星轨道为准同步轨道,绕地球一周 11 小时 58 分钟。

定位和轨道：北斗导航系统是主动式双向测距二维导航系统，由地面中心控制系统解算用户三维定位数据。GPS 是被动式伪码单向测距三维导航系统，由用户设备独立解算自己的三维定位数据。北斗导航系统的这种工作原理带来两个方面的问题，一是用户定位的同时失去了无线电隐蔽性，这在军事上处于不利的地位，二是设备必须包含发射机，因此在体积、质量、价格和功耗方面处于不利的地位。

定位精度：北斗试运行服务期间，位置精度可达平面 25m、高程 30m，测速精度达到 0.4m/s，授时精度达 50 ns。GPS 三维定位精度 P 码目前已由 16m 提高到 6m，C/A 码目前已由 25～100m 提高到 12m，授时精度目前约 20 ns。

用户数量：由于北斗导航系统是主动双向测距的询问应答系统，用户设备与地球同步卫星之间不仅要接收地面中心控制系统的询问信号，还要求用户设备向同步卫星发射应答信号，这样，系统的用户容量取决于用户允许的信道阻塞率、询问信号速率和用户的响应频率。因此，北斗导航系统的用户设备容量是有限的。GPS 是单向测距系统，用户设备只要接收导航卫星发出的导航电文即可进行测距定位，因此，GPS 的用户设备容量是无限的。

生存能力：和所有导航定位卫星系统一样，北斗卫星导航系统基于中心控制系统和卫星的工作，但是北斗系统对中心控制系统的依赖性明显要大很多，因为定位解算是由中心控制系统而不是由用户设备完成的。为了弥补这种系统易损性，GPS 正在发展星际横向数据链技术，这样，即使主控站被毁 GPS 卫星也可以独立运行。而北斗系统从原理上排除了这种可能性，一旦中心控制系统受损，系统就不能继续工作了。

实时性：北斗卫星导航系统用户的定位申请要送回中心控制系统，中心控制系统解算出用户的三维位置数据之后再发回用户，时间延迟长，因此对于高速运动体，就加大了定位的误差。此外，北斗卫星导航系统也有一些自身的特点，其具备的短信通信功能就是 GPS 所不具备的。

使用权限：GPS 是一个以军用为主的卫星导航系统，所有权、控制权和运营权都属于美国国防部。GPS 发射不同的无线信号分别为军事和民用使用。2000 年以前，美国军方对 GPS 发布的民用信号进行干扰，为的是降低民用信号精度。北斗卫星导航系统可以承诺提供不间断的民用信号，对于国家来说，相当于一个"双保险"。不管是军用还是民用，不管是发展国家经济还是维护国家安全，导航系统在未来都将具有越来越大的作用。有专家建议，在涉及国家安全的银行、交通和公共安全等领域，应使用本国的系统，国家应该强制性地要求以我国的北斗卫星导航系统为主、GPS 为辅。

2）北斗系统的特点

混合轨道：北斗导航轨道是个特殊的混合轨道，可提供更多的可见卫星的数目，卫星越多，导航定位的精度就越高，能支持的连续观测时间越长。

通信功能：和美国的 GPS、俄罗斯的格洛纳斯相比，北斗系统用户终端增加了"短报文通信"功能，可双向通信，用户最多可传送 120 个汉字的短报文信息，解决了何人、何事、何地的问题。把短信和导航结合，是北斗卫星导航系统的独特发明，将给用户带来更好的应用体验。

位置报告：用户与用户之间可以实现数据交换。比如物流公司监控，要把车上所有货物的信息通过传感器发到信息中心，就可以用北斗链路完成信息收集以后进行发射。只要到了信息中心，可以自动算出发射时间和位置，信息量比 GPS 大得多。

模式兼容：北斗全球定位系统功能具备与 GPS、伽利略广泛的互操作性。北斗多模用户机可以接收北斗、GPS 和伽利略信号，并且实现多种原理的位置报告，稳定性更高。北斗卫星导航系统致力于向全球用户提供高质量的定位、导航和授时服务，包括开放服务和授权服务两种方式。开放服务是向全球免费提供定位、测速和授时服务，定位精度 10m，测速精度 0.2m/s，授时精度 10 ns。授权服务可以为有高精度、高可靠卫星导航需求的用户，提供定位、测速、授时、通信服务和系统完好性信息。

3. 相关标准

我国于 2003 年颁布了《汽车 GPS 导航系统通用规范》国家标准。该标准规定了汽车 GPS 导航系统的要求、试验方法、检验规则、标志、包装、运输和储存等，适用于汽车用 GPS 导航系统的研制和生产，也是制定产品标准和检验产品质量的依据。同时适用于无线通信数据传输和 GPS 相结合来实现路线导航功能的其他汽车电子产品。

我国于 2009 年颁布了更新标准《全球定位系统（GPS）测量规范》。该标准规定了利用全球定位系统（GPS）按静态、快速静态定位原理，建立测量控制网的原则、等级划分和作业方法，适用于国家和局部 GPS 控制网的设计、布测与数据处理。

四、车载操作系统

车载终端是车联网的入口，也是车内信息的中枢，可实现车内通信、车间通信、车路通信、车网通信等功能，车载终端用于采集与获取车辆信息，感知行车状态及环境，也是用户和车进行交互并获取车联网服务的载体。因此，作为车联网端、管、云三要素中的端，车载终端是车联网的重要组成部分。车联网发展了多年，一直在市场方面没有取得大的突破，主要原因在于没有标准化的车载终端，而车载终端的标准化包括车载操作系统的统一化。

车载终端的市场分为前装市场和后装市场，前装市场的车载操作系统以 QNX 和 Wince 为主流操作系统，后装市场的车载操作系统以 WinCE 为主，以 Android 为辅。无论是 QNX 还是 Wince，在车联网领域存在一定的瓶颈。虽然 QNX 在车用市场占有率达到 75%，在全球有超过 230 种车型使用 QNX 系统，且 QNX 系统稳定，架构灵活，非常适合医疗、汽车及工控领域,但 QNX 最大的问题在于其高昂的成本。因此,QNX 在消费品市场缺少了大量的群众基础。WinCE 安全性好、系统成熟、启动速度快,但对语音功能和移动通信技术(如 2G/3G/LTE 移动无线网络)、WiFi 及蓝牙等支持不好,因此只适合做单机约操作系统,显然不适合车联网时代的发展。

目前 iOS 和 Android 几乎垄断了整个移动端操作系统市场。iOS 操作系统非常稳定,用户体验好,操作流畅,但是一个封闭的系统,开发门槛较高,除了苹果公司,目前还没有哪家企业真正应用在车载终端领域。Android 具有良好的开放性,开发门槛低,市场应用丰富,支持的厂商很多,具备强大的群众基础。但由于 Android 系统采用了虚拟机的运行机制,这就需要消耗更多的系统资源来运行应用软件,且 Android 系统启动慢。

车载操作系统直接关系着车载终端的发展,而车载终端关系到车联网的发展。因此,要发展好车联网,就需要掌握车载操作系统的关键技术,加大车载操作系统的开发力度。目前,Android 已经成功应用于国内的汽车后装市场,且市场占有率逐年递增,如果利用好 Android 操作系统开源这一特点,对操作系统进行优化裁剪,定制出真正适合车载终端的操作系统,在车联网领域取得突破,车联网企业才能把握住车联网发展的主导权。

综上所述,车联网实现设备是无线通信技术、卫星定位导航技术、汽车电子技术及计算机软件技术的综合产物,在汽车电子产品中,主要包括四大部分,分别为动力控制、底盘控制、车身电子和车载电子。其中,车载电子包括车载终端,车载终端通过多种无线通信技术可实现车内和车外的无线通信。但汽车的工作环境及内部环境对车载无线通信技术的影响很大,如高楼及密集的高层建筑物会影响卫星定位模块的搜星能力,车内玻璃的金属贴膜也会影响卫星定位模块的搜星能力。移动通信网络在车辆高速移动下通信链路的稳定性、可靠性、实时性及传输速率都会受到影响,直接影响用户的使用。不同的无线通信技术在标准和频点方面不同,这些设备都集中在车内成为一体,相互之间存在一定的干扰,再加上汽车本身对车载电气设备存在辐射干扰和传导干扰,那么如何解决这些干扰或噪声在无线传输过程中造成的误码问题及其他影响,提高检错编码能力,提高天线的适配性,以上这些都需要技术人员不断地去探索。

第六章 检测平台终端及车载诊断系统的应用

OBD(On Board Diagnostics)是车载诊断系统的简称,可以监测车辆在使用过程中与排放控制有关的零部件状态。据统计,截至2015年底,国内私家车市场支持OBD标准接口的私家车比例超过90%。然而对于如此庞大且日益增长的私家车数量,绝大部分车主只能通过专业人员来了解自己的车况。

OBD能让车主更简单、更便捷地了解车况信息,有着很大的潜在市场需求。OBD车载智能终端,最初的目的仅仅是为辅助维修人员进行车辆诊断。其OBD接口通常在汽车转向盘下方比较隐蔽的位置,供汽车修理厂技师检测车辆故障时使用。随着互联网技术和思维对传统汽车行业的渗透,车载智能终端逐渐从服务专业人员向服务车主转变。近几年,国内外互联网巨头纷纷涉足车联网领域。Apple推出了Car play服务,Google推出了OAA(Open Automotive Alliance)。

在互联网公司大力推出硬件设备的同时,国内OBD厂商也开始重视互联网服务。目前市场上,基于OBD的车载智能终端,一般以智能手机作为服务显示设备,通过蓝牙、2G/3G/4G移动通信或WiFi等方式与智能手机互联,将OBD接口获取的汽车数据和服务以智能手机APP的形式提供给车主。本章将着重介绍OBD检测平台终端及车载诊断系统的相关应用和服务。

第一节 OBD车载智能终端的现状

OBD模式车联网的兴起是由于传统车联网服务功能并不具有良好的用户黏性,很多传统功能如娱乐、路况、位置、导航、救援等通过智能手机就可以实现。而所谓车联网首先必须以车为中心,除传统娱乐功能外,还需要实时监测其防盗、车况、用车、汽车维护、保险等功能。当然这就需要汽车本身的参与,这样不但能解决车主需求,还能大大提高用户的忠诚度。

一、OBD 接入方式

与车载智能终端建立通信的部分包括汽车 ECU(Electronic Control Unit,电控单元)、各种外置传感器、显示终端和云端等,其网络结构如图 6-1 所示。

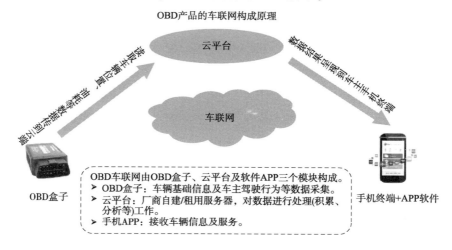

图 6-1　基于 OBD 的车载智能终端网络结构图

OBD 模式车联网系统,主要由 OBD 终端、后台系统、手机等物理模块组成;在逻辑上,则是一个典型物联网系统结构,由数据采集、数据分析、结果展现等组成。OBD 产品的车联网是由 OBD 硬件 + 云平台 + 软件 APP 三部分构成。

车载智能终端主要负责通过 OBD 接口与汽车 ECU 建立通信;接收外置传感器信号;将读取到的汽车和传感器数据通过无线网络传输给智能手机等显示终端和云端,同时接受来自显示终端和云端的控制指令。显示终端主要负责将车载智能终端数据显示给用户;把汽车数据和用户行为数据传输给云端分析;接收用户输入的控制指令,并把控制指令和相关数据请求发送给车载智能终端。云端主要负责接受来自车载智能终端和显示终端数据;分析数据,并提供数据服务(推荐、预警等)给用户。

OBD 的车载智能终端主要有三种网络接入方式,即蓝牙接入(图 6-2)、2G/3G/4G 移动通信接入(图 6-3)和 WiFi 接入。目前市面上大部分的终端可以支持一种或多种接入方式。

1. 蓝牙接入

蓝牙技术是一种应用于便携设备和装置之间的短程无线通信技术。2010 年,蓝牙特别兴趣小组(SIG)发布 4.0 核心规范,主要包括蓝牙低功耗技术(BLE),又称智能蓝牙技术。蓝牙 4.0 协议突破了功耗技术瓶颈,使一粒纽扣电池可以持续工作数年之久,极大地提高了蓝牙技术在物联网中应用价值的同时,扩展了其使用范围。

蓝牙 4.0 协议在开放空间下支持射程(Range)范围可达 150m 左右,输出功率(Outputpower)约为10mW,最大电流为(Maxcurrent)15mA。延迟(Latency),即连接建立时间仅需3ms。协议允许正在进行广播的设备连接到正在扫描的设备上,从而避免重复扫描,优化了连接建立机制,极大地缩短了连接建立时间。协议采用星型拓扑结构实现一对多点的连接,使得设备在建立连接和断开连接之间切换灵活,支持连接设备数量(Connections)大于20亿个。调制模(Modulation)采用2.4GHz的GFSK模式,减少了数据收发复杂性。协议采用24位CRC(循环冗余校验码)自适应调频技术,确保在受干扰时具有更大的稳定性。安全性(Security)方面使用CCM的AES-128完全加密。在深度休眠状态下,协议支持主机长时间处于超低负载循环状态,同时通过增大数据发送间隔时间,以及采用先进的嗅探性次额定(Sniff-Subrating)功能连接模式,使得休眠电流(Sleepcurrent)可降低至1μA。

图6-2 蓝牙接入

图6-3 2G/3G/4G 移动通信接入

基于OBD的车载智能终端要求设备兼具智能性和低功耗。终端智能性的表现之一就是能够在第一时间完成设备唤醒并建立连接。低功耗主要要求设备在待机或休眠状态下,功耗尽可能减小,不会大量损耗汽车蓄电池电量。蓝牙4.0协议极低的运行和待机功耗,以及优化的休眠机制,同时满足车载智能终端智能性和低功耗的需求。

2. 2G/3G/4G 移动通信接入

随着移动通信技术的快速发展,国内移动通信现状是2G、3G 和 4G 并存。2G 网络广泛采用时分多址(TDMA)技术。国内主流的 GSM 标准支持移动话音业务,其传输速率为9.6kb/s;GPRS 标准支持移动数据业务,传输速率为 56~114kb/s。3G 网络广泛采用码分多址(CDMA)技术。国内三大运营商中国移动、中国联通、中国电信分别采用 TD-SCDMA、WCDMA、CDMA2000 技术。3G 标准的理想数据传输速率是 2Mb/s,在用户高速移动时可达144kb/s,在低速移动时达到 384kb/s。4G 网络采用正交频分复用(OFDM)、智能天线、软件无线电等先进技术,其数据传输速率提高到 100Mb/s,能够满足移动用户高质量的影像服务。

目前,基于 OBD 车载智能终端需要传输的数据量较小,其业务主要为基础数据业务,使用 2G 移动通信模块即可实现数据的实时传输。随着功能逐步向多元化发展,未来车载智能终端需要更多地支持影像等多媒体数据业务,可通过配置 3G/4G 移动通信模块实现大流量高带宽数据传输。移动通信模块同时也是实现控制汽车、防盗报警等功能的重要组成部分。

3. WiFi 接入

WiFi 是一种基于 IEEE802.11 标准创建的、目前使用最为广泛的无线网络传输技术,传输速率可达 54Mb/s。车载 WiFi 是通过 3G/4G 无线上网卡将信号转化为 WiFi 无线信号,以供多个接入点共享。基于 OBD 车载智能终端可以通过专用车载 WiFi 设备接入网络,实现信息传输。同时,车载智能终端也可自身集成 WiFi 模块,实现与手机等车内设备互联。

二、OBD 的监测数据

OBD 通过 ECU 监测与排放有关的部件实现对车辆进行监测。当汽车出现故障时,故障指示灯(MIL)会在汽车仪表板闪烁,以提示驾驶员。美国汽车工程师协会(SAE)率先推动车载诊断的标准化,命名为 OBD-Ⅰ。引入 OBD 的最初目的是为鼓励汽车制造商设计更可靠、更环保的排放控制系统。然而随着时间和科技的进步,ECU 能够提供更多的诊断和传感器数据,以帮助汽车技师识别车辆问题来源,OBD-Ⅰ逐步发展为 OBD-Ⅱ。OBD-Ⅱ是 OBD标准的提高版和强制版。在北美,1996 年以后销售的所有汽车都支持 OBD-Ⅱ。在我国,2006 年以后销售的汽车都要求支持 OBD-Ⅱ。

OBD 提供统一的 16PIN 外部接口,具备数据传输功能。车载智能终端从 OBD 接口可以读取到以下几类数据:仪表板数据、OBD-Ⅱ故障码数据、安全相关数据和 ECU 数据。由于车厂的保护,部分数据为私有协议数据,即不同车厂对其制定不同的协议标准。

仪表板数据包括里程、速度、转速、冷却液温度、剩余油量等,其中部分数据是私有协议数据。仪表板数据是汽车最基础的信息,易于用户理解。OBD 的车载智能终端可以安全地读取仪表板数据。

OBD-Ⅱ故障码由不同数量的字符组成,包括数字和字母,其中一部分故障诊断代码是通用的,另一部分由汽车制造商特别制定。当汽车 ECU 监测到故障时,故障码被存储在 ECU 存储器中。车载智能终端通过 OBD 接口与 ECU 进行通信,获取 ECU 监测的故障码,从而进行解读。故障码的标准解释一般专业性很强,用户难以理解。OBD 的车载智能终端可提供更为人性化的故障解读,例如说明故障出现原因,以及提示用户应该如何处理等。OBD 故障码有 3000 条左右,终端需对其进行归类分级,只对等级高的故障进行警告提示,以减少用户在使用中频繁触发一般故障的困扰。安全相关的数据包括 ABS 和气囊信息等。车载智能终端一般不可读取此类数据,尤其在汽车行驶中,否则可能导致部分汽车仪表板故障灯误闪,甚至造成更为严重的后果。ECU 数据指 ECU 通信的全部数据,也包括所有私有协议数据。在汽车行驶时,车载智能终端读取此类数据存在一定的风险。

第二节 OBD 车联网组成和工作过程

OBD 系统的应用对于用车排放的控制十分重要。OBD 装置监测多个系统和部件,包括发动机、催化转化器、颗粒捕集器、氧传感器、排放控制系统、燃油系统、GER 等。OBD 技术最早起源于 20 世纪 80 年代的美国,初期的 OBD 技术,是通过恰当的技术方式提醒驾驶员发生的失效或是故障。欧盟和日本在 2000 年以后引入 OBD 技术,2004 年之后,汽车发达国家的 OBD 技术进入第三个阶段。从目前 OBD 模式的车联网系统来看,其结构主要由 OBD 终端、后台系统、手机等物理模块等部件构成;在逻辑上,其本质是一个典型的物联网的系统结构,由数据采集、数据分析、结果展现等组成(图 6-4)。

一、OBD 车联网系统的组成

OBD 模式的车联网系统,主要是由 OBD 终端、后台系统、手机等物理模块组成;在逻辑上,则是一个典型的物联网的系统结构,由数据采集、数据分析、结果展现等组成。OBD 车联网其特点具有重稳定性、及时性和智能性。

稳定性,主要体现在车载设备的工作能力上,不会引起车辆故障、不会大量耗费车辆的电池电量、在各种气温各种颠簸各种辐射环境中能正常采集数据、在移动网络失常时有补偿策略等。

及时性,体现在各类型用户获得信息时没有延迟,比如:驾驶员开车超速家人能立即知道、车辆熄火后驾驶员就可以得到本次行程的详细分析结果、4S 店通过数据分析后尽快提示车主以避免麻烦等。

智能性,主要体现在数据的分析结果上,面对不同用户是可读的、准确的,比如故障码,提供给车主的不应该是那堆专业词汇,并且通过对多个故障码的联合分析,能告知车主故障程度及建议的解决方案(暂不影响使用、尽快修理、车辆不宜行驶等)。

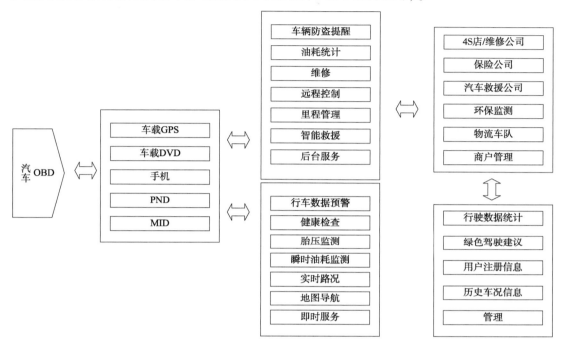

图 6-4　OBD 车联网系统

二、OBD 车联网的工作过程

对于现在市场上的在售车辆,都会强制安装 OBD-Ⅱ 的接口(国家标准),外部设备可通过该接口,按照 OBD-Ⅱ 协议中所约定的数据报文格式对车辆的信息进行访问读取以及写入。比如车主现在想读取当前发动机的冷却液温度值,则会通过外设向该接口发送一个命令,如:"0105"(请求冷却液温度信息的命令代号),然后会得到一个冷却液温度的返回值,其他属性的读取方式类似。但对于写入命令,车厂会通过加密、隐瞒接口、权限验证等方式进行严格的限制,如果想在自己的电脑上写个程序控制空调的运行,难度是非常大的,因为对空调控制的命令厂商一般是不对外公布的,网上有一些修改 ECU 的教程来实现一键升窗、自动落锁等功能,都是少数内部资料泄露或者被牛人破解后才能实现。而本章所讨论的 OBD 车联网,无非就是拿个类似手机的设备长期连着 OBD 接口,实时读取车辆信息数据,也可以通过修改 OBD 数据来切换车辆的状态。这种类似手机的设备也可以是车载导航外挂 3G 模块来实现。有了这些数据后,你就能像玩游戏一样实时看见车辆的性能数据,比如当前的转矩、功率、转速、油耗,还能绘出各种图表,也能在导航显示屏上开关车灯、车窗,有了

3G通信模块还能通过远程APP实时控制车辆以及读取车辆的信息。总体来说,这些功能还是比较简单的,无非就是把汽车这种较为原始的数据产生者弄上网络,能够让你远程控制而已。也就是数据采集分析+远程控制。其工作过程如图6-5所示。

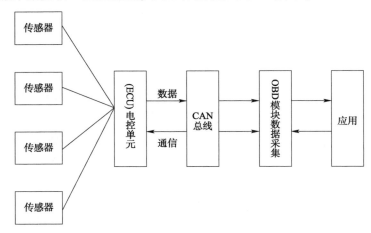

图6-5 OBD工作过程

通过OBD接口是可以实现一部分控制车辆的功能的,比如车窗升降、车灯开关等,这些功能在行业专业术语称为动作测试。甚至通过OBD接口实现更高级一点的功能,比如修改钥匙匹配、节气门匹配、发动机怠速修改、最高车速限制等。这些都是通过向车辆控制单元(ECU)发送特定指令来实现的。但是这些指令都不是统一的命令,而是因车辆厂家不同、年款不同而异的。4S店服务站一般都有厂家指定的专用的OBD设备,所谓原厂诊断仪。但是对于很多私人的修理厂来说,原厂诊断仪只能用于特定单一品牌车辆,价格高而且大多数厂家不对个人销售,所以他们一般选用综合性诊断仪。而综合性诊断仪就是根据原厂仪破解开发的或者根据厂家内部流出的协议文件开发的。

第三节 OBD车载智能终端的功能

随着技术的发展,车载智能终端的功能越来越多样化。目前市场上主流车载智能终端提供汽车实时状态监测、行车信息记录、远程控制、电子围栏、碰撞提醒等基础功能。

一、实时状态监测功能

根据OBD接口提供的数据,车载智能终端能够实现车辆状态的实时监测。终端读取汽车故障信息后,对故障码进行分类分级告警提示,确保汽车处于安全状态行驶;终端还可以读取冷却液温度、电池电压、剩余油量、发动机转速等信息,当以上数据值超过限定阈值时,显示设备弹出告警提示。可见,OBD的实时监测应用功能主要包括:故障诊断系统、油量统计系统、胎压监测系统、安全预警系统、加速度测试系统、绿色行车报告功能、维护系统、车辆防盗系统、增值系统等。车联网布局如图 6-6 所示。

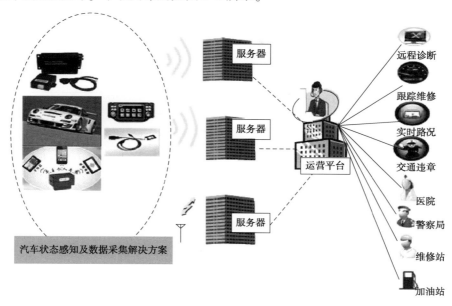

图 6-6　车联网布局图

二、行车信息记录功能

车载智能终端能够实现全方位的行车信息记录。终端读取车速数据,并结合 RTC 时钟模块,计算出汽车平均速度、瞬时速度、最高速度、油耗、行驶时间、行驶里程等行车信息;通过配置 G-sensor 加速度传感器和陀螺仪,终端可以分析计算急加速、急减速、急转弯等驾驶数据;通过使用 GPS 硬件模块,终端可以记录行驶轨迹。具体监控功能包含如下:

(1)远程控制。通过硬件内置的 2G/3G/4G 移动通信模块,车载智能终端可以远程监控汽车门、窗、灯等状态。当需要远程对汽车进行操作时,例如热车、升窗、关灯等,车主可通过手机等显示设备给车载智能硬件发送指令,硬件通过 OBD 接口与 ECU 通信,完成指令操作。

(2)电子围栏。车载智能终端可以实现车辆防盗告警。通过硬件内置 GPS 和 2G/3G/4G 移动通信模块,终端可以实时定位车辆位置。当车辆位置超出自定义的电子围栏范围时,显示设备弹出告警提示。

(3)碰撞提醒。车载智能终端还可以识别碰撞并及时提醒用户。在车辆未起动状态下,通过 G-sensor 加速度传感器和陀螺仪,终端可以识别车辆碰撞情况。当识别到车辆遭受碰撞时,终端通过 2G/3G/4G 移动通信模块将事件实时传输用户。由于车辆处于开放环境,检测精度受到天气和周围环境的影响。当识别算法灵敏度过高时,可能产生误判。当识别算法灵敏度较低时,可能无法识别到真实的碰撞。

目前的车联网还处于起步阶段。随着硬件技术逐步成熟,从用户角度出发,结合市场实际需求,车载智能终端功能具有很大的探索空间。可发展的扩展方向主要如下(图6-7)。

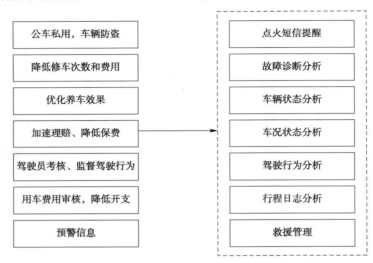

图6-7　车联网的扩展方向

(1) 车后服务。车后服务市场是一个红海,目前主要依靠线下实体店面,用户体验较差,而互联网对车后服务市场的渗透和改造已是大势所趋。结合互联网应用,车载智能终端系统可以提供汽车维护提醒、线上预约和维护知识解读等服务。汽车常规维护一般是基于行驶里程的维护。终端通过OBD接口读取总里程数据,根据不同品牌、车系、车型、年款的汽车维护里程,及时进行维护提示。由于汽车4S店或维修店技师和停车位有限,线上预约服务可以有效节省用户时间,同时也便于商户资源管理。由于汽车4S店的权威性和垄断性,大多数人对于具体维护项目并不了解,只能被动接受4S店的维护套餐。通过构建维护知识体系,车载智能终端可以让用户更了解维护内容和意义,同时也可以对商家提供的维护项目做出合理判断。

(2) 数据分析。OBD接口获取到的各种行车信息,可以被终端上传到云端,云端可以利用统计分析、数据挖掘等大数据知识,从数据维度、车型维度、时间维度、地域维度等多角度深入分析,比较用户驾驶行为,发现驾驶行为共性和个性,辅助用户建立良好的驾驶行为习惯,甚至对潜在的一些故障风险给出预警。

(3) 外置传感器。由于不同车型原有传感器配置不同,通过外置传感器获取汽车其他有价值的数据便十分重要。例如,在中低端车型中,可能原厂并未配置胎压传感器。终端可以通过外置胎压传感器,实时监测胎压状态,及时发现胎压异常情况。随着新型传感器种类的增加,越来越多的传感器将有可能应用到车载环境中。

第四节　OBD车载智能终端的发展趋势

欧洲和美国在OBD检测的项目和限值方面,存在一定差别,美国OBD监控的目的在于成为高排放标准车辆之前发现故障;欧洲OBD监控的目的在于发现高排放车辆。我国导入的OBD技术,将在三个阶段以后等效采用欧洲OBD系统的相关规定。欧Ⅲ排放标准并不等于OBD,北京实施的加装OBD强制政策后,车辆为欧Ⅲ+OBD的标准。按照国家要求,2007年7月1日开始,所有汽车生产厂家生产的新车型必须符合国Ⅲ标准,否则将不允许销售。也就是说2007年7月1日起,全国将强制实施国Ⅲ标准,国Ⅲ标准里则强制要求安装OBD。

目前市场上,车载智能终端服务显示设备多为智能手机。手机的局限性在于,当用户在行驶中,需要将目光从道路聚焦到手机屏幕上,这种行为存在不小的安全隐患。所以作为服务显示设备,手机并不是最好的选择。理想的服务显示设备,应该实现显示屏幕与真实道路的无缝契合。乐观的是,相关技术正在蓬勃发展,例如基于红外相机的非接触手势控制,以及语音识别技术,可以实现无须低头搜索按钮或者触摸屏幕。非接触手势控制技术和语音技术的应用,是未来车载智能终端的发展趋势。

其次,OBD的商业模式UBI(Usage Based Insurance)是一种基于用量保险的新型商业模式。UBI应用于车险领域,其理论基础是驾驶行为表现较安全的驾驶员应获得保费优惠。基于OBD的车载智能终端能够准确获取用户驾驶行为,帮助保险公司建立模型,筛选出优质用户,这些优质用户会获得较大的保费优惠。有研究表明,采用UBI的群体,碰撞事故下降50%~75%。UBI作为大数据时代的新型保险模式,在美国、英国、荷兰、德国和意大利都有广泛的相关保险产品。我国已有保险公司开始研究与尝试。

第三,在硬件集成方式上,随着OBD车载智能终端的发展,对不同功能的需求越来越多。这其中,车辆定位、远程控制、车载热点、胎压监测等功能的实现都需要硬件的支持。硬件集成有两种方式:一种是基于一个硬件架构的集成方式,另一种是采用多个硬件互联的集成方式。前者将导致硬件体积越来越大,硬件结构设计复杂度增加,外观设计困难,不利于硬件插拔,硬件功能扩展受限。而多硬件互联的集成方式,可以采用星形拓扑网络连接,即多个硬件设备连接到一个中央设备。基于星形拓扑结构的硬件集成方式,极大地简化了硬件结构设计的复杂度,增强了硬件功能的延展性,是未来硬件集成方式发展的主流方向。

第四,互联网对传统行业的渗透、结合和颠覆已是不可逆转的潮流,电商、打车、医疗等领域都已印证这一点。车联网被普遍认为是互联网与传统行业结合的下一个红海。而OBD

车载智能终端因其独特的产品属性,已成为国内外互联网巨头进入车联网领域、占领车后服务市场的切入口和争夺点。随着技术的发展,终端功能越来越多样化,包括实时状态监测、行车信息记录、远程控制、电子围栏、碰撞提醒等基础功能。同时,借助大数据知识和云服务,车载智能终端在车后服务、数据分析、外置传感器等方面也将有广阔的功能扩展空间。应用非接触手势控制和语音识别等高新技术,将是车载智能终端交互方式的优化趋势。星形拓扑结构的硬件集成方式极大地提升了硬件功能的延展性。结合新型 UBI 商业模式,OBD 的车载智能终端将实现用户、保险公司、服务提供商的三方共赢。

未来随着汽车 OBD 功能的深入应用,大量拥有后台的运营商、软件开发商及汽车电子生产商都把眼光投向了 OBD 应用领域,想通过 OBD 得到"里程"、"油耗"、"汽车故障"等信息,并通过 OBD 开发出更强大的新功能产品,利用新功能去提升增值服务,从而提高产品附加值,掌握终端客户群。从目前 OBD 的发展态势来看,很多公司利用 OBD 功能在车联网领域立项,这就意味着一个新行业的兴起,预计在未来两年内,OBD 将会作为车载产品内标准配置项,必将为我国的车联网落地做出最佳的贡献。

第五节 车载诊断系统

车载诊断(OBD)系统多是指排放控制用车载诊断系统。它必须具有识别可能存在故障区域的功能,并以故障码的方式将该信息储存在电控单元存储器内。

人类活动使得大气发生了深刻变化,由此对"地球"生物圈造成严重后果,因此必须努力降低汽车有害物质排放量,并对此进行监控。OBD 的出现是因为环保机构要求用更精确的方法探测造成排放上升的发动机性能问题。检测到排放相关故障时,OBD 系统用仪表板上 MIL 灯给驾驶员报警,故障车可以及时得到修理,减少车辆排放。OBD 系统储存有识别故障件、故障系统和故障原因的重要功能,有助于技师迅速诊断,对症修理,可以降低车主维修成本,并在第一时间使车辆得到正确的维修。

发动机管理系统出现故障或者部件损坏时,就可能导致汽车有害物质排放明显增多。从技术上实现的话成本很高,所以以下三种物质的浓度:一氧化碳(CO),碳氢化合物(HC),氮氧化物(NO_x),不是直接测量出来,而是通过检查发动机管理系统中于排气有关的部件来确定。

一、标准化的 OBD 系统

标准化的数据诊断接口(SAE-J1962):DLC 诊断座为统一的 16PIN 脚,并装置在驾驶侧仪表板下方。DLC PIN 脚传输线有两个标准,分别为欧洲统一标准和美国统一标准。

自诊断故障码按照 SAE(美国汽车工程师学会)的标准制定,所有生产厂家必须统一采用这个标准。

(1)OBD 故障码(SAE – J2012)第一位是字母,它表示系统类型:P×××表示动力系统;B×××表示车身;C×××表示底盘;U×××表示网路联结相关的系统;OBD Ⅱ上只使用 P-代码。

(2)第二位表示标准代码:P0×××由 SAE 统一制定的故障码;P1×××由厂家各自制定的与废气排放有关的故障码,这些代码必须报送给立法者。

(3)第三位表示出现故障的部件信息:P×1×× 和 P×2×× 表示燃油计量和空气计量;P×3×× 表示点火系统;P×4×× 表示辅助废气调节;P×5×× 表示车速调节(GAR)和怠速调节;P×6×× 表示表示计算机信号和输出信号;P×7×× 表示变速器。

(4)第四和第五位表示部件/系统的标识代码。

根据故障是否对排放有影响及其严重程度,故障码有以下分类:

①影响排放故障码:

A 类:发生一次就会点亮 EOBD 故障指示灯和记录故障码;

B 类:两个连续行程中各发生一次,才会点灯和记录故障码;

E 类:三个连续行程中各发生一次,才会点灯和记录故障码。

EOBD 要求任何影响排放的故障都必须在三个连续行程中诊断出,且点亮 EOBD 故障指示灯,记录故障码和故障发生时的定格数据。一个行程是指 EOBD 测试都能得以完成的驱动循环,对 EOBD 可以欧Ⅲ排放的测试程序(ECE + EUDC)为基准。

②不影响排放故障码:

C 类:故障发生时记录故障码,但不点亮 EOBD 故障指示灯,厂家可根据需要点亮另外一个报警灯。

D 类:故障发生时记录故障码,但不点亮任何警告灯。

二、OBD 系统的诊断方法

1. OBD 系统组成

OBD 系统非常复杂。美国加州空气资源委员会(California Air Resources Board,CARB)的 OBD Ⅱ 系统规定包括 70 多页的详细法规和几百页的详细 SAE 及 ISO 标准。OBD 系统在功能上由软件和硬件共同实现。OBD 的硬件主要由各传感器、ECU(Electronic Control Unit,电子控制单元)、OBD 连接器插口、故障显示灯、执行器及线路等与发动机废气控制相关的子系统组成。OBD 硬件系统如图 6-8 所示。

对发动机管理系统的硬件,要求将发动机转速传感器安装在发动机离合器侧,以通过发动机转速的细微波动监测发动机缺火时避免受到曲轴扭振的影响；车身垂直的加速度传感器（允许跟 ABS 系统的加速度传感器共用）用于在道路差的条件下关闭 EOBD 功能；在三效催化转化器的后面增添一个氧传感器，以便用"浓"和"稀"混合气交替的方法监测三效催化转化器的储氧能力；对氧传感器监测其信号电压是否超出可能范围、响应速度是否过低、跳变时间之比是否超出规定范围、波动频率是否过低、氧传感器是否活性不足、氧传感器加热器是否加热过慢；采用排气再循环系统，要在进气歧管内安装压力传感器，以便进行对排气再循环率的控制，并在汽车海拔超过 2500m 时关闭 EOBD 功能。

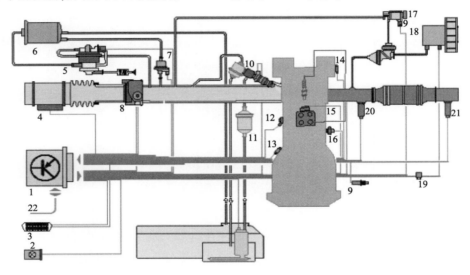

图 6-8　OBD 硬件系统

1-发动机控制器；2-排放警示灯；3-诊断接头；4-空气质量流量传感器；5-燃油系统诊断泵；6-活性炭罐；7-活性炭罐电磁阀；8-节流阀体；9-车速传感器；10-喷嘴 1-4 缸；11-燃油滤清器；12-爆震传感器；13-发动机转速传感器；14-相位传感器；15-点火模块；16-冷却液温度传感器；17-二次空气电磁阀；18-二次空气泵；19-二次空气泵继电器；20-氧传感器（转换器前）；21-氧传感器（转换器后）；22-CAN 总线

　　OBD 软件包括故障诊断控制策略代码和标定，与发动机控制部分一起构成整个发动机控制系统的软件包。在一个典型的发动机控制系统软件包中，OBD 部分的代码占整个软件内容的一半，有超过 150 个可能的故障码。典型的 EOBD 软件包括 6 万行代码和 1.5 万个标定。ECU 软件大约 30% 是 OBD 相关代码，数据多达 40% 是 OBD 相关参数、特性曲线或脉谱图，性能高达 40%需要用于 OBD 相关的功能。

　　2. OBD 系统监测内容

　　OBD 系统监测内容包括：

　　(1) 监测 HC 污染物来判断催化转化器的效率下降；

　　(2) 发动机运转时的失火监测；

（3）氧传感器的劣化；

（4）失效后将导致排气污染物超过限值的其他排放控制部件或系统，或与电控单元相连并与排放有关的动力系部件或系统；

（5）除非另有监测，否则对其他任何与排放有关的，且与电控单元相连接的动力系部件，包括任何能实现监测功能的相关的传感器，都必须监测其电路的连通状态；

（6）对蒸发污染物电控脱附系统，必须至少监测其电路的连通状态。

柴油发动机中监测以下功能：

（1）废气再循环；

（2）燃烧失火检测；

（3）喷射起始角调节；

（4）增压压力调节；

（5）CAN 总线；

（6）柴油直喷装置控制器；

（7）所有接入电脑的与排放有关的传感器和执行机构。

汽油发动机中监测以下功能：

（1）催化转化器功能监测；

（2）氧传感器老化；

（3）氧传感器电压检验；

（4）二次空气系统；

（5）燃油蒸发循环系统；

（6）泄漏诊断检查；

（7）燃油输送系统；

（8）燃烧失火检测；

（9）CAN 总线；

（10）所有接入电脑的与排放有关的传感器和执行机构。

3. OBD 系统的诊断对象

并不是所有发动机都采用相同的 OBD 诊断方法。OBD 系统根据发动机形式的不同，诊断对象也不同。

对发动机的诊断包括：燃烧过程（即点燃式、压燃式、二冲程、四冲程）和发动机燃油供给方式（即化油器或燃油喷射）。

对污染控制装置的诊断包括：催化转化器形式（即氧化型、三效型、加热催化、其他）颗粒物捕集器形式、二次空气喷射（即有或无）、排气再循环（即有或无）。

发动机管理系统的一个基本分类方法是:根据进气歧管内工作状态(空气流量或者进气歧管压力)分类。吸入空气量和进气歧管压力用于计算点火时刻、喷油量和几乎所有元件的EOBD的监控。

4. OBD系统的诊断方法

综合元件监控(线路故障)这种诊断方法是在EOBD的总体框架内监控所有与废气相关的传感器、执行元件和输出极的功能。对这些部件要进行下述检查:检查输入输出信号(可靠性)、对地短路、对正极短路和导线断路。

1)λ传感器

λ传感器用于测量废气混合物中的氧气成分,它是一个控制回路的组成部分,这个控制回路是用来保证空气—燃油混合气始终保持正确的混合比。老化或中毒会影响λ传感器的参数特性,这种消极影响可能表现为反应时间延长或者传感器电压曲线的位移(漂移)。老化或中毒会导致催化净化器前(上游)λ传感器的电压变化曲线发生偏移,当发动机控制单元会识别出这个偏移,并借助于第二套控制电路来在一定范围内进行补偿(校正电压曲线的位移量,自适应)。虽然使用了宽频λ传感器,但诊断步骤基本是一样的。电压变化曲线偏移和催化净化器前(上游)λ传感器自适应如图6-9所示。

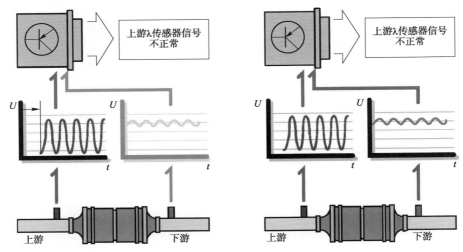

图6-9 电压变化曲线偏移和催化净化器前(上游)λ传感器自适应

催化净化器前(上游)λ传感器的反应时间诊断如图6-10所示。

2)λ传感器加热诊断

通过测量传感器加热电阻,系统就可以识别加热功率是否正确。加热式λ传感器优点在于λ传感器的性能取决于温度。将λ传感器加热,就可保证在发动机和废气温度较低时,λ传感器仍能完成废气调节功能。冷凝水,特别是冷起动阶段的冷凝水,在某些不利情况下可能会损坏λ传感器。所以催化净化器上游的λ传感器在发动机起动后就立即开始加热,而催化净化器下游的λ传感器是在催化净化器达到约380℃才开始加热。λ传感器加热诊断如图6-11所示。

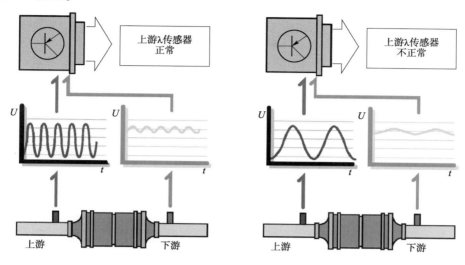

图6-10 催化净化器前(上游)λ传感器的反应时间诊断

3)催化净化器后(下游)λ传感器的调节极限诊断

燃油/空气混合气的成分处于理想状态时,催化净化器后(下游)λ传感器的电压就在λ=1附近变动。如果催化净化器后(下游)λ传感器的电压平均值较高或较低,那就意味着燃油/空气混合气过浓或过稀。于是发动机控制单元就会改变λ值(这会影响燃油/空气混合气成分),直至催化净化器后(下游)λ传感器的λ值又回到1。这个λ调节值有一定的限制,如果超过这个调节限制,EOBD就认为催化净化器后(下游)λ传感器或排气系统(漏气)有故障。

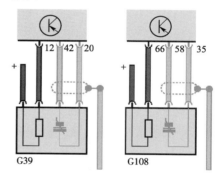

图6-11 λ传感器加热诊断

较稀的燃油/空气混合气且正确的调节方法:催化净化器后(下游)λ传感器通过一个电压降来通知发动机控制单元,废气中的氧气成分增多。接着发动机控制单元提高λ调节值,从而使得燃油/空气混合气变浓。如果催化净化器后(下游)λ传感器的电压升高,发动机控制单元可以使得λ调节值降低。这个调节要持续较长的行驶过程。

较稀的燃油/空气混合气且达到调节极限,在这种情况下催化净化器后(下游)λ传感器通过一个电压降来通知发动机控制单元,废气中的氧气成分增多。接着发动机控制单元提高λ调节值,从而使得燃油/空气混合气变浓。尽管混合气变浓,但是λ传感器电压仍是很低(因为有故障),于是发动机控制单元继续提高λ调节值,直至达到调节极限并识别出故障。催化净化器后(下游)λ 传感器的调节极限诊断如图 6-12 所示。

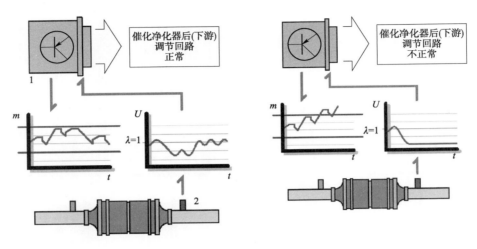

图 6-12 λ 传感器的调节极限诊断

1-发动机控制单元；2-催化净化器后(下游)λ 传感器；m-λ 调节值；U-电压；t-时间

4) 催化净化器后(下游)λ 传感器的运动诊断

催化净化器后(下游)λ 传感器还有另一种监控，就是发动机控制单元在加速和超速工况时检查 λ 传感器信号。在加速状态时燃油/空气混合气较浓，废气中氧很少，λ 传感器的电压应该升高。在超速状态情况则正好相反，这时供油已经中断，废气中的氧气很多，λ 传感器的电压应该降低。如果催化净化器后(下游)λ 传感器没有出现上述的反应，那么发动机控制单元就认为催化净化器后(下游)λ 传感器有故障。催化净化器后(下游)λ 传感器的运动诊断如图 6-13 所示。

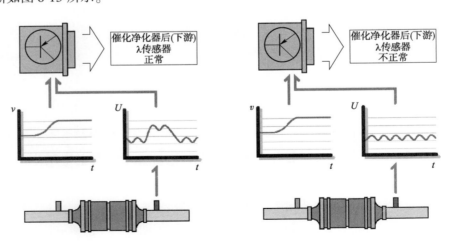

图 6-13 催化净化器后(下游)λ 传感器的运动诊断

v-车速；U-电压；t-时间

5)催化净化器转化诊断

催化净化器如果老化或者损坏的话,那么它储氧能力就会很差,这使得它的转换能力下降。在进行法定废气检测时,如果碳氢化合物含量达到极限值的1.5倍,就会被"在线"识别出来。

在这个诊断过程中,发动机控制单元会比较净化器前部和后部的λ传感器电压值。我们把这称为催化净化器前部和后部的λ传感器比值(相对值)。如果这个比值偏离规定范围,发动机管理系统就认为催化净化器有故障。在满足故障条件后,故障存储器内就会存储相应故障码。该故障由故障指示灯(MIL)指示出来。催化净化器转化诊断如图6-14所示。

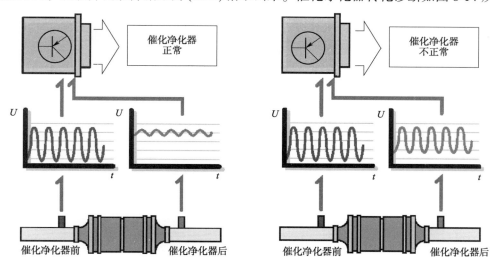

图6-14 催化净化器转化诊断

6)燃油箱通风系统流量诊断

OBD-Ⅱ检查燃油箱通风阀的功能(是否通畅)和在全面元件范围内检查电气部件的功能。如果已经激活了燃油箱通风系统,那么燃油/空气混合气的状态会发生改变。如果活性炭罐已满,那么混合气就变浓;如果活性炭罐已空,那么混合气就变稀。这种变化由催化净化器前(上游)λ传感器记录下来并以此来确定燃油箱通风系统的功能是否正常。其中燃油箱通风阀N80安装在空气滤清器壳体/减振支柱附近。该阀控制活性炭罐向进气歧管内通风,一般涂成黑色。不通电时,该阀关闭着。燃油箱通风系统流量诊断如图6-15所示。

7)燃油箱通风系统调节诊断

调节诊断是周期性的检测。诊断时,发动机控制单元以某个固定节拍将活性炭罐电磁阀打开一点并再关闭一点。由此导致进气歧管压力被"调节",这个变化由进气歧管压力传感器来接受并发送到发动机控制单元。发动机控制单元再对信号进行对比和分析。燃油箱通风系统调节诊断如图6-16所示。

根据λ传感器信号进行诊断

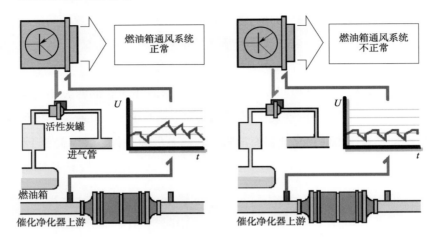

图 6-15　燃油箱通风系统流量诊断图

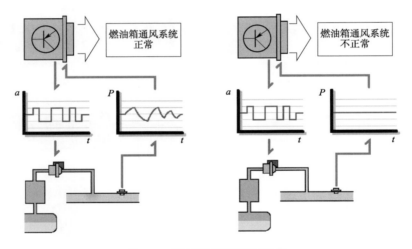

图 6-16　燃油箱通风系统调节诊断

a-电磁阀的开启行程；t-时间；P-压力

8）断火识别

在出现燃烧断火时，未燃烧的空气—燃油混合气会被排到废气中。这种情况使得发动机功率下降以及废气质量变差，但主要危险在于会使得催化净化器过热而损坏。如果因断火而超过了 EOBD 废气排放极限值，废气警报灯就会一直亮着。但是如果因断火可能损坏催化净化器且没有离开危险的负荷—转速范围的话，废气警报灯首先会闪烁，随后相应汽缸燃油供给马上会被切断。断火识别的基本原理是基于通过选择汽缸来判定发动机运行是否稳定。路面不平有可能被错误地当成断火。所以在路面不平时，发动机管理系统会将断火识别功能关闭。断火识别如图 6-17 所示。

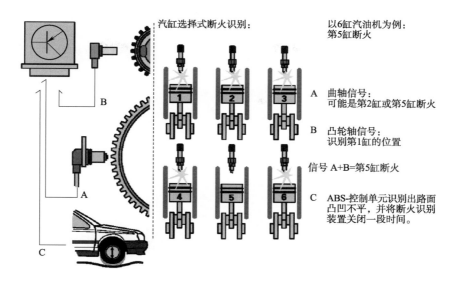

图6-17 断火识别

9）废气再循环压力诊断

废气再循环压力诊断主要诊断发动机控制单元、废气再循环阀 N18 和进气歧管压力传感器 G71。

在废气被引入到进气歧管的过程中，进气歧管压力传感器应侦测到一个压力升高（真空度稍降）。发动机控制单元会将进气歧管内的这个压力升高值与引入的废气量进行对比，以此来推断出废气再循环（AGR）的功能是否正常。这个诊断只能在超速状态来进行，因为这时喷油过程被关闭（喷油会影响测量的），且发动机抽力非常大。废气再循环压力诊断如图 6-18 所示。

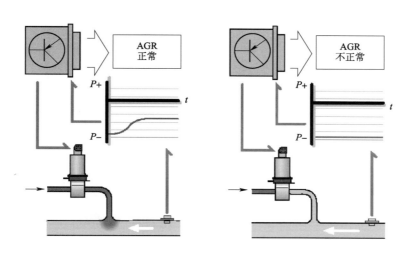

图6-18 废气再循环压力诊断

P_+-过压；P_--真空；t-时间

10) 电子节气门操纵机构 EOBD 利用电子节气门的诊断

该诊断功能通过电子节气门故障指示灯来指示故障。如果这些故障在下一个或两个行驶循环中仍然存在,那么 EOBD 也会接通废气警报灯。

电子节气门检查以下内容:

(1) 发动机控制单元内的功能(函数)计算器;

(2) 加速踏板位置传感器;

(3) 节气门驱动器的角度传感器;

(4) 制动灯开关;

(5) 制动踏板开关和离合器踏板开关;

(6) 车速信号;

11) CAN-数据总线数据诊断

CAN-数据总线正常工作时,所有连接部件(在本例中就是控制单元)定期将消息发送到发动机控制单元上,发动机控制单元用来识别信息是否无误和数据交换是否正常。CAN-数据总线中断某个部件则可能无法将信息发送到发动机控制单元上。发动机控制单元能够检测到缺少的信息、识别出相应的部件并将相应的故障存储。电子节气门操纵机构 EOBD 利用电子节气门的诊断如图 6-19 所示。

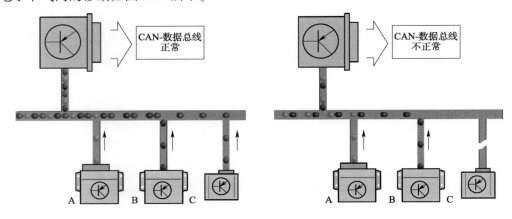

图 6-19　电子节气门操纵机构 EOBD 利用电子节气门的诊断

12) 二次空气系统流量诊断

二次空气系统流量诊断包括诊断发动机控制单元、二次空气泵继电器 J299、二次空气阀 N112、二次空气泵 V101、组合阀和催化净化器前(上游)的 λ 传感器。自从引入宽带 λ 传感器后,便使用催化净化器前(上游)的 λ 传感器信号来进行诊断,这是因为宽频 λ 传感器提供的测量结果比跳跃式 λ 传感器更详细。于是根据 λ 差值[催化净化器前(上游)的 λ 值且在二次空气系统供气过程中],就可计算并检查实际供应的空气质量。二次空气系统流量诊断如图 6-20 所示。

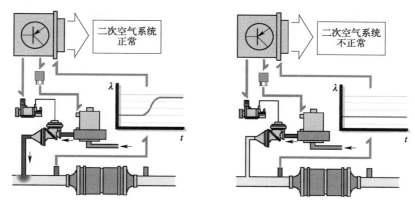

图 6-20　二次空气系统流量诊断

λ-λ 值；t-时间

13）增压压力调节增压压力极限诊断

增压压力极限诊断包括诊断发动机控制单元、增压压力限制电磁阀 N75、带有增压压力调节阀的废气涡轮增压器、废气排放口和进气歧管压力传感器 G71。当超过了增压压力极限时，因增压压力调节出现故障而超过了最大允许增压压力值，进气歧管压力传感器将当时的增压压力通知发动机控制单元，发动机控制单元识别出该故障。当保护功能开始发挥作用时，在这种情况下只是指示出并存储故障是不够的，必须关闭废气涡轮增压器以避免损坏发动机。为此涡轮增压器的"废气排放口"就会打开，这样排出的废气也就改道。增压压力调节增压压力极限诊断如图 6-21 所示。

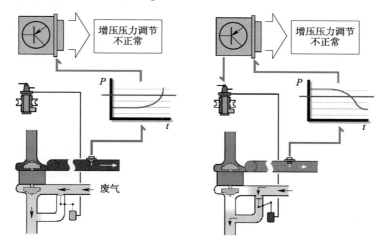

图 6-21　增压压力调节增压压力极限诊断

P-压力；t-时间

5. OBD 系统的局限性

OBD 系统具有一定的局限性，OBD 系统不能测量车辆的排放物 CO、NO_x 和 HC 等，只是起随车排放监测器的作用。因此,如果需要准确分析车辆尾气排污状况,尚需其他监测手段或配备其他尾气分析仪。OBD 系统的可靠性受车辆运行环境的影响,在一定的工作场合,如恶劣运行状况和异常工作环境中,OBD 系统可能出错,此时一般要暂停 OBD 系统的工作。而且错误的故障指示会降低用户对 OBD 系统的可信度,以至部分用户在 OBD 系统发出故障警告后对此不予理会,使 OBD 系统应有的功能无法实现。OBD 系统不能指示如何对车辆进行维修,它只能对车辆进行实时监测,把检测到的故障以代码形式存入存储器,以点亮故障灯的方式通知驾驶员发生故障的部位或表明存在着被确诊的故障,提醒驾驶员对车辆进行维修。OBD 系统不能诊断出汽车电控系统内的所有故障,它仅能监测出汽车电控系统中 70%~80% 的故障。仅依靠故障显示灯的方式不能有效地判断汽车系统的恶化状况。OBD 系统对软件带来了巨大挑战,OBD 软件大约是整个电控汽车软件的 50%。其中任何一个软件错误都能导致错误的故障指示或违规。在软件精度上,即使 99.9% 的精度依然会造成很多系统问题。

6. 永久排放默认模式

永久排放默认模式指发动机电子管理控制器固定不变地切换至一种设定状态。在此状态下,控制器不再要求来自失效的零部件或系统的输入信号,因为,这些失效的零部件或系统将使汽车排放污染物增加并超出限值。这种情况下,MI 将被激活。

7. OBD 系统的临时中断

OBD 系统的监测能力因燃油箱液位过低而受到影响,但只要燃油量超过燃油箱名义容量的 20%,OBD 系统就不得停止工作;发动机起动时环境温度低于 -7℃,或海拔高于 2500m 时,制造商可以让 OBD 系统停止工作;道路的路面情况十分恶劣,对装有动力输出装置的汽车,只有当动力输出装置工作且影响监测系统时,才允许中断被影响的监测系统。

8. 故障显示器 MI

EOBD 中可以看到的元件是废气警报灯 K83 和驾驶舱内的诊断接口。所有其他功能和诊断都由发动机控制单元独立完成,驾驶员并未感觉到车辆正在对与废气相关的部件进行持续检查。也就是说:带有 EOBD 的车辆对驾驶员来说并没有大的变化,但对于售后服务人员来说则增加了新的技术内容及相应的工作。如果不再出现可能损坏催化转化器的缺火水平,或者如果发动机转入其缺火水平不会损坏催化转化器的其他转速和负荷条件之后继续运转,那么故障指示器可以切换回到先前检测到缺火的第一个运转循环的激活状态(该激活状态也可能是其他故障引起),并在后续运转循环中切换到正常被激活模式。如果故障指示器切换回到先前的激活状态,那么相应的失效代码和储存的冻结帧状况可以被擦除。对于缺火以外的所有其他故障,如果负责激活故障指示器的监测系统在三个相继运转循环中不再检测到故障,并且没有识别到其他能独立激活故障指示器的故障,那么故障指示器可以被解除激活。如果车上出现了使得废气质量变差的故障,那么该故障会被存入到故障存储器内,且废气警报灯被接通。如果因燃烧断火可能损坏催化净化器,那么废气警报灯就会闪烁,如图 6-22 所示。

其指示灯的熄灭有以下两种情况:强制熄灭:用解码器清零或者断开动力系控制模块的电源可以暂时清除故障码和熄灭故障灯。如果问题没有被排除,EOBD 会再次诊断出故障,1 个或多个行程后还会点亮故障灯,多用于汽车维修服务后。自动熄灭:如果发生的故障自动消失,且通过了 3 次连续行程的自我诊断,故障灯会自动熄灭。

9. 故障码的自动清除

图 6-22 废气报警灯

如果在至少 40 个发动机暖机循环内没有出现相同的失效,那么 OBD 系统可以擦除失效代码、行驶过的距离和冻结帧信息。暖机循环指充分运转车辆,使得冷却液温度从发动机起动时算起至少升高了 22℃,且至少达到 70℃。

10. 就绪代码的读取和生成

生成就绪代码要求车辆处于静止状态,关闭电气负载(散热器风扇必须关闭),关闭空调。注意,生成就绪代码后,不要再去清除故障存储器,因为那样也会将就绪状态代码清除掉或者复位。

第七章　智能交通系统

　　智能交通系统通过人、车、路的和谐、密切配合提高交通运输效率,缓解交通阻塞,提高路网通过能力,减少交通事故,降低能源消耗,减轻环境污染。智能交通系统由交通信息采集系统、信息处理分析系统和信息发布系统组成,其中交通信息采集系统包括人工输入、GPS车载导航仪器、GPS 导航手机、车辆通行电子信息卡、CCTV 摄像机、红外雷达检测器、线圈检测器和光学检测仪等设备。信息处理分析系统包括信息服务器、专家系统、GIS 应用系统、人工决策等。信息发布系统包括互联网、手机、车载终端、广播、路侧广播、电子情报板和电话服务台等。本章首先着重介绍智能交通系统的概述和分类,分析了智能交通系统是一个复杂的综合性的系统,之后从系统组成的角度,分别就其出租车电召系统、ETC 不停车收费系统、智能停车系统、交通违章自动拍摄系统、智能公交报站系统、路灯自动控制系统几个子系统的应用及构成来阐述智能交通系统的实践应用类型。

第一节　智能交通系统概述和分类

　　智能交通系统(Intelligent Traffic System,ITS)又称智能运输系统(Intelligent Transportation System),是将先进的科学技术(信息技术、计算机技术、数据通信技术、传感器技术、电子控制技术、自动控制理论、运筹学、人工智能等)有效地综合运用于交通运输、服务控制和车辆制造,加强车辆、道路、使用者三者之间的联系,从而形成一种保障安全、提高效率、改善环境、节约能源的综合运输系统。它包括:机场、车站客流疏导系统,城市交通智能调度系统,高速公路智能调度系统,运营车辆调度管理系统,机动车自动控制系统等。交通控制、公共交通指挥与调度、高速公路管理和紧急事件管理的 4 大系统;建立交通信息共用主平台、物流信息平台和静态交通管理系统的 3 大系统。随着智能交通系统技术的发展,智能交通系统将在交通运输行业得到越来越广泛地应用。智能交通系统世界上应用最为广泛的地区是日本,如日本的 ITS 系统相当完备和成熟,其次美国、欧洲等地区也普遍应用。我国的智能交通系统发展迅速,在北京、上海、广州等大城市已经建设了先进的智能交通系统;其中,北京建立了道路交通系统的运用。目前我国 ITS 体系框架(第二版)的基本情况见表 7-1。

我国 ITS 体系框架(第二版)用户服务列表　　　　表 7-1

用户服务领域	用户服务	用户服务领域	用户服务
1 交通管理	1.1 交通动态信息监测	5 交通运输安全	5.3 非机动车及行人安全管理
	1.2 交通执法		5.4 交叉口安全管理
	1.3 交通控制	6 运营管理	6.1 运政管理
	1.4 需求管理		6.2 公交规划
	1.5 交通事件管理		6.3 公交运营管理
	1.6 交通环境状况监测与控制		6.4 长途客运运营管理
	1.7 勤务管理		6.5 轨道交通运营管理
	1.8 停车管理		6.6 出租车运营管理
	1.9 非机动车、行人通行管理		6.7 一般货物运输管理
2 电子收费	2.1 电子收费		6.8 特种运输管理
3 交通信息服务	3.1 出行前信息服务	7 综合运输	7.1 客货联运管理
	3.2 行驶中驾驶员信息服务		7.2 旅客联运服务
	3.3 途中公共交通信息服务		7.3 货物联运服务
	3.4 途中出行者其他信息服务	8 交通基础设施管理	8.1 交通基础设施维护
	3.5 路径诱导及导航		8.2 路政管理
	3.6 个性化信息服务		8.3 施工区管理
4 智能公路与安全辅助驾驶	4.1 智能公路与车辆信息收集	9 ITS 数据管理	9.1 数据接入与存储
	4.2 安全辅助驾驶		9.2 数据融合与处理
	4.3 自动驾驶		9.3 数据交换与共享
	4.4 车队自动运行		9.4 数据应用支持
5 交通运输安全	5.1 紧急事件救援管理		9.5 数据安全
	5.2 运输安全管理		

一、智能交通系统组成

智能交通系统是一个复杂的综合性的系统,从系统组成的角度可分成以下几部分。

1. 先进的交通信息服务系统(ATIS)

ATIS 是建立在完善的信息网络基础上的。交通参与者通过装备在道路上、车上、换乘站上、停车场上以及气象中心的传感器和传输设备,向交通信息中心提供各地的实时交通信息;ATIS 得到这些信息并通过处理后,实时向交通参与者提供道路交通信息、公共交通信息、换乘信息、交通气象信息、停车场信息以及与出行相关的其他信息;出行者根据这些信息确定自己的出行方式、选择路线。更进一步,当车上装备了自动定位和导航系统时,该系统可以帮助驾驶员自动选择行驶路线。

2. 先进的交通管理系统（ATMS）

ATMS 有一部分与 ATIS 共用信息采集、处理和传输系统，但是 ATMS 主要是给交通管理者使用的，用于检测控制和管理公路交通，在道路、车辆和驾驶员之间提供通信联系。它将对道路系统中的交通状况、交通事故、气象状况和交通环境进行实时的监视，依靠先进的车辆检测技术和计算机信息处理技术，获得有关交通状况的信息，并根据收集到的信息对交通进行控制，如信号灯、发布诱导信息、道路管制、事故处理与救援等。

3. 先进的公共交通系统（APTS）

APTS 的主要目的是采用各种智能技术促进公共运输业的发展，使公交系统实现安全便捷、经济、运量大的目标。如通过个人计算机、闭路电视等向公众就出行方式和事件、路线及车次选择等提供咨询，在公交车站通过显示器向候车者提供车辆的实时运行信息。在公交车辆管理中心，可以根据车辆的实时状态合理安排发车、收车等计划，提高工作效率和服务质量。

4. 先进的车辆控制系统（AVCS）

AVCS 的目的是开发帮助驾驶员实行本车辆控制的各种技术，从而使汽车行驶安全、高效。AVCS 包括对驾驶员的警告和帮助，障碍物避免等自动驾驶技术。

5. 货运管理系统

这里指以高速道路网和信息管理系统为基础，利用物流理论进行管理的智能化的物流管理系统。综合利用卫星定位、地理信息系统、物流信息及网络技术有效组织货物运输，提高货运效率。

6. 电子收费系统（ETC）

ETC 是世界上最先进的路桥收费方式（图 7-1）。通过安装在车辆风窗玻璃上的车载器与在收费站 ETC 车道上的微波天线之间的微波专用短程通信，利用计算机联网技术与银行进行后台结算处理，从而达到车辆通过路桥收费站不需停车而能交纳路桥费的目的，且所交纳的费用经过后台处理后清分给相关的收益业主。在现有的车道上安装电子不停车收费系统，可以使车道的通行能力提高 3~5 倍。

7. 紧急救援系统（EMS）

EMS 是一个特殊的系统，它的基础是 ATIS、ATMS 和有关的救援机构和设施，通过 ATIS 和 ATMS 将交通监控中心与职业的救援机构联成有机的整体，为道路使用者提供车辆故障现场紧急处置、拖车、现场救护、排除事故车辆等服务。

二、智能交通系统的新技术

1. 安防技术

智能交通系统新技术的出现对于高速公路领域有着较强的针对性。如 3G、4G 无线传输是针对高速公路恶劣的气候、地理环境所采用的独特方式。高速公路移动无线监控,一般应用在高速公路的某一段内。巡逻车可以实时将巡逻时的视频情况传回高速公路管理中心,加强了智能交通系统管理的实时性。

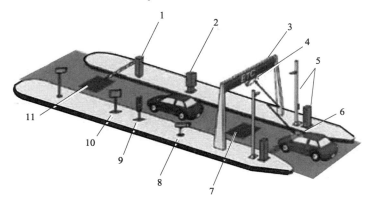

图 7-1　电子收费系统

1-自动栏杆;2-车道控制器;3-ETC 门架;4-路侧 ETC 天线;5-车型分类系统;6-电子标签;7-线圈检测器;8-自动车牌识别系统;9-通行信号灯;10-费额显示器;11-线圈检测器

2. 移动卡口技术

采用计算机视觉仿真、雷达测速、智能图像分析以及数据库管理等技术的超速抓拍系统,能够精确测量车辆行驶速度,一旦超速,系统会自动抓拍图片,清晰捕捉车辆全貌、车牌号码、车辆类型、车身颜色等元素,将图片保存在数据库中,并叠加超速违法所发生的日期、时间、路段、违法时车辆实际行驶速度以及该路段的限定行驶速度等信息,数据库可按日期、车牌号码等条件进行分类查询,也可通过打印机实时输出违法车辆照片,具有车牌自动识别、现场报警、移动存储及综合管理等功能,其网络版的产品构架,使得该系统集现场执法、3G、4G 远程传输和指挥中心网络化调度管理于一体,为高速管理部门科学执法提供可靠的依据,充分符合科技强警战略。

3. GPS 定位技术

对出警车辆进行 GPS 定位,方便进行调度,以快速处理交通事故。

4. 车辆缉查发布技术

卡口对车辆进行超速抓拍并对比黑车牌,发现报警后在收费站或前端 LED 屏实时显示违章车辆信息,并在收费站进行拦截。

另外,GIS 从空间上、时间上彻底了解高速公路沿线情况的现状与变化,奠定高速公路管理所需要的数字基础,完成对静态交通信息(收费站、服务区、隧道、无线视频等基础设备)和动态交通信息(天气变化、道路维修封闭、突发的交通肇事等路面状况)的重组,为高速公路管理提供直观、系统、科学的管理工具;同时可以规范管理数据,实现信息共享,便于各部门数据的交换,改进和完善高速公路管理工作。按各子系统的要求,以规定的格式向子系统传输所需信息,比如无线通信终端的应用(如手机短信、PDA 等)根据服务请求和查询权限提供给客户数据、图形或图像等信息。

第二节 出租车电召系统应用

传统的 GPS 定位系统,无集群通信功能,只能一对一的简单通话,且从发起呼叫到接通,至少要 1min 左右,时间太长。不具备电召、调度能力,更别说灵活和智能了;而传统的无线电台,对讲距离有限、信号不稳定、抗干扰能力差、远程无法控制易聚众闹事等,是城市信息化建设的不足。"城市出租车智能电召调度系统"具有出租车定位监控、自动电召、营运收入上传、防盗防劫、动态监管稽查、服务质量监督考评、失物招领、导航指路等功能。

一、出租车电召系统概述及建设目标

按照交通运输部 2011 年印发的《城市出租汽车服务管理信息系统试点工程总体业务功能要求(暂行)》,城市出租汽车服务管理信息系统主要包括"一套终端、三个中心",车载终端、监控指挥中心、数据资源中心和电召服务中心。作为城市精神文明建设的窗口之一,出租汽车服务质量和服务水平的提高,直接体现一个城市的整体管理水平。

1. 出租车管理功能

可以有效监管出租行业的运营情况,系统能够采集并记录车辆营运数据:每车每天空载里程、载客里程、车辆的月收入等数据。管理部门可以全面掌控整个行业的运营状态,有效提高管理部门监管能力及决策水平,规范行业经营。提高出租车劳动效率,减缓道路拥挤状况。

2. 市政管理部门功能

可瞬间下发公益广告和宣传,快速下发公益宣传及活动、规范驾乘人员的文明用语,树立出租车良好的精神面貌。有效提高应急处置能力,判别突发事件及群体性事件隐患不超过 3min;提高特殊时期(重大活动、春运、黄金周等)应急调度水平;可在 2s 内完成运力调度指令下达;保障出租行业有序运营。

3. 违法犯罪案件监控功能

可让警方破案速度大大提高,系统可以快速找出某一地点或路口,在任何时间内通过的所有出租车辆及其车内乘客数量、长相、衣着等图片。并能即时通知这些车辆前往公安部门接受询问,快速查找目击证人(因为出租车是 24h 运营且群体够大,一贯是犯罪者常选的交通工具)。提供有效线索,有利于警方迅速破案。

4. 叫车呼叫功能

有效缓解打车难为市民提供优质服务,如有乘客电话叫车时,该系统能够自动匹配最近的空驶车辆。也能根据乘客提供的起点和终点,自动规划出现有道路条件下可通行的所有线路,并能测算出各条线路的车费标准。能使投诉认定与处理率达到99%以上;有效遏制绕行、倒客、甩客、多收费等行为,保障乘客权益,良好服务市民出行。

5. 服务台集中控制功能

保障出租汽车驾驶员权益、维护市场公平,降低出租车空驶率、节油环保、降低运营成本、增加收入。路上空车找乘客,改为由服务中心不断给驾驶员派活,不用空车耗油转圈,同时可有效遏制"黑车"、"套牌车",保障出租汽车驾驶员权益、维护市场公平。

二、出租车电召系统服务功能和特点

该系统能够将分散的出租车公司和车辆进行联网,实现集中、快速、跨区域、全国范围内的统一指挥、统一管理、统一调度,不受时间、地点、空间的限制,对城市出租车辆,进行实时电召、随时查看、快速指挥。为城市电召提供一种全新、直观、智能的平台。

1. 电召服务

系统支持多种电召、调度模式,且可以多种模式并存、并用。

1)单点电召

乘客打电话叫车时,系统会自动记录乘客电话号码,接线员只需录入乘客所在地址并保存,形成一个电召任务,同时派单员在另一台电脑上看见该任务,随即在电子地图上找出离乘客最近的空驶车辆,进行任务派单。把电召信息会发送到该车载机的显示屏上,乘客电话号码、地址会在屏上定格3min,如果应召驾驶员找不到乘客时,按一下对讲手柄,车载终端则会自动拨打乘客手机号码,省去驾驶员拿笔记录电话号码的麻烦。

2)全体电召

有乘客叫车时,系统自动记录乘客电话号码,接线员录入乘客所在地址并保存。派单人员,随即向所有空载出租车辆播报电召信息,寻求最近有愿意车辆前往,如有车辆应召,该车辆的具体位置,会自动显示在电子地图上,确定离乘客最近的空车,则电召信息会发送到该车载机的显示屏上(内容包含:乘客电话、和乘车地址等)。

3)区域电召

调度人员在乘客所处位置点击后,方圆1km内所有的空驶车辆,进入电召状态。系统自动向空驶车辆发送客人信息,驾驶员看到信息同时可以按下对讲手柄,只有一个驾驶员能和乘客建立通话,即得到本次运营任务。

4)全自动电召

当乘客打电话叫车时,乘客会在电话里听到电脑提示音:"你好,这里是电脑自动叫车中心,请报你的乘车位置,我们会提供最近车辆。"这时乘客会在电话里说出自己的位置,同时出租上的电台里能听到该乘客报出的准确位置,当乘客挂掉电话后,乘客的电话号码就发送到离他最近的出租车的电台屏幕上。

电召工作流程如图7-2所示。

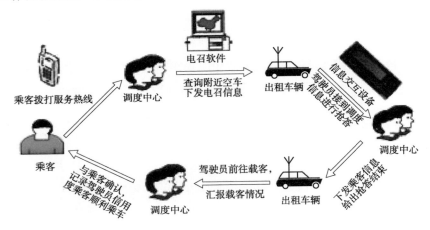

图 7-2 电召工作流程图

2. 出城预警

夜晚车辆驶离城区时,控制中心的电脑上,会有声、光告警提示:"京 B T6000 已出城区,请及时联系与处理"。同时该出租车上,有洪亮声音传出:"您已驶出城区,110 接警中心提醒,请及时做好出城登记"。对犯罪分子产生强烈的震慑作用,最大程度的保证出租车和驾驶员安全。

3. 紧急告警

如果车辆遇劫,或遭到威胁等意外情况时,驾驶员可以通过隐形按钮报警,管理中心电脑上可以发出声、光提示:"京 B T6000 遇险",管理人员可第一时间通知 110 处理。如果装有 LED 广告屏的车,同时 LED 屏上会出现:"我被打劫,请报警"的字样闪烁。

4. 打表拍照

每次上一个乘客系统会自动进行车内拍照,传回数据中心并记录保存,对犯罪分子产生强烈的震慑作用,从而在一定程度上保护从业人员的生命财产安全,杜绝安全隐患。

5. 车辆营运实况

系统根据当地的实际运价,能准确算出:每车每月的收入金额、行驶里程、空驶里程、载客里程。实时显示每一辆车的运行状况,可随时掌握行驶轨迹。

6. 组名扫描

可以自动显示出本车辆所处组名称,从而了解相关组员当前的活动状况。同时终端上自动显示车辆行驶的速度和方向。

7. 远程广告屏发布

LED广告：系统集成了目前流行的信息广告发布模块。广告信息服务是运营商未来主要的盈利增长点之一。出租车辆遇险时可以显示危险提示警告信息。声音广告：计价器扣下去时，会有广告声音传："××实业公司，欢迎您乘坐本次出租车"。下车计价器抬起时："××实业公司，提醒您带好随身物品"。

8. 全体禁言、单车禁言

规范文明用语，净化语言环境：系统带有来电显示功能，屏上会显示发起呼叫的车牌号，如有不文明用语和其他不良社会现象时，中心可以随时禁言某一个车辆，也可以1s内禁言所有车辆，有效防止和遏制出租车聚众闹事。

9. 区域车辆检索

例如：在某一路口某一时间内发生车祸、事故等案件，要找目击证人之类的。系统能把这一特定地点、特定时间段内经过车辆全部列出，方便案件的侦破。

10. 一键服务请求

行车中如需帮助或特殊情况时，按下服务按钮，中心马上收到该车辆的服务请求并会及时与其联系以提供帮助。

11. 人工导航

如到外地的陌生路段，需要道路指引和导航时，服务中心会通过对讲系统，对车辆进行实时人工导航。服务中心也可将最佳行车线路发送到终端，开启语音自动导航功能。

12. 特殊路口提前预警

当车辆驶入学校、道口等某些人多路段时，车上会有柔美的声音提示："前方学校路口，请谨慎驾驶"，提醒驾驶员减速慢行，从而保证行人安全，降低事故率。

13. 提高突发事件的应急能力

例如：遇突发事件时，职能管理部门要对各负责人、各车辆，下发紧急通知时，用该智能调度系统，管理部门1s内，能把全所有运营中的车辆全部通知到位。

14. 超速报警

某些限速路段，当车辆行驶速度超过设定值，系统会自动发出提示："您已超速，请谨慎驾驶"。通过对车辆运行轨迹的回放分析，可作为车辆事故处理的重要依据。

三、电召系统组成

1. 电召系统总体结构

电召系统从组织结构上应与企业隶属关系相吻合，系统采用基于网络的分布式控制结构,可实现分级、分组调度,分为主控中心系统、分控中心系统、终端设备。组织结构图如图7-3 所示。

图7-3 电召系统组织结构

2.电召系统网络结构

电召系统分为多级网络结构,网络拓扑结构图如图7-4所示。

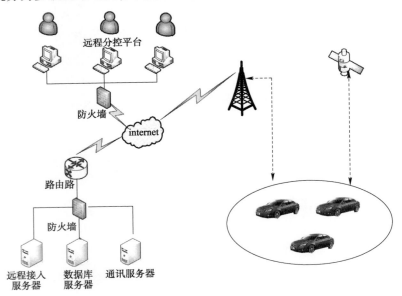

图7-4 电召系统网络拓扑结构

3.终端设备

电召系统终端设备为车载机,如图7-5所示。

四、电召系统的优势

(1) 通信距离远:在全国范围内保证清晰的话音质量,无噪声。

(2) 功耗小、不发热、使用寿命长。

(3) 服务器采用云式布局,设备永远不会掉线。

(4) 压缩率高:可以有效降低后期使用成本。

(5) 先进:采用全进口的语音压缩芯片,纯数字技术,永不串音、音质好、不失真。

(6) 可靠:采用军用装备式模块化设计,在长时间工作中仍保持高性能和高稳定性。产品通过国家的 3C 强制认证,可满足任何恶劣苛刻的使用环境。

(7) 远程升级:通过远程软件升级方式,可随时直接添加新的功能和修整 BUG。

(8) 灵活:公司拥有一支多年从事语音压缩技术研发、建设的专业技术人才队伍,系统各个功能采用模块化设计,可按照行业实际需求"量身定制"。

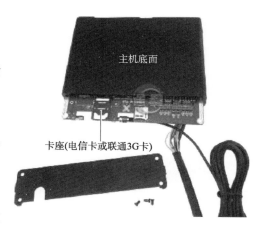

图 7-5 电召系统终端设备

第三节 ETC 不停车收费系统应用

随着我国社会经济的不断发展,高速公路建设工程越来越庞大,高速公路上的车辆也越来越多。相关统计数据显示,去年我国高速公路的通车里程高达 4.5 万 km,这不但增加了高速公路收费的工作量,也造成了公路拥堵。不停车收费系统(Electronic Toll Collection,ETC)也称为电子收费系统,是应用短程微波通信技术,进行路侧单元(RSU)与车载单元(OBU)的信息交流,可自动识别车辆,并采用电子支付方式完成车辆收费。不停车收费系统是高速公路收费系统的发展趋势,将其应用于高速公路收费中,开创了自动收费替代人工收费的新模式,当前正广泛应用于我国各大高速公路收费站。

一、不停车收费系统的工作原理与系统构成

1. 不停车收费系统的工作原理

当不停车收费系统探测到车辆时,支架上的天线控制器将利用微波读写天线从汽车风窗玻璃上"单子标签"中获取信息,并根据所得的信息判断车辆的行驶状况,进而从车主的电子银行账户中扣除相应的费用。费用扣除完毕后,系统的车道栏杆则会自动提起,待车辆通过后再自动落下。整个过程中,无须人工操作,即可实现车辆不停车收费。不停车收费系统

的工作原理如图 7-6 所示。

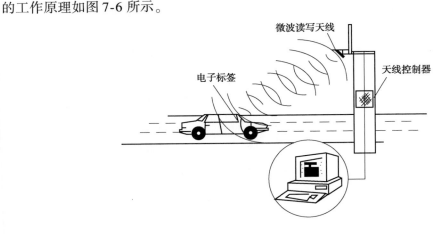

图 7-6　不停车收费系统的工作原理图

2. 不停车收费系统的系统构成

该系统主要有站级子系统、车道级子系统等,其中,站级子系统的主要工作内容是对整个系统的后台操作提供数据统计与分析、相关参数管控以及系统的运行监管等,车道级子系统的主要工作内容则是为车道的不停车收费提供环境支持,两个系统之间通过数据接口软件进行集成,以共同为不停车收费系统提供数据服务。不停车收费系统的主要设备有天线、天线控制器、落杆机、车检器、车道计算机、交通信号灯、车道控制器、收费站监视器、收费站服务器等,其中,微波读写天线通过 RS232 串行线直接与车道级子系统相连接,并通过微波读写天线与天线控制器进行数据读写与交换;其他设备则是通过车道控制器与车道级子系统相连接。不停车收费系统的视频信号主要是利用字符叠加器搜集车辆数据,并上传至收费站的收费金额显示屏上。不停车收费系统的组成部分如图 7-7 所示。

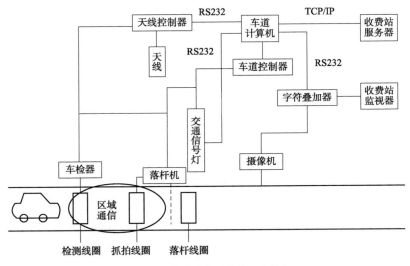

图 7-7　不停车收费系统的组成部分

二、不停车收费系统工程分析

以上海高速公路收费站一期工程为例,共建设不停车收费系统车道 96 条,其中,省界车道 12 条,市界车道 84 条;专用车道 26 条,混合车道 70 条。该工程的建设,为上海高速公路不停车收费系统的联网收费创造了条件,也在一定程度上避免了不停车收费系统车道联网收费难度大的问题。该工程符合长三角不停车收费系统的联网收费需求,为完善不停车收费系统的各项操作技术提供了有价值的参考依据。上海高速公路应用不停车收费系统产生的预期效益主要包括:

(1) 收费车道的通行能力提升至少 3 倍;

(2) 节省收费站的占地面积;

(3) 提升车主的时间效率;

(4) 节约车辆等候、停启时的消耗与磨损;

(5) 减少汽车尾气排放,降低与环境造成的污染。

1. 不停车收费系统的整体框架图

从逻辑结构上分析,上海高速公路不停车收费系统是由用户层、操作层以及管理层构成图 7-8。其中,管理层为整个系统的核心,由高速公路 ETC 联网收费清算中心、ETC 客服系统、ETC 卡中心系统构成,能够实现资金清算、对账数据处理等功能。操作层主要由车道系统构成,可分为专用车道与混合车道两种。用户层采用符合国家标准的双卡式 OBU,即由"OBU + CPU 卡"构成,其中 CPU 卡为非现金支付介质。

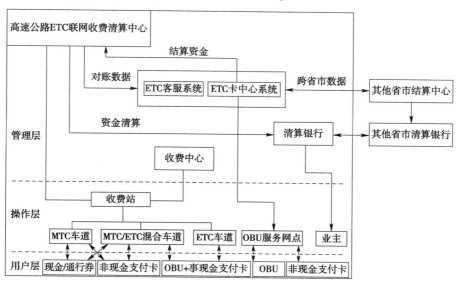

图 7-8 上海高速公路不停车收费系统的整体框架图

2．系统分析

1）高速公路 ETC 联网收费清算中心

高速公路 ETC 联网收费清算中心是一种清算系统，是按照不停车收费系统的功能建设起来的，整个系统分为服务层、通信接入层、前台视图层三层。此清算中心具有独立性，且能够实现设备配置与功能的扩展性，可实现数据存储、数据传递、流水清分、收益规则管理、费率管理、对账处理、黑名单下发、查询统计、入口信息查询等多项功能，其前台视图层包括管理终端、监控终端以及统计分析，可连接收费中心系统、收费站系统、ETC 卡中心系统，且能够实现与外部系统数据的双备份功能。

2）ETC 卡中心系统

ETC 卡中心系统的主要功能是实现数据传递、ETC 交易流水校验、卡资金结算、划拨处理、黑名单管理、OBU 与非现金支付卡的发行与管理，系统维护等。ETC 卡中心系统不仅可对本地资金进行结算处理，也可以对省市结算中心间的资金进行结算处理。

3）ETC 客服系统

ETC 客服系统主要包括发行服务系统与 WEB 服务系统，其中，发行服务系统又可以细分为客服中心系统、发行网点系统以及移动服务系统。客服中心系统能够实现用户管理、资金账户管理、信息管理以及系统管理等功能；发行网点系统可实现用户资料管理、OBU 管理、用户信息管理、资金缴纳等功能；移动服务系统则是为用户提供移动发行设备、OBU 与非现金制度卡的上门服务。

4）车道系统

高速公路不停车收费系统的车道系统可以分为专用车道与混合车道两种。专用车道仅支持对安装了 OBU 的车辆进行收费，可实现系统的自动收费，无须收费人员值班。混合车道则需收费人员值班，以实现对不同车辆的收费处理。本工程根据实际需求，更多地建设了混合车道。

3．应用效果分析

经过一段时间的试运行，上海高速公路不停车收费系统基本实现了预期效益，即收费车道的通行能力提升了、节省了收费站占地面积、提升了车主的时间效率、降低了大气对环境的污染等。但仍然存在一些问题，主要包括车主数量有限、专用车道未得到有效应用、收费员操作不熟练、车主使用不当等。

总而言之，不停车收费系统具有技术先进、安全可靠性高、收费效率高、营运成本低、适应范围广等优势，其在高速公路收费中的优势将会越来越突显。随着联网收费路段的不断增加，以及短程微波通信技术的逐渐成熟，不停车收费系统在高速公路收费领域上的应用将会越来越灵活，其在交通建设中的应用前景也将越来越辽阔。

第四节 智能停车系统应用

智能停车场管理系统是以管理系统和通道识别系统组成的计算机网络,网络通信协议采用 TCP/IP 协议。系统能有效、准确、智能地对进出停车场的系统车辆(装有电子车牌的车辆)和非系统车辆(未装有电子车牌的车辆)的数据信息识别、采集、记录并按需驻留、上传、处理,并在必要时可以通过相应的人工干预进行补充,以避免非正常事件(非系统车进出)的影响,确保系统有高效的车辆智能放行能力。

对于智能停车场系统来说,要求灵敏度应该较高,使用的适应性较大,安装不太复杂,同时应该不受昼夜影响可以确保在任何环境下对车辆进行稳定可靠的监控,工程应用方便、免维护、成本也不应该很高。射频识别设备要能实现汽车正常速度通过时,能与电子车卡进行通信;车辆的时间、空间信息、车卡信息及数据处理中心下传指令需在本地保存;系统应定期自检和故障自检,及时上传设备工作状态,以供系统运行中心处理;故障排除或供电恢复后,系统自动重启,确保停车场工作正常、数据传输完整;软件结构模块化;能够满足控制设备与监控设备(如道闸、信号灯、电子秤、视频抓拍等)的接口需求。

一、组成部分及关键技术

整个停车场自动管理设备可划分为:车辆自动识别子系统、收费子系统、保安监控子系统等。通常包括中央控制计算机自动识别装置临时车票发放及检验装置、挡车器、车辆探测器、监控摄像机、可控提示牌等。这些自动化设备都无处不使用物联网技术,例如:车辆进出标签纸射频卡运用了 RFID 技术,车位信息运用了红外感应器,车辆识别与定位运用了全球定位系统,检测车辆数目运用了重力感应传感技术。系统结构总体模型如图 7-9 所示。

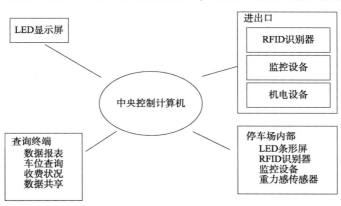

图 7-9 系统结构总体模型

二、主要功能

基于物联网智能停车系统采取多种技术,可实现多种功能,如图 7-10 所示。

图 7-10 RFID 智能停车管理系统进出口模拟图

(1)车位自动统计功能通过车辆重力感应传感技术、红外传感技术,系统对进出停车场的车辆进行自动统计和计算,根据统计结果,系统实时地将车位信息传送给车位显示屏,在车位显示屏和软件界面上自动显示停车场内剩余的空车位信息。

(2)车位自动引导功能车辆入场后,车位引导系统自动检测车位占用或空闲的状态,并将检测到的车位状况变化由车位引导控制器实时送至车位引导显示屏显示,车位引导显示屏指引车辆最佳停车位置,引导车主快速地找到系统分配的空车位。

(3)车位管理功能系统可对车位进行实时控制管理,实时了解查看车位的使用信息。

(4)数据共享功能本车位引导系统软件与停车场管理系统软件之间可共用同一个数据库,数据信息相互共享,实现系统间的相互联动对于数据库服务器中的车位信息,系统提供数据查询接口。

(5)报表功能系统可以根据要求,进行各种统计、自动生成相关报表;能够统计停车场每天和每月的使用率分时段使用率等,并且可以实现报表的 EXCEL 格式导入导出功能,方便管理人员的工作。

(6)显示功能采用 LED 显示屏,全中文显示欢迎词语、天气情况、周边交通状况、剩余车位信息、车位已满以及停车场的其他相关信息等。

(7)车辆查询功能系统经拓展后可实现车主自助查询功能如车主在取车时不知道车辆停放地点,通过系统查询终端即可方便快捷地查询到车辆所停放的区域。

三、智能停车场系统工作流程

射频识别系统有着其他识别系统无法比拟的优势,再加上射频识别系统中数据载体的防污、防磨损性能很好,这有利于提高载体的重复使用率,增加其使用寿命,减少使用成本,因此智能停车场管理系统采用射频识别系统。

停车场管理系统运行过程是以用户停车取车的过程为基础的,停车场的工作流程也始终以用户车辆进出停车场的流程为中心。停车场用户一般分为临时用户和固定用户两大类。当车辆驶入/出停车场天线通信区时,天线以微波通信的方式与车载射频卡进行双向数据交换,从射频卡上读取车辆的相关信息,自动识别射频卡并判断车卡是否有效和合法性,车道控制电脑显示与该射频卡一一对应的车牌号码及驾驶员等资料信息;车道控制电脑自动将通过时间、车辆和驾驶员的有关信息存入数据库中,车道控制电脑根据独到的数据进行判断来做出放行或禁止的决策。

1. 临时用户

临时用户是指临时使用停车场停车的用户,这类用户的停车行为一般具有临时性、随机性、使用频次低的特征。临时用户潜在数量庞大且身份不确定。

2. 固定用户

固定用户是指长期固定使用停车场停车的用户,这类用户的停车行为一般具有长期性、规律性、使用频次高的特征。固定用户一般是停车场附近单位的工作人员或生活区的住户,数量在一定时间内是确定的。

针对停车场用户一般分为临时用户和固定用户的实际情况,系统出/入场流程也分为临时用户和固定用户的两种情况。

四、车辆出场工作流程

1. 临时车辆出场工作流程

用户驾驶车辆进入停车场离场通道,停在出口处,车辆检测器检测到有车后,向出口控制器发出有车信号。摄像系统和车辆识别系统启动,摄入车辆图像,经车辆识别系统分析后,获得牌照信息、颜色信息、车型信息等;用户将入场时取得的用户卡交给管理人员,管理人员通过出口读卡机读取用户卡 ID 信息,并将用户卡收回循环使用。数据中心通过检索数据库中对应 ID 号,获得该用户卡的类型(临时卡)、入场时间,并查询数据库中与此 ID 号相关的车辆信息,与刚才实时获取的信息进行比对,若不符合则拒绝放行,并给出告警信息和出错提示信息。若符合,数据中心根据车辆在场内停留时间和计费费率,计算出用户应缴费额,同时显示在金额显示器屏幕上,语音提示设备提示用户应缴纳金额,用户缴纳相应费用后,管理人员将通过出场控制器打开出口电动栏杆,用户驾车驶出停车场。

2. 长期卡车辆出场工作流程

持长期卡用户的车辆到达停车场出口时,读卡器获取该卡的信息,将信息上送到数据处理中心,启动车辆图像识别系统,判断用户卡的有效性和密码,并将数据中心查询到的信息与此 ID 号相关的车辆信息与车辆识别系统获取的信息进行比对,如果符合,则给出口控制器一个有效信号,由出口控制器控制抬起出口电动栏杆,用户驾车离开停车场,完成一次出场过程。

3. 智能停车场管理系统设计

1)硬件系统

智能停车场管理系统数据中心控制管理入口控制系统、车辆识别系统、安全监控系统、用户管理系统和出口控制系统等。智能停车场管理系统主要设备有:

(1)入口控制设备,包括入口自动吐卡机、入口读卡器、车辆检测器、电动栏杆等。

(2)用户收费终端设备,包括计算机、视频捕捉卡、票据打印机等。

(3)数据处理中心设备,包括数据服务器、中心读写卡机、通信设备等。

(4)停车场监控设备,包括监控摄像头(摄像头是一种输入器件,是用来组成电脑或其他机器的视觉系统的重要部件。摄像头如今已成为人们日常沟通、视频会议、安防监控和远程医疗等活动不可或缺的器材之一。)、视频卡、显示器、报警装置设备等。

(5)出口控制设备,包括出口读卡机、车辆检测器、电动栏杆、出口语音提示设备、停车费用显示设备等。

(6)其他设备,包括照明设备、通风设备等。

2)软件系统

软件系统分操作员级、主管级、经理级三个不同级别。不同级别对应着进入软件系统的不同密码,故软件系统具有良好的保密性与可靠性。不同等级的操作人员进入软件系统后,能实现不同的功能。操作员级只能实现基本功能;主管级能实现包括操作员在内的其他一些功能,且能修改操作员密码;经理级是最高等级的操作人员,能实现包括操作级、主管级在内的所有功能,并可修改全部操作人员密码。软件系统具有良好的兼容性及资料保护性。

图像捕捉对比,图像的图幅大小和清晰度、颜色等参数可自行设置;车辆图像可供有关人员随时查阅。图像的总存储量根据硬盘容量大小而定,最少可保证留有一周以上的车辆出入图像(10000 幅)备查。

临时车收费功能,临时车离开停车场时,控制器能自动检测到临时卡,并提示应缴纳一定的费用。临时车必须在缴纳完一定的费用后,经保安确认,才能离开停车场。道闸开启时,数字录像机,录像机是能够记录视频图像及背景音,将其储存到音箱介质中,以后可以把这些音像重新发送到播放系统中得以重现的记录装置。

第五节　交通违章自动拍摄系统应用

车辆违章自动抓拍系统实现交通违章取证，是查处、取缔机动车闯红灯行为的有效手段。它利用车辆检测技术、信号控制技术、计算机技术、图像数字化处理技术、通信技术等现代高科技技术开发的电子仪器，通常安装于城市交通路口，24h 全天候对违章闯红灯的机动车辆进行拍摄，照片定时通过无线通信网络传回交警指挥中心数据库。为交警部门处理该类违章提供客观准确的依据。

在各个交通路口的路口控制机上安装无线通信无线路由器，考虑到信号情况（机箱屏蔽、路口干扰信号大），特定做引出天线向基站发送违章信息图像数据。由无线通信网络将违章信息"传送"到交警指挥中心，通过 10Mbit/s 独享通道将无线通信分组网和交警指挥中心的网关互连。对于路口与指挥中心，建立无线的传输通道。

一、系统构成

系统的总体结构共三部分：通信网络部分，路口控制部分，指挥中心管理部分。

1. 通信网络系统

通过无线通信网络，位于指挥中心的工作站可与交通路口的主机进行数据交换，获取违章车辆的信息。违章车辆的信息包括全景照片、车牌照片、违章时间、违章地点、违章类型等，所有的信息均一一对应。支持无线通信方式，支持实时传输、定时自动传输和人工启动传输等传输方式。

2. 路口控制部分

路口控制部分采用工业级的无线通信无线路由器，通过内置 UIM 卡，拨号接入通信网络，建立无线连接。

3. 中心管理部分

自动通过网络接收路口主机的违章图片资料，并将违章信息（时间、地点、速度等）及图片本身存入数据库。指挥中心管理部分主要由一台工作站和软件组成，主要实现对违章车辆照片和数据的处理。系统运行操作系统平台（Windows Professional）、系统数据库平台（Oracle8i 或 9i），软件结构模块化，具有安装操作简单、适用范围广、专业性强、可二次开发等特点。

二、功能介绍

1. 闯红灯自动监摄系统功能介绍

录像、抓拍能够对行驶车辆的闯红灯等违章行为进行录像、抓拍，形成的证据资料包括违章时间、违章地点、违章类型、车辆类型、车牌号码、车牌颜色等内容。

2. 参数动态调整

系统可动态调整检测参数,以适应户外环境的各种变化,保证系统工作始终在最高精度。

3. 车辆自动检测功能

系统24h全天候工作,对只有在红灯期间进入停车线且继续向前行使超越停车线具有闯红灯行为的机动车辆拍照;对于在红灯亮后刚入停车线,但不继续向前行驶的车辆不拍摄;在非红灯期间不误拍。

4. 抓拍记录存储功能

能准确抓拍记录违章车辆违章过程的连续彩色全景图像及彩色牌照图像。彩色全景图像显示实际的交通状况,每辆违章车辆抓拍4幅照片,一张牌照,三张全景。

拍摄的图像用软件进行压缩,每张违章照片容量不超过80KB,路口系统能存储容量大于20万辆车的照片。

5. 信号灯自动检测、故障自动判断

系统能自动检测红灯信号,并对信号灯故障自动判断;当红灯信号持续达3min以上时,系统自动判断为信号灯故障,避免在系统信号灯输入异常时漏拍、误拍、错拍的现象。

6. 系统自动恢复功能

异常故障(停电等)发生,系统可在供电后自动恢复,并自动进入正常工作状态。

7. 照片查询及回放功能

系统提供高效的资料查询手段,支持多种查询方式,如按时间、路口、方向、车牌号码、车主单位、交通流量、违章类型等方式进行查询,可与车管所数据库联网,自动读取相关的车辆、驾驶员信息,资料共享。

8. 系统具有独立运行和联网运行功能

系统能够独立运行,独立查询、统计、打印、处罚等操作;也能够在公安计算机网络上运行,进行联网查询、统计、打印、处罚等操作。违章车辆信息及图像能通过无线、有线多种方式传输到指挥中心进行汇总。

在不可预知的情况下,传输网络出现故障或偏远地带不具备传输条件时,系统还可利用活动硬盘来进行照片下载,全部资料可随时供指挥中心管理系统软件调用。

三、系统和数据的安全

(1)无线通信本身通信的安全性。无线通信网络通信时,系统都将于2的42次方个码中随机分配任意一个码给终端用户,共有4.4万亿种可能的排列,要想破解密码或窃听简直不可想象。

（2）无线通信系统接入多重认证的安全性。在认证机制上，联通提供的企业应用接入平台，不仅对用户名和密码进行验证，还对发起连接请求的无线通信 UIM 卡串号（全球唯一）与用户名密码的对应关系进行验证，保证了接入终端的合法性。

（3）连接通道采用 L2TP 协议的安全性。

（4）在边防的内外网间增加硬件防火墙的安全性。

（5）采用专线接入的安全性。

（6）专线接入可以与公网实现完全隔离，避免来自公网的各种攻击威胁。

监控点和拦截点同步报警，对交通实时状况可以通过分布于全市的交通显示屏像公众发布。基于无线通信等无线网络通信技术，采用消息发送机制，监控点和拦截点无距离限制，有助于设置监控点与拦截点最佳位置及距离。支持多监控中心和多个采集点的稽查方式。有效避免步话机（对讲机）和短信等报警方式的不稳定、不准确及不实时的缺陷。

第六节 智能公交报站系统应用

智能公交系统是运用当下最先进的 GPS/北斗定位技术、3G/4G 通信技术、GIS 地理信息系统技术，结合公交车辆的运行特点，建设公交智能调度系统，对线路、车辆进行规划调度，实现智能排班、提高公交车辆的利用率，同时通过建设完善的视频监控系统实现对公交车内、站点及站场的监控管理。智能公交是未来公共交通发展的必然模式，对缓减日益严重的交通拥堵问题有着重大的意义，我国大部分一线城市都已实现公交智能化。

一、智能公交系统的目标

根据国家相关政策大力发展公共交通以应对日益严重的城市交通拥堵问题，通过建设智能公交调度指挥中心、全方位公交 3G 视频监控系统、实体智能公交电子站牌，结合公交车辆的运行特点，以塑造平安公交、智能公交为出发点，实现如下目标：

（1）根据线路、站点客流量科学设置公交线路，系统使用计划排班调度与滚动排班调度相结合的调度模式，使车辆运营调度的智能化、实时化、科学化，加强了对运营车辆的指挥调度，提高运营效率。

（2）通过建设公交调度监控系统，实现车辆营运的实时数据的采集，对车辆进行自动定位，更科学有效地管理公交车辆。

（3）自动报站系统，车辆靠站设备通过车内广播自动播报车站信息，提醒乘客换乘和注意事项。

（4）导乘系统，车辆 LED/LCD 导乘屏实时显示当前线路、站点信息。

（5）全面的视屏监控系统建设，可以提供公交车内、公交站点及公交场站视频数据，为实现平安、智能公交提供依据。

（6）通过完善的公交信息服务系统的建设，公众可以通过手机、实体电子站牌等方便准确地获取公交线路信息、车辆实时信息等，使公交成为最优质、安全、经济、舒适的出行方式。

二、系统设计

智能公交系统紧密结合当下城市公共交通的实际情况，借助先进的科学技术，结合人性化地设计理念，构造一套精密、复杂、庞大的公交车联网视频监控管理系统，为公共交通运营体系提供可视化管理服务，进而为公众出行提供便捷服务，为公众出行安全提供有力的保障。智能公交系统拓扑图如图 7-11 所示。

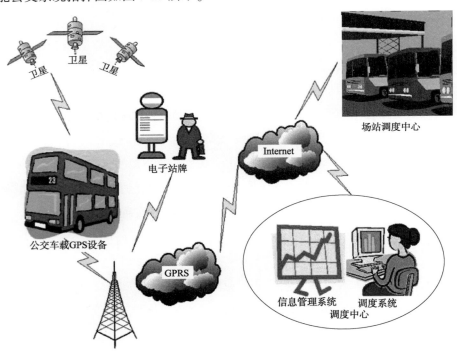

图 7-11　系统拓扑图

1. 公交车载监控系统构架

车载监控系统（图 7-12）通过车载 DVR 主机、摄像机、拾音器、紧急报警按钮，进行视音频和 GPS 信息采集、存储，并通过 DVR 主机内置无线模块传输至中心管理系统；车载调度系统通过公交智能调度屏实现公交调度功能，并可以扩展连接车内外喇叭、公交刷卡器、手麦、LED 信息屏、媒体发布屏。通过将原有的 GPS 的定位系统、公交报站系统、视频监控系统和公交刷卡系统、媒体发布系统集成为同一套系统。可以统一上传采集数据或下载更新数据，便于中心管理系统集中管理，生成运营统计报表。

图 7-12　公交车载监控系统构架

传输网络包含无线移动通信传输链路和固网专线传输链路两部分，通信基站接收到来自前端公交车的数据信息之后，经网关送入固网专线，供监控中心使用。

中心管理系统是本系统核心所在，是执行日常监控、公交调度、应急指挥的场所。中心管理系统通过无线网络实现控制车载前端系统，实现视音频监控、GPS 定位、车辆线路管理、车辆调度、语音对讲、报警处理等功能，并且可以进行上传数据存储、汇总，生成后台管理报表，实现车辆维修管理、线路运营管理等功能。

2. 公交场站监控系统构架

公交场站监控系统主要由模拟摄像机、DVR 主机、交换机、视频分析服务器组成，并可以连接调度指示牌、考勤机、广播、报警设备等。通过一整套设备，实现公交场站的安全管理。

3. 电子站牌系统构架

公交电子站牌信息发布系统（图 7-13），通过 3G 或有线网络连接公交公司监控中心，即时显示车辆到站信息，具有广告循环播放以及天气预报等公共信息播报等功能。

三、硬件设备

智能公交终端设备主要包括车载主机、驾驶员操

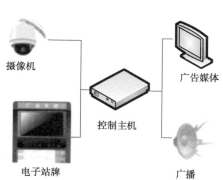

图 7-13　电子站牌系统构架

作屏、电子站牌、摄像头、对讲手麦等。

1. 公交车载主机和驾驶员操作屏

车载主机和驾驶员操作屏是装在公交上的主要设备（图7-14），能够实现 GPS 车辆定位、行车情况记录、图像抓拍、进出站上报、电子围栏、里程统计、语音手/自动报站、语音对讲功能、服务用语播报、数据、图像储存、摄像视频信息显示、紧急情况报警、驾驶员考勤等功能。

图7-14 公交车载主机和驾驶员操作屏

2. 电子站牌

电子站牌如图7-15所示。

1) 公交智能电子站牌系统基本原理

对于已经安装 GPS 车载定位系统的公交车，通过无线网络将公交车定位数据发布到控制中心服务器中，计算出车辆的实时到站信息，将计算结果发送到安装有无线通信设备或光纤通信的智能站牌中，在 LED 屏或 LCD 屏上进行预报和信息发布。

2) 功能特色

电子站牌以公交站点动态的方式向乘客展示到站信息，乘客可以非常明了的了解车辆到本站还有几站，以及前面的公交车辆数。

电子站牌液晶 LED 屏可以播放新闻节目，同时也可以播放商业性广告，可以增加公交企业的运营收入。必要的时候发布政府的通告以及紧急公告信息等。

图7-15 电子站牌

在监控调度中心可以通过电子站牌摄像头实时查看站点视频，针对实际人流量调度公交车辆。

电子站牌的摄像头，可以作为交通监控摄像头，对公交车的日常营运情况、车辆进站秩序和驾驶员行车作风实时监控。

电子站牌作为重要的公共基础设施，其视频监控功能还能为社会治安提供一些重要的视频信息。

四、系统平台

智能公交系统是基于自动定位技术、无线通信技术、GIS（地理信息技术）等技术的综合运用于一体，实现公交车辆的定位、线路跟踪、自动语音报站、班车路线管理、报表统计、班车路线统计、实时视频监控、车辆调度管理、调度排班、驾驶员管理、油耗管理等功能，以及公交线路的调配和服务能力，实现区域人员集中管理、车辆集中停放、计划统一编制、调度统一指挥,人力、运力资源在更大的范围内的动态优化和配置,降低公交运营成本,提高调度应变能力和乘客服务水平。最终推动智慧交通与低碳城市的建设。

五、掌上公交

掌上公交是未来智能公交的重要组成部分,是面向乘客出行服务的网络电子站牌,市民只要用电脑或者手机上网就可准确掌握所需搭乘公交线路车辆的到达时间、离本站的距离等信息,还可以查看经过某站的所有公交线路,以及查询从某出发点到目的地的所有换乘方案。乘客在出门前只需通过手机或PC即可查询车辆的到达时间、离本站的距离等信息,规划好最合适的出行时间。其应用效果主要为:

(1)整合公交运营企业调度、排班、监控系统,实现模拟调度、智能排班、视频监控一体化管理。

(2)提升公交乘坐服务体验,增强公众搭乘公交意愿。通过电子站牌和掌上公交实现乘客便捷地了解公交运行信息,公交运营过程透明可掌握。

(3)通过系统建设实现公交到站的自动报站,使乘客更容易掌握下车和换乘时间,避免不熟路线的乘客坐车过站的问题,更好地安排计划换成路线。

(4)增加公交出行便利,提高公交车利用率,优化城市交通根据城市人流分布情况合理安排公交线路、站点设置以及公交班次,提高公众出行便利,同时也增加公交利用率,优化城市交通,为城市提速。

六、发展展望

首先,城市公共交通行业智能化趋势明显,城市规模的不断扩大和城镇化进程的加速,为城市公共交通带来巨大的发展空间。其次,车联网领域用户对车联网技术寄予厚望,目前大众用户在车辆出行方面存在诸多痛点,用户也希望车联网技术能够有效改善事故发生、城市拥堵和汽车环保等问题。车联网技术的根本在于为用户提供智能化的出行辅助,其中安全出行是最为重要的因素。对于设备的安全性能、稳定度,也是用户当前对车联网产品主要顾虑所在。第三,政府交通安全监管需求深化,随着运输市场车辆保有量逐年增加,相应的交通安全管理却跟不上形势发展,交通事故频发,尤其是驾驶员超速、疲劳驾驶等违规驾驶行为是交通事故多发的主要原因。虽然政府相关监管部门利用现代科技成果,通过建设道路运输车辆卫星定位系统,并配套出台了相应的管理及规范要求和技术标准,在一定程度上起到了动态管控营运车辆,降低交通安全事故的作用。但各政府部门、运输企业、卫星定位服务商在落实执行时,存在理解不一,执行规范及流程不明确,安全监控监管工作仍存在漏洞,闭合管理未形成,运行机制缺乏合理性及科学性,难以充分发挥科技成果为道路运输车辆动态安全监管所带来的作用。

第七节　路灯自动控制系统应用

　　LED智能路灯控制系统是基于ZigBee、GPRS、WSN等先进的无线物联网技术,运用统一的B/S软件监控平台,结合GIS地理信息系统,在不改变灯具,不增加布线的情况下,可以远程控制LED路灯、高压钠灯、太阳能路灯等,具备开关、调光、监测、报警等单灯控制、回路控制以及情景照明控制功能,实现了路灯照明节能化、网络化、智能化。采用这套先进的路灯无线控制智能管理系统,可以对城市的路灯实施统一启闭,对夜间照明系统和路灯的实时监控和管理,确保高效稳定,全天候运行,控制不必要的"全夜灯照明",有效节约电能消耗。

一、LED智能路灯控制系统概述

　　系统设计应结合城市原路灯设施、供电等现场情况"量身定做",遵循路灯管理部门提出的技术要求。

　　为保证系统的可靠性和可扩展性及保护用户的投资效益,选用模块化的系统设备结构,以强大的设备可塑性和可配置性满足系统所处的复杂环境等各种应用需求,并为将来系统规模扩大和功能扩展提供良好的空间。技术方案应充分考虑城市的道路亮化、景观亮化、远程电量抄表(亮化方面)与统计、基于GIS地理信息的路灯设施管理、电缆及路灯设施防盗等涉及亮化方面需要的系统、子系统。系统设计时应考虑即使有些功能暂时不实现,以后扩展这些功能时不会造成重复投资。

　　系统设计应满足城市的气候特点。系统选用国际主流技术和软件平台,适应科技发展的高瞻性,确保五年不落后,不淘汰,维护升级方便。确保管理系统基本任务的实现,既确保将现场采集的任何数据和各种控制指令准确无误的传递到监控中心。并能够在具备基本功能的前提下,在组网合理、维护方便的基础上,确保系统可操作性和实用性为首要考虑因素。

二、LED智能路灯控制系统架构

　　路灯智能控制系统(图7-16)由三部分组成:数据采集控制终端——单灯控制器,数据管理器——集中管理器,数据处理中心——监控中心。系统利用成熟的远程控制终端——集中管理器,结合GPRS/WIFI/RJ45通信网络,ZigBee无线网络/PLC电力线载波,组成点、线、面的全方位覆盖监控网络。路灯单灯控制器接线如图7-17所示。

第七章 智能交通系统

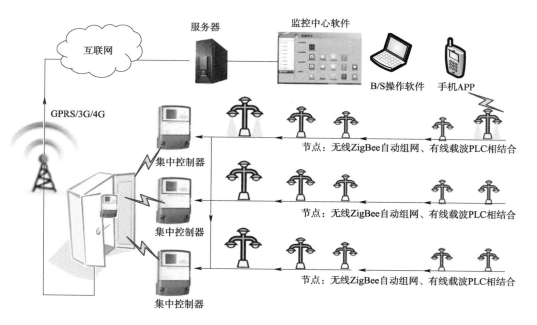

图 7-16 LED 智能路灯控制系统

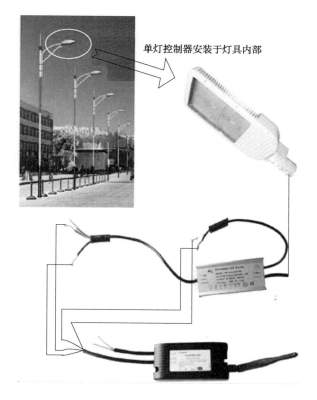

图 7-17 路灯单灯控制器接线图

三、系统的基本功能和特点

智能路灯监控系统具有友好的人机界面和完善的图形数据处理功能,方式灵活、简单。地理信息(GIS)图形处理系统使操作人员可以在屏幕上实现图形的缩放、平移、导航及各种监视、操作、修改和定义功能。整个系统具备的功能(图7-18)特点如下:

(1)远程开关:可对任意一盏、一路或自定义的一组路灯进行远程开关控制。

(2)远程调光:可对任意一盏、一路或自定义的一组路灯进行远程调光控制。

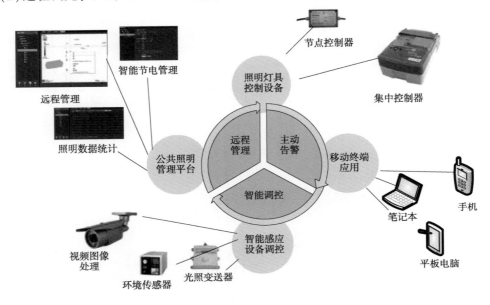

图7-18 智能路灯监控系统具备的功能

(3)状态查询:可随时查询路灯的开关状态、亮度、电流、电压、功率等数据。

(4)自动巡检:系统具有自动巡检的功能,可代替人工巡检。

(5)自动运行:系统可自动执行设置好的照明策略,可实现定时开关灯、分时段调光等。

(6)情景照明:可自定义设置任意分区、分组、分时以及隔盏亮灯等情景照明模式。

(7)故障报警:可实现故障报警、故障检测、故障处理情况追踪功能。

(8)远程抄表(图7-19):无须到现场即可通过系统了解路灯用电情况,能查询电能表1年内的历史用电信息。

(9)数据报表:可按日、月、年统计用电量、节能率等数据,并生成相关报表。

(10)历史记录:可保存至少1年的操作历史记录,能追溯操作失误问题。

(11)系统显示(图7-20):可显示系统组织结构及相关重要信息。

(12)设备管理:可管理单灯控制器、集中管理器等设备,包括录入、修改、删除、查询等功能。

图 7-19　远程抄表功能并进行统计分析

图 7-20　显示单灯工作状态

(13) 分级权限：不同级别的用户可设置不同的管理区域和操作权限。

(14) 地图功能：系统集成 GIS 地理信息系统，可在地图上查看和管理任意一盏路灯。

(15) 可扩展性：系统采用 B/S 架构，提供开放接口，可接入智慧城市平台。

四、系统突出特点

(1) 无线 ZigBee 自动组网，任意组网（图 7-21）。

作为ZigBee、PLC载波应用的领先者,如通公司在智能照明应用积累了宝贵的经验。

对照表	ZigBee	PLC	485
负载干扰	无	无	有
安全性	高	高	高
稳定性	好	好	好
运营维护	简单	简单	复杂
通信速率	高	低	高
传输距离	远	远	近
抗干扰能力	强	弱	强

图 7-21　智能路灯监控系统特点(1)

(2)B/S 软件架构,手机 APP 远程控制(图 7-22)。

图 7-22　智能路灯监控系统特点(2)

随着时代的发展,城市现代化建设步伐不断加快,对城市道路照明需求也更大,而能源的供需矛盾也越来越突出,人力成本不断升高,智慧照明、绿色照明的要求越来越迫切。现在再采用那些传统的手控、时钟控制照明系统的方法已不能满足要求。城市道路照明自动化控制和智能化管理作为城市现代化的标志之一,它所带来的经济和社会效益是十分显著的。因此,路灯照明控制系统方案的推广和实施也将是市政工程建设中的一项重要内容。

第八章　辅助驾驶系统

　　驾车安全问题是很多有车一族非常关心和在意的问题,而在国内汽车销售市场上,人们更多关注的是汽车价格与乘坐的舒适性、娱乐性等方面的问题。而汽车安全问题一直不是那么迫切的被消费者提高到主要意识层面上来,多数人认为,我的汽车只要拥有足够多的气囊,足够厚和硬的钢板作为保护就可以了。于是,安全在人们意识中变得狭隘。但是,可喜的是,汽车制造商与他们的系统研发公司一直都在致力于开发汽车安全体系和辅助驾驶系统的研究工作,并将其应用于现今流行的车联网系统之中。辅助驾驶系统一般指驾驶辅助系统,制动辅助系统有车道保持辅助系统、自动泊车辅助系统、制动辅助系统、倒车辅助系统和行车辅助系统几个系统。本章首先对辅助驾驶系统各子系统进行分析,之后将介绍家喻户晓的车联网安全信息辅助驾驶系统、Onstar 安吉星系统和奥迪 MMI 系统,让读者对辅助驾驶系统在车联网实践中的应用有更深刻和全面的认识。

第一节　辅助驾驶系统分析

　　辅助驾驶系统一般指驾驶辅助系统,驾驶辅助系统有车道保持辅助系统、自动泊车辅助系统、制动辅助系统、倒车辅助系统和行车辅助系统。

一、车道保持辅助系统

　　车道保持辅助系统对行驶时保持车道提供支持。借助一个摄像头识别行驶车道的标志线。如果车辆接近识别到的标记线并可能脱离行驶车道,那么会通过转向盘的振动提请驾驶员注意。如果车道保持辅助系统识别到本车道两侧的标记线,那么系统处于待命状态,这通过组合仪表板中的绿色指示灯显示。当系统处于待命状态下,如果在跃过标记线前打了转向灯,那么就不会有警告,因为系统接受有目的的换道。由于该系统是为在高速公路和条件良好的乡间公路上行驶而设计的,因此它在车速约高于 65km/h 才开始工作。

二、自动泊车辅助系统

自动泊车辅助系统是在众多的汽车配套产品中,与倒车安全有关的配套产品格外引人注目,配有倒车辅助系统的品牌车型也常常成为高档车配置的重要标志之一。据统计,由于车后盲区所造成的交通事故在我国约占 30%,美国占 20%,交管部门建议车主安装多曲率大视野后视镜来减少车后盲区,提高车辆的安全性能,但依旧无法有效降低并控制事故的发生。汽车尾部盲区所潜在的危险,往往会给人们带来生命财产的重大损失以及精神上的严重伤害。对于新手驾驶员或女士而言,每次倒车时更是可以用瞻前顾后、胆战心惊来形容。现有的汽车倒车辅助产品如果从手动与自动的区别来分大致可分为两类:一类是手动类(以传统倒车系统为代表),另一类是自动类(以智能倒车系统为代表)。传统倒车系统主要以倒车雷达和倒车可视为代表,通过发出警示声音或可视后部情况提醒车主车后情况,使其主动闪避,以减少事故伤害。该产品对于驾驶员而言,主动性较差,虽然能在很大程度上避免车辆对行人的伤害,却无法顺利有效地完成泊车,极易造成剐蹭或碰撞。

三、制动辅助系统

制动辅助系统是辅助制动:传感器通过分辨驾驶员踩踏板的情况,识别并判断是否引入紧急制动程序。由此该系统能立刻建立起最大的制动压力,以达到可能的最理想的制动效果。制动辅助系统可分为:

(1)EBA——全称是电子控制制动辅助系统,英文全称为 Electronic Control Brake Assist System。

(2)BAS——增制动力制动辅助系统,英文全称为 Brake Assist System。

(3)EBA——电子控制制动辅助系统,英文全称为 ElectronicBrakeAssist。

(4)ASR——加速防滑控制系统,英文全称为 AccelerationSkidControlSystem。

(5)TCS——循迹控制系统,英文全称为 TractionControlSystem。

四、倒车辅助系统

倒车辅助系统以图像、声音的直观形式告知驾驶员车与障碍物的相对位置,解除因后视镜存在盲区带来的困扰,从而为驾驶员倒车泊车提供方便,消除安全隐患。按所使用的传感器不同,倒车辅助系统分类如下。

1. 红外线式

20 世纪 80 年代出现的以红外线的发送接收原理制成的倒车辅助系统。它最大的缺点是红外线易受干扰,另外对深黑色粗糙表面物体的反应不灵敏。更糟糕的是,只要红外线发射器或接收器表面被一层薄薄的冰雪或泥尘覆盖,系统就会失效。

2. 电磁感应式

随后出现了以电磁感应原理制成的倒车辅助系统。其检测稳定性和灵敏度比红外线提高许多,但也有着致命性缺点,它只能动态检测障碍物。也就是说,车辆停止时,就不能检测到任何东西。因此实用性也不如意。

3. 超声波式

20世纪90年代,倒车辅助系统终于迎来技术上的突破,采纳了超声波作为检测媒介。它的各项性能指标与经济性都相当好,以至于当今的产品都是基于此项技术开发而来。

超声波与机器视觉配合式。最新的倒车辅助系统以超声波和机器视觉作为检测手段,全智能泊车。例如,雷克萨斯LS460L是首款进入国内拥有智能泊车辅助系统的车型,它使用超声波传感器检测障碍物,并能结合摄像头自动识别停车线,当汽车自动检测好停车位置和距离时,只要驾驶员按下确认键,该系统就会自动泊车。故称为自动 倒车辅助系统。

五、行车辅助系统

(1)超强防抖摄像,影像更清晰,为满足本机移动工况的要求,机内所有硬件与接插件均采用防振和加固处理。专业抗振结构设计,对机器提供超强的缓冲和抗振性保护,结合电子抗振及软件抗振技术,有效解决车辆的冲击和振动问题。

(2)视频采用修正式 MJPEG+压缩格式,高清晰,支持30FPS录影速度。视频文件可以通过连接DVD、导航仪,独立显示器实时显示。

(3)支持四路同步录像、录音、存储、放映与实时显示功能。

(4)行驶过程中,操控方便,可以根据行驶状态,自动切换所需要的画面,(如车右转时,LCD显示图像只显示右侧摄像头录取的画面。)也可以强制切换画面。

(5)采用电池供电或车载供电,采用先进技术处理实现了低功耗。

(6)可按照日期、时间快速查找搜索播放功能。

(7)利用本机USB接口备份,通过电脑USB接口进行播放、备份或取证。

(8)安装方便,超小型化设计,只有一个香烟盒大小,最适合轿车使用。

(9)快速的录像资料备份,支持常规SD卡。

第二节 通用 OnStar 的应用

在国内,人们耳熟能详的有丰田的 G-book、奥迪 MMI、奔驰等诸多车联网辅助驾驶应用系统。在本节将介绍早在美国人们家喻户晓的车联网安全信息辅助系统——OnStar 安吉星系统。

一、通用 OnStar 发展情况

OnStar 是通用汽车公司的一个全资子公司,成立于 1995 年(图 8-1)。1996 年秋向市场推出了第一批产品和服务,这些服务被首次运用到 1997 版的凯迪拉克 DeVille、Seville 和 Eldorado 车型上。经过 11 年的技术发展,OnStar 的功能从最初的数字碰撞信号、车载免提呼叫、按需诊断筛选、情境信息认知、无间断数字虚拟现实技术、紧急援助和逐向道路导航等基础应用技术,已扩展到应急反应数据利用、电邮月度诊断、危机时刻路线选择、多种嵌入式语言等多项新型科技车联网技术。

OnStar 服务中心组成结构是由一个 Renaissance Center 和多个 Call Center 组成(图 8-2)。在北美位于美国密歇根州底特律通用复兴中心(Renaissance Center)总部内的指挥中心,是用以对全美的通用汽车服务产品运营状况记录和实时监控的地方。如果发生自然灾害等特殊状况,指挥中心会在第一时间通知相关部门应对。其中该中心最重要的职能之一就是决定何时何地开放紧急状态服务。

图 8-1　通用 OnStar

图 8-2　OnStar 服务中心

安吉星为用户提供的理念是,无须过多操作,只需要按一个按钮,你就可以与电话中心的服务人员交谈,让对方可在第一时间知悉用户的服务需要信息(图 8-3)。

相对于面对冰冷的机械和传统的机器而言,这种面对面的真人服务交流很符合现在国人的习惯。尤其是对老人与妇女而言,真人服务将会更加易于他们快速掌握驾驭车辆。在此用户主要依赖 OnStar 的全程音控领航系统,其 OnStar 全程音控领航系统工作方式如图 8-4 所示。

图 8-3　安吉星为用户提供的理念——只需按一个按钮

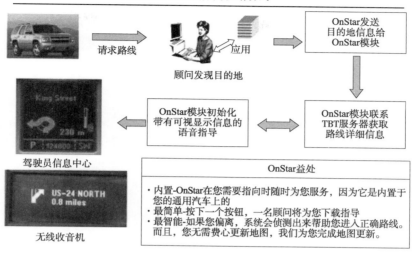

图 8-4　OnStar 全程音控领航系统工作方式

二、通用 OnStar 功能体验

通用 OnStar 的主功能主要体现在其按钮使用上,这也是通用 OnStar 主要特点之一。除此之外,还有其远程服务功能也是该系统的重要特性,本章将对通用 OnStar 的主要功能体验做详细介绍。

1. 紧急按钮功能

该功能在紧急时刻提供最必要协助,当驾驶员遇到危险事故、突发事件等,可直接按下车内红色警戒按钮,即可迅速联系 OnStar 电话中心顾问。中心顾问会使用 GPS 定位追踪系统搜寻求助车辆的位置,通过相关技术手段通知急救中心派出紧急救援。如果车内人员情况紧急,顾问会协调相关医疗机构的救援人员待命或去往事发地点进行救助。其紧急事件服务和安全服务分类如下:

(1) 碰撞自动求助。

(2) 紧急事件服务。

① 车内。

② 帮助他人。

(3) 车辆失窃救援。

(4) 远程车门解锁。

(5) 远程车喇叭及车灯控制。

(6) 道路援助。

当然,如果驾驶员发现其他人需要帮助,比如车辆碰撞、道路设施损毁、犯罪活动等,也可以同样通过红色按钮发出求救。

2．失窃车辆定位援助功能

安吉星与执法部门有着非常密切的合作。如果车主的车辆被窃，其内置了相关技术来完成 OnStar 和执法部门的协作，帮助执法部门发现并找到失窃车辆。OnStar 通过将车辆定位的方式，把相关信息提供给执法人员。

当然，对于被盗车辆车主而言希望能安全且完整的找回自己的爱车，OnStar 可通过相关技术进行必要的保障。安吉星可以通过远程遥控技术让窃贼盗取的车辆在行驶中慢慢停下来，主要使用禁用点火、远程点火屏蔽、禁用加速器等手段来实现。安吉星所提供的被盗车辆援助服务其执行过程为：

（1）OnStar 订期向执法部门报告车辆失窃。

（2）OnStar 查明车辆位置，发信息来阻止失窃车辆重新起动。

（3）OnStar 为执法部门提供车辆位置和点火状态信息。

（4）OnStar 让失窃车辆减速，为执法部门提供流程指导。

（5）OnStar 应执法部门请求重启用点火、加速器等。

3．远程车门解锁功能

虽然说将钥匙遗忘在车内对个人车主而言是不常发生的事情，但是安吉星通过大数据统计，发现远程车门解锁服务，仅此一项平均每年发生频次就可达到 6 万次之多。如果车主将钥匙锁在车内，OnStar 的客户服务顾问可通过远程电信信号为车主开启车门。不用客户去破窗或是找昂贵的开锁公司就可以解决现有问题。OnStar 提供的解锁的过程为：

（1）车主致电 OnStar 用户中心。

（2）车主必须提供其 PIN 号码或回答其他认证问题来得到电话服务中心的身份确认。

（3）服务中心开启解锁服务，在此解锁是否成功取决于用户汽车和用户手机建立的无线连接是否建立。

如果车主将车停在停车楼或大型地下车库内，忘记停放位置。在这种情况下，安吉星系统可以提供远程警报服务，让车主的车辆发出闪灯或喇叭声，从而让车主快速找到自己车辆。其方法是车主致电服务中心要求唤醒远程报警服务，客户顾问会通过电信信号来远程开启闪灯与喇叭发声。

4．道路援助功能

如果车主遇到轮胎爆胎、汽油用完或其他紧急情况，可通过 OnStar 用户中心要求安吉星的客户顾问帮助联系附近救援协助。其方法是车主按下车内的蓝色服务按钮与电话中心的顾问联系即可。顾问会自动获悉用户所在位置并派最近的服务救援人员前往救援。当然，如果车主车辆发生电池没电、汽油用光、车陷泥坑等情况，都可以让电话中心的工作人员来处理解决。

5. 全程音控领航系统

在安吉星的安全系统中最关键的部件就是 GPS 体系。它不但提供了车辆位置信息,还可提供追踪车辆信息等功能,最重要的是可以全程声控领航。OnStar 的 Turn-by-Turn(TBT)Navigation 就是语音导航服务,它由驱动程序、信息中心(DIC)和无线电显示构成。可通过服务中心客户顾问或者通过网络找到目的地,并将地图和路线下载到车辆上,系统通过语音指引的方式(turn-by-turn)引导驾驶员驱车前往目的地。

OnStar 系统中全程音控领航功能集成了 GPS 数据模块和车辆无线语音模块,用以发送和接收车辆行动和侦查路况等。这样,车辆可在无屏幕或数据库地图导航仪(DVD)的情况下,快速识别车辆位置和路况。在信息交互的过程中,音控系统在 DIC 或仰视显示器(HUD)上显示易读的街道名称、距离和转向标志。无论什么车型,高配也好,低端也罢,只要安装安吉星系统,则可以享用该项服务。

全程音控领航的使用,通过精准的定位与实时语音提示,使驾乘者到达目的地。全程音控领航的服务(图 8-5)过程为:

(1)在路线导航中提供语音转向指示和街道名称信息,显示街道名称、用英里或千米表示还有多远要进行下一个驾驶操作和图标,包含圆形交叉路口。

(2)自动"偏离路线"侦测,当驾驶员偏离计划路线时系统可自动识别,"您已经偏离……您需要指向吗……请回答是或否"。

(3)车辆开动中一触式目的地入口,熄火之后还可以维护路线,可在目录中存储通用目的地(即"Home"),语言系统提示需要的操作,此时收音机被"软静音",如果需要指导也可以被静音。

6. 全音控免提电话

驾驶员驾车低头去看车载 GPS 的屏幕是目前普遍现象。在驾驶中偏移会造成很大的视觉空档期,从而可能会引发交通事故。所以,从安全角度出发和考虑,通过安吉星全音控免提系统来指导驾驶员驾车(图 8-6),用以必免驾驶员使用手机分散驾车注意力,这样驾驶将会变得更加舒服,并且不用担心警察处罚。

图 8-5 全程音控领航服务

图 8-6 全音控免提电话功能

在所有配有 OnStar 安全系统的车辆上都内置了安吉星提供的全音控免提电话功能（图 8-7），用户只需要按一个按钮即可实现免提电话功能。系统可以存储多达 30 个人名标签和电话，通过安吉星的通信系统来连线用户手机或座机。车辆的外部天线可以提供更加稳定和连续的信号。免提电话系统还具有记忆功能，可以记忆用户之前呼出和存储的号码。试想一下，当用户"万一"不能使用手机时，可随时获得车载免提电话服务。这样可使驾驶员手握转向盘的同时，眼观前方路线并同时接打电话，杜绝了视线分散所引起危险的可能。

OnStar 免提电话系统，拨打过程方法如下：

(1) 按免提电话按钮，当 OnStar 系统回答"OnStar 就绪"时，说"拨打"。

(2) 驾驶员将听到"请报您要拨打的整个电话号码"。

(3) 说出电话号码。

(4) 驾驶员听到 OnStar 系统重复号码，然后说"请说是或否"，说"是"。

(5) 听到"好，拨打中"。

(6) 电话接通。

7. 其他功能与体验

首先，OnStar 车辆诊断功能（图 8-8）通过每月电子邮件的方式通知车主，提示的信息包括车况诊断情况、免提呼叫系统信息、剩余时间等。

图 8-7　OnStar 免提电话系统

图 8-8　OnStar 提示车辆诊断信息

其次，OnStar 可以提供快速与警察局或相关部门的电话服务中心对接服务。如果有紧急情况发生，电话中心会迅速传递信号给警察局或相关机构，警察局或相关机构则会在第一时间派出人手进行救助。图 8-9 所示为随时待命的警察局调度中心。

图 8-9　随时待命的警察局调度中心

第三，Onstar 在快速救援上提供了快速救援服务通道，可以保证客户在"黄金 1h"内得到最妥善的救助。如果发生交通事故等情况，最初 1h 内救助病患，将会大大提高受伤者的成活概率。除此，安吉星 OnStar 还和当地医疗机构深入合作，在急诊室内使用安吉星相关数据来救助病患者，而调度系统可以在最短时间内告知医生发生的情况，从而让医生做出最快且最准确的急救判断（图 8-10）。

图 8-10 急救中心随时待命

三、通用 OnStar 工作原理

1. OnStar 系统组成及输入输出信号

OnStar 系统由车辆通信接口模块（VCIM）、按钮总成、麦克风、车载电话天线、导航天线、蓝牙天线、后备蓄电池（BUB）等部件组成。

OnStar 系统的输入及输出信号如图 8-11 所示，通信接口模块连接至麦克风、按钮总成，并指令状态 LED。通信接口模块通过串行数据总线与车辆的其余部分通信。通信接口模块配有 2 个技术系统：一个用于处理全球定位系统数据，另一个处理车载电话信息。车载系统

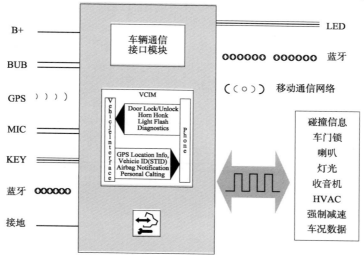

图 8-11 OnStar 系统的输入及输出信号

通过与通信设施基站相连接,将 OnStar 系统连接到车载通信运营商的通信系统上。通信接口模块通过车载电话天线发送并接收所有的车载通信信息。OnStar 系统使用全球定位系统信号提供请求所在位置。通信接口模块还可通过串行数据电路来启动喇叭、车门的锁止/解锁或外部车灯。这些功能由客户对 OnStar 呼叫中心的请求来指令。

2. 车辆通信接口模块(VCIM)

通信接口模块使用两个号码来识别车载通信设备,一个是移动识别号(MIN),另一个是移动目录号(MDN)。移动识别号代表车载通信运营商用于呼叫而使用的号码,而移动目录号则代表拨到每个车载设备上的号码。更换新的通信接口模块后需要进行编程及初始化设置,一旦进行初始化设置后,通信接口模块将不能再用于其他车辆。OnStar 系统使用一个特殊的休眠周期,允许系统在点火开关置于 OFF 位置且固定式附件电源(RAP)模式结束时接收车载呼叫。该周期能够使通信接口模块执行解锁车门等遥控功能并且将蓄电池电流维持在一个可接受的水平。如图 8-12 所示,OnStar 系统使用 4 种就绪状态:高功率、低功率、休眠、数字待机。无论点火开关置于 ON 位置还是 RUN 位置,是否启用了固定式附件电源,OnStar 系统是发送还是接受呼叫,在系统执行功能时,系统进入高功率状态。点火开关置于 ON 位置或 RUN 位置,或启用固定式附件电源的情况下,OnStar 系统未使用时,系统进入低功率状态。在车辆关闭且固定式附件电源超时后即进入数字待机电源状态。在数字待机模式下,OnStar 模块可在持续 48h 内的任何时间执行 OnStar 服务人员指令的所有远程功能。48h 后的 72h,系统每 10min 进入低功率状态 1min 以接听来自 OnStar 呼叫中心的呼叫。如果在 1min 间隔内发出呼叫,OnStar 系统将接收该呼叫并立即进入高功率模式,以执行任何请求的功能。若在这 1min 的间隔中没有接收到任何呼叫,系统又将返回到休眠状态,再等待 9min。这一过程持续 72h 之后,OnStar 系统将关闭直到点火开关置于 ON 位置或 RUN 位置。

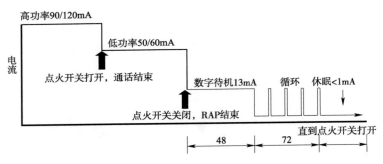

图 8-12　OnStar 系统的 4 种状态

3. OnStar 按钮及 LED 总成

3 个 OnStar 按键及 LED 总成是用户和 OnStar 系统对话的窗口,一般安装在中央控制台、头顶控制台或后视镜上。OnStar 按钮及 LED 总成安装在后视镜上,按钮总成包含 3 个按钮及一个 LED 状态指示灯。当系统开启并且运行正常时,LED 指示灯为绿色。当 LED 状态指示灯为绿色并闪烁时,表示正在呼叫中。当 LED 指示灯为红色时,表示系统中有故障。在系统存在故障的情况下,OnStar 系统仍然能够进行呼叫,在呼叫的过程中 LED 指示灯呈红色闪烁状。如果 LED 不点亮,这可能表示用户 OnStar 账户服务未启动或者过期。通信接口模块通过专用 LED 信号电路控制每个 LED。按键电路如图 8-13 所示,通信接口模块通过键盘电源电压电路向 OnStar 按钮及 LED 总成提供 10V 电压,每一个按钮按下时,都通过一个电阻器完成一个回路,这个电阻器允许特定电压返回到通信接口模块。通信接口模块根据返回的电压值范围辨别哪一按钮被激活。

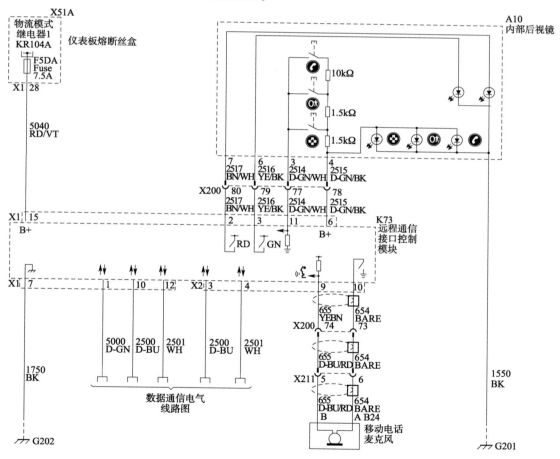

图 8-13 按键电路

4. 麦克风

麦克风可能被设置在内部后视镜、头顶控制台或 A 柱上,如图 8-14 所示。通信接口模块向车载电话麦克风信号电路上的麦克风提供大约 10V 电压,且用户的语音数据通过同一个电路传送回通信接口模块。车载电话麦克风低电平参考电压电路或一条屏蔽线为麦克风提供搭铁。

图 8-14 麦克风

5. 车载电话和全球定位系统天线

车载电话和全球定位系统天线接口模块,该模块向车载电话和导航天线提供 5V 电压,为内部放大器供电。当车辆装备导航收音机时,则安装导航信号分流器,从而将全球定位系统信号分配至通信接口模块和导航收音机。导航收音机通过全球定位系统天线同轴电缆向导航信号分流器提供 5V 电压,为内部导航收音机信号放大器供电。天线电路如图 8-15 所示,图 8-16 所示为典型的组合天线实物,其中蓝色为导航天线,栗色为电话天线。

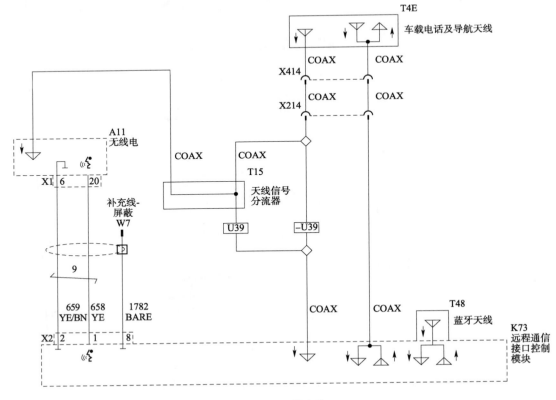

图 8-15 天线电路

6. 备用蓄电池(BUB)

装备了 OnStar 的车辆也装备有备用蓄电池(BUB)。备用蓄电池用于车辆发生撞击后，主车辆蓄电池失效的情况下向通信接口提供辅助电源。车辆是否装备备用电池取决于实车碰撞实验结果。

7. 蓝牙天线(若装备)

蓝牙无线技术是一项短程通信技术。为使用车辆蓝牙系统，需要一个装备蓝牙的车载电话。如图 8-17 所示，蓝牙天线是一小段固定天线，直接接收来自蓝牙启用的车载电话信号。当更换 VICM 时，蓝牙天线需要拔下来装到新的模块上。

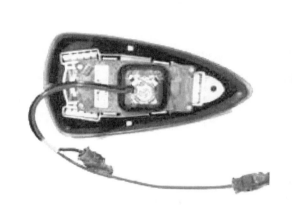

图 8-16　组合天线实物

图 8-17　蓝牙天线

8. 车载网络的其他系统支持

OnStar 需要音频输出时，将向音响系统发送一条串行数据信息以使所有收音机的功能保持静音，并通过专用信号电路传送 OnStar 原有音频。如果在收音机打开时车辆接收到一个呼叫，音响系统将会静音，扬声器中传出电话铃声。声音优先顺序为倒车辅助、电话、导航。当 OnStar 系统启动时 HVAC 鼓风机转速将降低以帮助减小辆内噪声。系统不再启动时，鼓风机转速将恢复原来的设置。

第三节　奥迪 MMI 的应用

车联网中的多媒体交互系统(MMI)包含终端操作装置和显示区域两个部分。终端操作装置位于换挡杆和中央扶手之间；显示区域包括多媒体交互系统显示屏(位于中控台顶部)和驾驶员信息系统显示屏。在设计方面，两个部分都具有用户友好性和清晰易读性。多媒体交互系统的终端操作装置具有最佳的操作便利性和清晰的布局，是一个依照人体工程学设计非常出色的控制装置。与仪表板中的驾驶员信息系统显示屏一样，多媒体交互系统的显示屏不仅易于读取，而且安装于驾驶员的直接视线范围之内。显示屏和控制区域分别处于驾驶员能够直接读取和便于操作的位置，确保了道路始终在驾驶员的直接视野之中。本节将对奥迪车系多媒体交互系统（MMI）进行详细介绍。

一、奥迪 MMI 发展情况

随着车联网技术的发展，如今车辆所承载的功能，已经远远超过了"交通工具"的范畴。从某种角度来说，它是人们朝夕相处的另一个"家"。而如此之多的功能，作为车主如何面对越来越智能的汽车，如何同它进行顺畅的交流和沟通，本节将通过奥迪 MMI 信息娱乐系统的发展历程让读者对车联网交互系统有进一步明确认识。

在 2001 年的法兰克福车展上，奥迪展出了一款豪华旅行车：Avantissimo。这款大号旅行车的各种设计都非常成熟，包括 4.2L V8 发动机、空气悬架、Quattro 全时四驱系统一应俱全，曾经让人误以为奥迪会将它投产，开创"豪华旅行车"的先河。此外，这款车带来的另一个突破性的设计在于它的车内，奥迪的第一代 MMI（Multi Media Interface，多媒体交互界面）在它的身上首次亮相。奥迪汽车中控台如图 8-18 所示。

图 8-18　奥迪汽车中控台

MMI 颠覆了人们对于豪华轿车以往的认知：它首先带来的变化就在于一个异常简洁并且充满了设计和豪华质感的中控台，除了空调系统，看不到以往密密麻麻的控制按钮（图 8-19）。但是这并不意味着车辆功能有任何的缺失，相反它具备了导航、音响、电话、广播、电视以及车辆系统设置等丰富的功能。

MMI 把这些功能的控制全部集成在了一个旋钮和几个快捷键中，并且整个控制逻辑变得十分清晰，并不需要太长的学习过程。当然作为车辆集成化控制，奥迪并不算是先行者，宝马在 2001 年就在旗舰 7 系（E65）中，使用了一套名为 iDrive 的系统，这套系统看起来更加简单,仅用了一个旋钮和两个按键来实现所有的控制功能,但是过于烦琐的菜单目录以及控制逻辑需要花费不少的学习成本才能熟练掌握。

图 8-19 奥迪 Avantissimo 中控台

2002 年,奥迪推出了自己全新的旗舰奥迪 A8(D3),这款车在中控部分同 Avantissimo 概念车如出一辙(图 8-20),这令 A8 的内饰在当年显得十分地时髦精致,科技感十足,即便在如今仍然不显过时。这套 MMI 系统代号为 MMI High 2G,这套系统的核心是一个 6.5in 的 TFT 彩色显示器,令 A8 车主可以炫耀的是它可以优雅地收入中央两个空调出风口之间。480×240 分辨率的 TFT 彩色显示器在当年那个彩屏手机刚刚普及的时代,绝对是个奢侈的配置。2002 年推出的 MMI 虽然晚于宝马 iDrive,但简洁明了的设计风格和操作逻辑一经问世便树立了行业的标杆,也真正意义上将这类多媒体操作系统向世界普及了。随后,MMI 系统几乎成为标准配置,开始大规模普及到奥迪旗下的车型中去,并且它随着科技的进步,仍在不断地发展和完善。

图 8-20 奥迪 A8 中控台

2008年，随着全新中型豪华SUV Q5的推出，奥迪经过改进的MMI系统(MMI 3G)也随之亮相。这套MMI系统最大的变化在于采用了一个分辨率更高的显示屏：800×480的分辨率达到了VGA的级别，同时屏幕尺寸也升级到了7in。内置的3D地图变得更加简洁直观，并且通过SD卡而不是DVD光盘进行升级。在Q5上的MMI系统另一个改动在于在MMI中央控制旋钮上还集成了一个"摇杆"，通过这个摇杆可以更加方便地定位地图中的位置，无形中提高了便利性。

2011年，奥迪新一代旗舰A8推出。奥迪经典的MMI系统再一次得到了升级：新一代MMI系统在如何使人同车辆更便利的"对话"上更进一步，在旋钮的旁边具备了一个触控板，在不同的界面下可以控制不同的内容，并且最重要的是，它支持了手写功能。这对于中国消费者来说，无疑是个福音。这也从侧面印证了中国市场对于奥迪的重要性。

关于人机交互系统的设计，的确需要不少的智慧。首先，随着车载系统的功能越来越丰富，如何利用有限的空间来实现对于它们的控制就是一大难题，在这方面，前几代的MMI系统已经优化得十分到位，通过旋钮和快捷键的组合实现了绝大部分功能的控制；其次，由于车辆的许多功能需要在驾驶过程中完成，因此如何让驾驶员在操作过程中尽可能少地分散注意力，也是工程师们需要面临的一大挑战，这一点甚至更加重要。这就需要驾驶员视线尽可能少地离开前方，同时操作时间越短也越有利于行车安全。

奥迪最新推出了不少激动人心的作品，全新R8无疑是最令人血脉贲张的一款。与R8同时面世的，还有奥迪全新一代的MMI系统以及奥迪全新的虚拟仪表(Virtual cockpit)技术。虚拟仪表的核心在于转向盘后方的液晶仪表板。简单来说，这就是一台分辨率为1440×540px的12.3in的液晶显示器。当然类似的技术捷豹和奔驰等厂家已经投入了量产，液晶仪表也不算什么新鲜的东西。而奥迪虚拟仪表的神奇之处就在于奥迪对于这个液晶显示器进行了深度开发，从而让它具备了更加丰富和个性化的显示内容，以至于奥迪MMI标志性的中央显示器在中控台上消失了。这就是说虚拟仪表具备了MMI系统全部的控制功能。这样一来，令R8的驾驶舱变得前所未有地简洁直观，在传统的中控台上你甚至都难以看到一个实体按键。通过虚拟仪表，驾驶员可以将注意力更多地集中在前方的道路上，这对于R8这样的超级跑车来说尤为重要，在电光火石之间，车辆就会从一个弯道冲至下一个弯道的入口，而这期间不允许驾驶员有任何的失误。

虚拟仪表技术无疑是人车交互系统的一个里程碑：在如今技术爆炸的时代，如何化繁为简，的确称得上是一门艺术。从MMI的发展历史不难看出奥迪对于汽车科技的执着，同时科技的进步也在的的确确造福着人们的生活。在短短的10多年里，MMI已经改变了人们同车辆交流的方式，至于未来人们该如何同车辆进行交流，就需要我们打开脑洞了。

二、奥迪 MMI 功能体验

目前的汽车配置科技含量越来越高，Multi Media Interface 多媒体界面系统，简称 MMI，就是其中的一种。MMI 的首要设计目标就是将所有相关的控制面板 MMI 终端集中于一个具有可转可按的控制旋钮及其周围 4 个操作按键的中央控制板。在该控制面板的两边，除了用来退出菜单的返回键之外，还有 8 个功能键可以让用户直接进入相应的功能菜单，实现了操作简便、定位完美和运行通畅的技术理念。

MMI 的第二个组成部分是 MMI 显示屏。这个 7in 的彩色屏幕位于中控台之上的仪表板中央，正处于驾驶员的最佳视野范围内。显示屏上排列的几何原理与 MMI 面板上的控制旋钮和操作按键布局完全一致，让使用者的手眼之间达到和谐对应。使用频繁的功能会自动排在菜单的优先位置，方便进入。车载导航等重要信息和电台选择能在显示屏上显现。

以奥迪 A 系为例，其中装配了 MMI，它集成了车辆控制、功能设定、信息娱乐、导航系统、车载电话等多项功能，驾驶员可方便快捷地从中查询、设置、切换车辆系统的各种信息，从而使车辆达到理想的运行和操纵状态。MMI 系统是奥迪公司首创，率先被应用在顶级豪华乘用车 A8L 上，经过优化改进后，应用到了 A6L 车型中。该系统不但体现了奥迪先进的技术和超前的设计理念，还给用户提供了简捷实用的人车交流平台。本节将对 MMI 的一些常用功能进行分析，让读者能切身体验到 MMI 在车联网中的应用。

打开 MMI 系统后默认的初始界面是"空气悬挂"的模式设置，有高位、舒适、自动、动态四种，通过旋钮选择并按压后即可生效；若在选定的某个模式下，按下操作面板上的"SETUP"键时，会进入到空气悬架的"举升模式和拖车模式"设置；若按下显示屏左下角显示的"系统"软键时，就会进入车辆其他系统的设置，其中包括：声控泊车系统、车窗、背景照明、外部照明、中央门锁、前窗刮水器、座椅调节、组合仪表、车辆识别号、蓄电池充电状态、轮胎压力监控系统、维护提示等内容，如图 8-21 所示。

1. 信息娱乐系统功能

在仪表显示功能区，所有娱乐信息的切换通过多功能转向盘实现。主要功能如图 8-22 所示。在此，媒体功能通过媒体列表选择标题，再进一步通过目录选择标题；收音机功能通过收音机列表选择电台；电话功能通过地址本进行选择；导航功能通过发送罗盘信息来实现。其触摸屏设备可实现字母输入、数字输入、移动导航地图，在图形识别时显示手指轨迹，当图形被识别出来之后以音频的形式播出等多种功能。MMI 的 touch 的功能可作为数字模块选择使用，输入收音机电台存储位置和移动光标。DVD 菜单控制功能可通过手指在触摸屏上移动模拟屏幕中的鼠标箭头的移动，此时，被选出来的菜单项会高亮显示，字符和数字输入在字母圈中进行手写识别并在列表中进行过滤，也可以用手指书写字母、数字、汉字，成功识别后有简单反馈,识别字符后以音频形式播放(通过主控单元),通过删除手势或软按键来删除单独的字母,并轻点或输入按键进行确认。在地图移动功能上,导航中的地图移动可通过导航地图按照手指在触摸屏上的手指轨迹移动,如果想持续滚动,可将手指按在触摸屏的边缘。

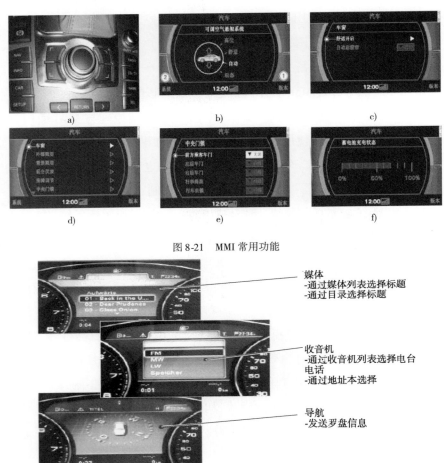

图 8-21 MMI 常用功能

图 8-22 信息娱乐系统功能

在该系统的用户界面上显示以图标和车辆图形为主,所有主要功能在一个屏幕主菜单上显示,用引导菜单进行功能选择,这种菜单结构更为清晰明确,如图 8-23 所示。

其 CAR 菜单按照功能范围划分车辆菜单和驾驶选择菜单,主要作用为优化驻车加热计时,优化时区设置和座椅功能目视化功能。

在系统打开状态下,按下操作面板上的"RADIO"、"CD/TV"、"NAV"、"TEL"按键时,会从当前界面转换至相应的界面,然后选择显示器四角的软键提示可进入相应的设置菜单。该区域结构如图 8-24 所示。

在奥迪信息娱乐系统中其系统组件如图 8-25 所示。

第八章 辅助驾驶系统

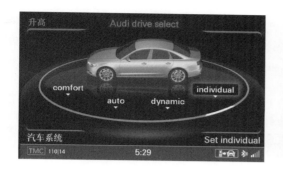 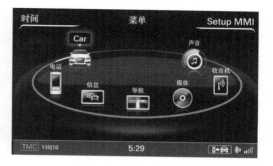

图 8-23 MMI 系统用户界面

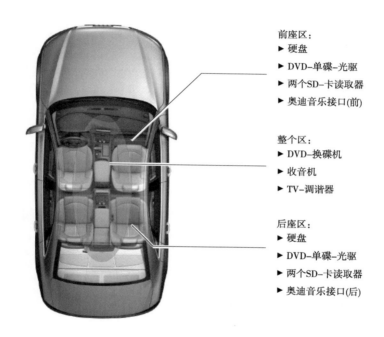

前座区：
▶ 硬盘
▶ DVD-单碟-光驱
▶ 两个SD-卡读取器
▶ 奥迪音乐接口(前)

整个区：
▶ DVD-换碟机
▶ 收音机
▶ TV-调谐器

后座区：
▶ 硬盘
▶ DVD-单碟-光驱
▶ 两个SD-卡读取器
▶ 奥迪音乐接口(后)

图 8-24 设置菜单的区域结构

2. 音响系统功能

在 MMI 音响媒体系统中主要有 DVD 转换器、蓝牙音频(A2DP)器、MP3 播放器和视频播放器，其功能大体为 DVD 转换器负责 DVD 视频和 DVD MP3 播放功能，蓝牙音频(A2DP)器负责蓝牙与音频播放器连接，MP3 播放器在播放 MP3 的时候显示专辑封面并可由专辑封面在 JUKEBOX 的专辑浏览器下将 Jukebox 拓展到 20 GB，视频播放器可播放 Mpeg4 视频等功能，其显示界面如图 8-26 所示。

3. 导航系统功能

导航系统的导航信息将地图显示在最顶层，可以按拓展兴趣点进行搜索，如搜索品牌店、加油站、餐厅等；另外，还有拓展 3D 景点、轻松预设 Home 选择家庭地址、按照 GPS 时间调整车辆中的时间显示、朗读 TMC 信息，通报路径上的 TMC 等功能。其信息接收方式是按坐标输入目的地，拓展 SDS 整词输入，其城市名称和街道名称只需一个命令，就可以将导航信息提供给驾驶员辅助系统来预测路径信息，如图 8-27 所示。

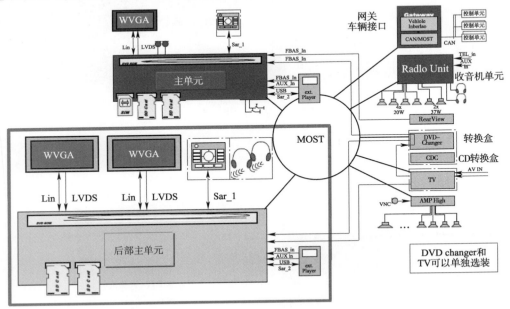

图 8-25　奥迪信息娱乐系统组件

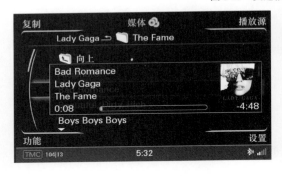

图 8-26　音响系统显示界面

图 8-27　导航信息

4. 语音操作系统功能

语音操作系统主要提供语音操作功能，用语音控制车辆中的收音机和多媒体设备，在语音对话系统显示可能的指令，并进行导航选择，在这期间，随时都可以发出"帮助"和"中断"的指令。

5. 电话系统功能

电话系统功能主要为用户提供呼叫和接听电话的功能，可以分别设置铃音大小和声音大小。当用户手机更新时，可以通过蓝牙更新通讯录，同步系统，以此来简化手机使用。另外,还可以做到短信转发,缩短蓝牙搜索时间,以快速显示发现的手机。电话系统可存储4个手机的地址簿,并利用语音"呼叫"其中的联系人;通过蓝牙连接8个手机,并通过操作旋钮在这8个手机之间切换而无须重新进行蓝牙匹配。但每次只能通过蓝牙连接1个手机到UMTS。该系统如图8-28所示。

6. 后座娱乐系统功能

后座娱乐系统的主要部件为信息电子设备控制单元J829,它安装在后排座椅中间扶手的后面,由20GB的JUKEBOX、2个SD读卡器、1个单碟DVD播放器、2个10in显示器构成,可以显示Audi音乐界面(AMI),左右可各连接一个无线耳机,如图8-29所示。其中,信息电子装置控制单元J829连接在MOST总线上;操作单元由公共按钮和各自按钮组成,公共按钮实现旋按调节、软键控制和BACK功能,各自按钮可实现带开关键的音量调节器、MENU、RADIO和MEDIA等功能。其控制器概览如图8-30所示。

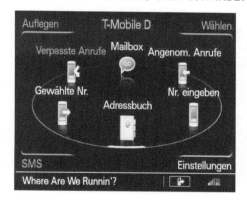

图8-28 电话系统

图8-29 后座娱乐系统

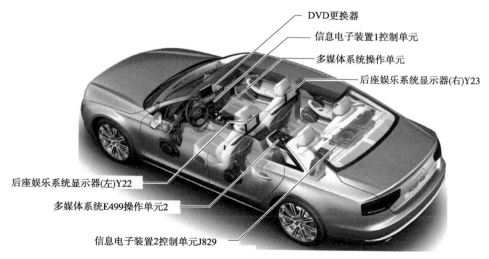

图8-30 控制器概览

7. 音响系统功能

音响系统功能标配为奥迪标准音响(松下9VD),有中央音响和低音炮,其高级音响(Bose 8RY)有环绕立体声音响、外部放大器,其9VD标准声音系统如图8-31所示。

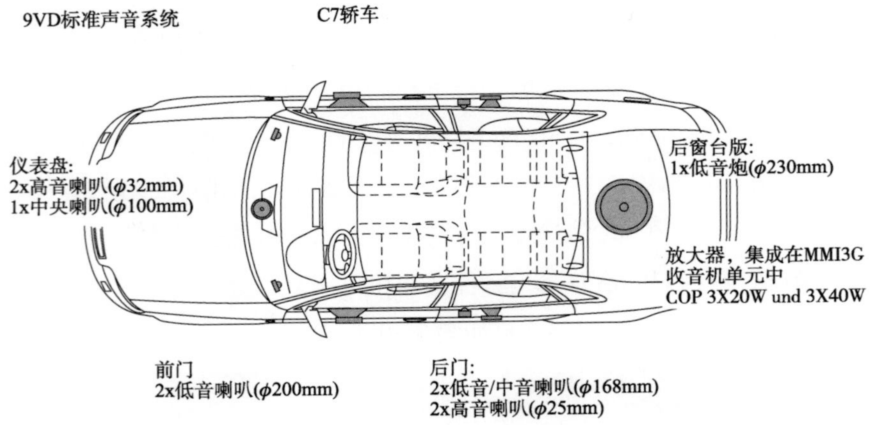

9VD标准声音系统　　　　　C7轿车

仪表盘:
2x高音喇叭(ϕ32mm)
1x中央喇叭(ϕ100mm)

后窗台版:
1x低音炮(ϕ230mm)

放大器,集成在MMI3G
收音机单元中
COP 3X20W und 3X40W

前门
2x低音喇叭(ϕ200mm)

后门:
2x低音/中音喇叭(ϕ168mm)
2x高音喇叭(ϕ25mm)

图8-31　9VD标准声音系统

其8RY标准声音系统(BOSE)如图8-32所示。

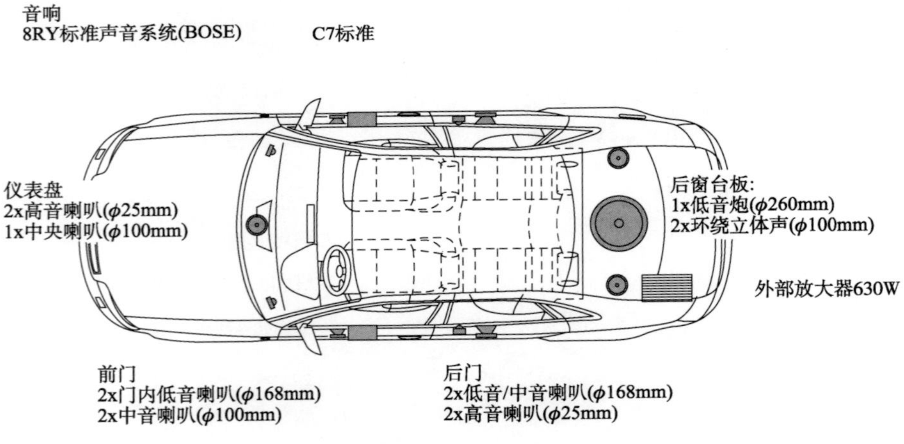

音响
8RY标准声音系统(BOSE)　　C7标准

仪表盘
2x高音喇叭(ϕ25mm)
1x中央喇叭(ϕ100mm)

后窗台板:
1x低音炮(ϕ260mm)
2x环绕立体声(ϕ100mm)

外部放大器630W

前门
2x门内低音喇叭(ϕ168mm)
2x中音喇叭(ϕ100mm)

后门:
2x低音/中音喇叭(ϕ168mm)
2x高音喇叭(ϕ25mm)

图8-32　8RY标准声音系统

8. 天线系统功能

天线系统指分布在车顶的天线,该功能是装备了蓝牙自动电话(+9ZW)的车辆的电话天线,其位置位于车顶部,其结构如图8-33所示。

9. 蓝牙自动电话(9ZW)与蓝牙免提电话(9ZF)功能

蓝牙自动电话(9ZW)与蓝牙免提电话(9ZF)功能的特点在于:9ZW在J794上具有SIM卡插槽和远程模式,9ZW装有独立车顶天线。

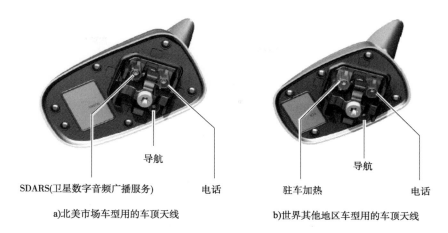

a) 北美市场车型用的车顶天线　　　b) 世界其他地区车型用的车顶天线

图 8-33　天线结构

三、奥迪 MMI 结构与工作原理

奥迪 MMI 系统外观部件主要有显示屏和操作单元。驾驶员通过操作面板上的按键输入信息,该信息被传送至多媒体操作和显示控制单元(即 MMI 的主控单元),然后由控制单元控制显示单元显示相关信息。系统可通过操作面板上的开关键打开或关闭,显示单元可通过其旁边的开关单独打开或关闭。

系统内部则由多媒体操作、显示控制单元和其他功能系统控制单元共同组成。包括 CD 播放器、车载电话控制单元、导航控制单元、收音机、音响控制单元、TV 调谐器、网关等。这些控制单元通过光导纤维相互连接和传递信号,所有控制单元串联在一起,并形成闭环。其中某些控制单元根据车辆的配置决定是否安装。

MMI 系统中各控制单元通过光导纤维相互连接并传递信息,这种传输方式称为媒体导向系统传输(Media Oriented System Transport),简称为 MOST 总线。其信息传输速率可达 21.1Mbit/s,明显高于其他传输方式,如 CAN(控制器区域网络)总线,所以能满足信息娱乐系统高速率数据传输的要求,从而保证了良好的工作品质。

1. 环形连接结构

MOST 总线的本质在于它的环形连接结构。按照环形的顺时针顺序,各控制单元通过光导纤维将信息发给与之相邻的下一个控制单元;下一个控制单元接收到信号后,在使用信号的同时,再把该信息发给后面的控制单元;该过程一直持续到信息重新被最初发出的控制单元接收到为止。至此,该信息传递过程构成了封闭的环形,如图 8-34 所示。

2. 控制单元的收发模块

MOST 总线上的每个控制单元都有相同的结构特征,即在光纤接口处都有接收和发送模块。与之相连的是传输接收机,传输接收机又与控制单元的微处理器相连,同时还与控制单元内部的供电模块相连。

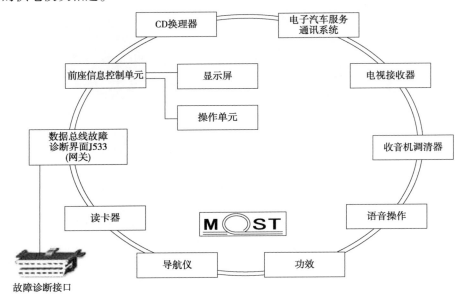

图 8-34　MMI 闭环控制系统

当接收到上一个控制单元传来的光信号时,由接收发送模块中的光电二极管将其转换为电信号,经由传输接收机发给微处理器使用,然后再由传输接收机将其发给发送模块,由发送模块的发光二极管将电信号转换成光信号发给下一个控制单元,如图8-35所示。

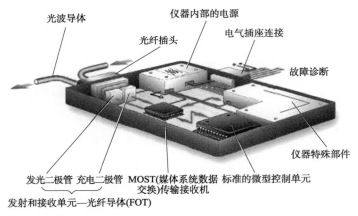

图 8-35　控制单元的构造

3. 光导纤维

光导纤维是 MOST 系统的传输媒介,由几层材料组合而成。内核是其中央区域,由聚丙烯酸甲酯组成并形成自己的光导体,在内核中光信号以全反射的方式进行传递。包在内核外面的是一层透明的光学涂层,用以实现光的全反射。涂层外面是一层黑色护套,用以防护外部光线照射进来,干扰正常的信息传递。黑色护套外面还有一层黄色护套,起到温度变化时的保护作用（40~85℃），并能防止机械损伤，还能起到标识作用，如图8-36所示。光导纤维的截面尺寸如图8-37所示。

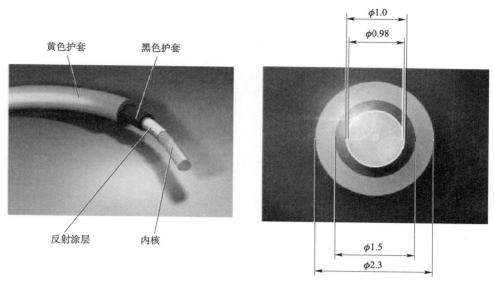

图8-36　光导纤维的结构　　　　　图8-37　光导纤维的截面尺寸

由于光信号在光导纤维内进行的是全反射，要求光纤走向尽量接近直线。但在实际结构中，光纤与车辆线束一起布置，不弯曲是不可能的。所以，光导纤维的特殊结构能保证光信号在一定弯曲度内的全反射，但光纤弯曲部位的弯曲半径必须大于25mm，否则无法实现信息的正常传递，如图8-38所示。

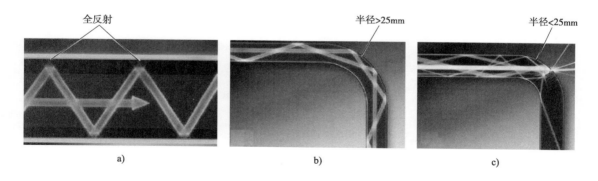

图8-38　光信号传输示意图

为了能使光导纤维与控制单元正确连接，采用了特殊的连接插头，在插头上标有指示光信号走向的箭头。光信号的传递通过光导纤维内核的切面来实现，因此，要求该切面必须干净、平整、垂直。在维修中，光导纤维的切割必须使用专用工具，否则无法达到正常要求，如图8-39所示。

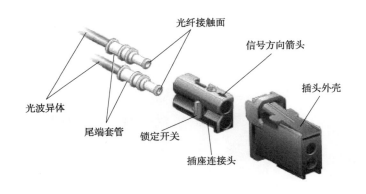

图 8-39 光纤插头的连接

4. 多媒体操作和显示控制单元

该控制单元为 MMI 系统的主控单元,也称为系统管理器。它的第一个任务是规定所传输数据的格式和频率,实现同步数据的传输。第二个任务是控制整个 MMI 系统的状态,即在系统中均无数据传输时,使之处于睡眠模式,能降低电流消耗;当有信息输入时再将系统激活至待机模式,供随时使用。第三个任务是通过网关接收所有操作指令(由操作面板或多功能转向盘产生)并向相应的系统传输,然后将接收到的各个系统的信息在显示单元上显示,同时也将 MOST 总线上的相关信息通过网关向其他总线系统传递。

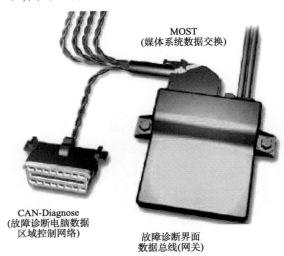

图 8-40 网关及其连接部件

5. 网关

网关(图 8-40)起到数据中转站的作用,它能将不同总线系统所传递的不同类型数据进行转换,从而使得各总线系统之间相互交流信息成为可能。在 MMI 系统有关车辆系统设置方面的功能中,与其他总线系统之间有大量的信息交流,如动力 CAN 总线、舒适 CAN 总线、组合仪表 CAN 总线等。另外,网关还是 MOST 总线的故障诊断管理器,系统中所有诊断信息都是通过网关传递到诊断 CAN 总线中的。通过网关的"光环断点诊断"功能,还能检测出 MOST 总线中具体控制单元的电气故障和光学故障,给故障查找提供了很大的方便。

6. MMI 拓扑结构

MMI 拓扑结构如图 8-41 所示。

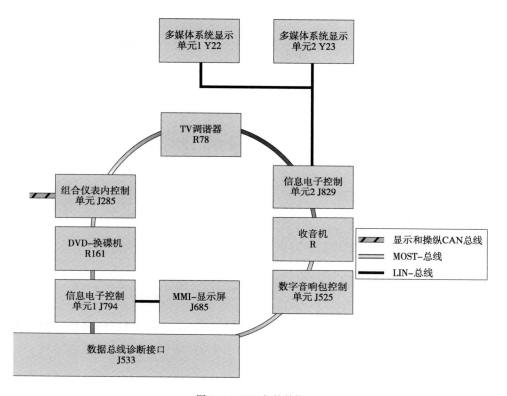

图 8-41　MMI 拓扑结构

参 考 文 献

[1] 唐伦. 车联网技术及应用[M]. 北京:科学出版社出版,2013.
[2] 车云网. 车联网:决战第四屏[M]. 北京:电子工业出版社,2014.
[3] 李兆荣. 跨界生长——车联网在进化[M]. 北京:电子工业出版社,2016.
[4] 徐晓齐. 车联网[M]. 北京:化学工业出版社,2015.
[5] 刘小斌,常文春. 单片机原理与车联网技术[M]. 北京:电子工业出版社,2014.
[6] 田大新. 车联网系统[M]. 北京:机械工业出版社,2015.